教育部人文社会科学重点研究基地湖南师范大学道德文化研究中心中国特色社会主义道德文化省部共建协同创新中心重大项目"中国道德话语研究"（20JDZD01）研究成果

湖南省"十四五"时期社科重大学术和文化研究专项项目"中国道德话语的历史变迁与当代价值研究"（21ZDA07）研究成果

——湖南省社科基金重点项目"中国传统道德话语的创造性转化和创新性发展"（22ZDB054）

# 道家道德话语

文贤庆 ◎ 著

光明日报出版社

**图书在版编目（CIP）数据**

道家道德话语 / 文贤庆著 . -- 北京：光明日报出
版社，2022. 11

ISBN 978－7－5194－6951－1

Ⅰ.①道… Ⅱ.①文… Ⅲ.①道家—研究 Ⅳ.
①B223. 11

中国版本图书馆 CIP 数据核字（2022）第 230244 号

## 道家道德话语
**DAOJIA DAODE HUAYU**

| | | | |
|---|---|---|---|
| 著　　者：文贤庆 | | | |
| 责任编辑：宋　悦 | | 责任校对：刘兴华　李佳莹 | |
| 封面设计：中联华文 | | 责任印制：曹　净 | |

出版发行：光明日报出版社

地　　址：北京市西城区永安路 106 号，100050

电　　话：010-63169890（咨询），010-63131930（邮购）

传　　真：010-63131930

网　　址：http：// book. gmw. cn

E - mail：gmrbcbs@ gmw. cn

法律顾问：北京市兰台律师事务所龚柳方律师

印　　刷：三河市华东印刷有限公司

装　　订：三河市华东印刷有限公司

本书如有破损、缺页、装订错误，请与本社联系调换，电话：010-63131930

开　　本：170mm×240mm

字　　数：294 千字　　　印　　张：17

版　　次：2024 年 3 月第 1 版　　　印　　次：2024 年 3 月第 1 次印刷

书　　号：ISBN 978－7－5194－6951－1

定　　价：95. 00 元

# 走进中国道德话语世界
# 感受中国道德文化魅力
## ——"中国道德话语研究丛书"序
### 向玉乔

习近平总书记说:"国无德不兴,人无德不立。必须加强全社会的思想道德建设,激发人们形成善良的道德意愿、道德情感,培育正确的道德判断和道德责任,提高道德实践能力尤其是自觉践行能力,引导人们向往和追求讲道德、尊道德、守道德的生活,形成向上的力量、向善的力量。只要中华民族一代接着一代追求美好崇高的道德境界,我们的民族就永远充满希望。"[1] 推进中国道德文化建设、不断塑造中国道德文化新优势是中国特色社会主义建设事业的内在要求。

中国道德文化是中华文化的精髓。它是在中华民族道德生活史中逐步形成的,具体表现为中华民族的道德思维、道德认知、道德信念、道德情感、道德意志、道德行为、道德记忆、道德语言等得以展现的历史过程。中国道德文化在历史中形成,在现实中发展,是一个动态发展的体系。

中国道德话语是中国道德文化的重要组成部分,其重要性不容忽视。中华民族从古至今的道德生活都是通过中国道德话语得到表达的。中国道德话语不仅将中华民族道德生活的内容描述出来,而且将它内含的伦理意义表达出来。它是一个集描述性功能和规范性功能于一体的符号系统。

---

[1] 中共中央文献研究室编. 习近平关于社会主义文化建设论述摘编 [M]. 北京:中央文献出版社,2017:137.

　　构成中国道德话语的要素有语音、文字、词语、语法、修辞等。研究中国道德话语主要是研究汉语语音、汉语文字、汉语词语等要素所具有的道德性质及其得到表达的方式、途径等。由于中国道德话语的构成要素极其复杂，对它的研究必然是一条复杂路径。

　　中国哲学家很早就开始关注和研究中国道德话语。孔子与其学生对话的时候发表了很多关于道德语言的论断。他在《论语》中提出了"非礼勿言""名正言顺""敏于事而慎于言""人之将死，其言也善"等观点，反对"巧言令色""道听涂（途）说""人而无信"等言语行为。老子也关注和研究中国道德话语。他在《道德经》中提出了"圣人处无为之事，行不言之教""言善信"等著名论断。有关中国道德话语的论述常见于中国哲学经典之中。

　　令人震惊的是，我国伦理学界迄今还没有系统研究中国道德话语的理论成果。其原因之一可能是，中华民族每天说着中国道德话语，因而很容易将它变成"日用而不知"的东西。我们常常将"上善若水""从善如流""言而有信"等道德话语挂在嘴巴上，达到"习惯成自然"的程度，很容易忽视它们作为中国道德话语存在的事实。

　　长期忽视中国道德话语是我国伦理学研究的一个严重不足。中国道德话语是中华民族道德生活的表达系统，对中国道德文化发挥着强有力的建构作用。中华民族道德生活史的书写必须依靠中国道德话语，中国道德文化的建构也必须借助中国道德话语。语言是维系道德生活和展现人类道德思维的重要工具。如果没有中国道德话语，中华民族道德生活史和中国道德文化发展史是难以想象的。由于长期忽视中国道德话语研究，我国伦理学一直显得不够完善。

　　湖南师范大学道德文化研究院秉承"德业双修、学贯中西、博通今古、服务现实"的院训，坚持弘扬理论与实践并重的学科和学术发展理念，紧密对接弘扬中华优秀传统文化、建设社会主义文化强国、繁荣发展中国哲学社会科学、建设生态文明、推进国家治理体系和治理能力现代化等国家重大战略，坚决落实立德树人根本任务，坚持守正创新的学术发展路线，努力为中国特色社会主义建设事业提供理论和实践支持。

　　研究院依托教育部人文社会科学重点研究基地——道德文化研究

中心、中国特色社会主义道德文化省部共建协同创新中心、湖南省专业特色智库等高端平台，长期致力于伦理学理论研究和道德实践探索，在中国伦理思想史、外国伦理思想史、伦理学基础理论、应用伦理学等研究方向上奋力推进，在研究马克思主义伦理思想及其中国化成果、中国共产党的道德精神谱系、中华民族道德生活史、中华民族爱国主义发展史、美国伦理思想史、后现代西方伦理学、生态伦理学、道德记忆理论、家庭伦理学、共享伦理、财富伦理、网络伦理、人工智能道德决策、公民道德建设等领域形成自己的优势和特色。

　　研究中国道德话语是教育部人文社会科学重点研究基地——道德文化研究中心和中国特色社会主义道德文化省部共建协同创新中心立项的一个重大项目，也是湖南省"十四五"时期社科重大学术和文化研究专项项目。项目由本人领衔，研究团队成员有道德文化研究院副院长文贤庆教授、黄泰轲副教授、刘永春博士，中南大学公共管理学院袁超副教授。此次推出的"中国道德话语研究丛书"是项目研究的重要成果。

　　"中国道德话语研究丛书"由五部专著构成。本人撰写《中国道德话语》，文贤庆撰写《道家道德话语》，刘永春撰写《儒家道德话语》，黄泰轲撰写《佛家道德话语》，袁超撰写《中国道德话语的当代发展》。

　　《中国道德话语》是一部概论式的著作，内容涵盖中国道德话语的特定内涵、历史变迁、构成要素、概念体系、伦理表意功能、伦理叙事模式、理论化发展空间、当代发展状况、道德评价体系、民族特色等，在研究思路上体现了历时性考察与共时性探究、宏观性审视与微观性探察、理论性研究与实践性探索的统一。

　　《儒家道德话语》聚焦于研究儒家道德话语的基本面貌和主要特色。著作主要从儒家道德话语的历史变迁、汉语表意、概念体系、言语道德、道德叙事几个方面做了比较深入系统的研究，将儒家道德话语主要归结为一个人本主义道德话语体系。

　　《佛家道德话语》的研究主题是佛家道德话语的系列重要问题。著作分析了佛家道德话语的历史变迁、整体构建以及佛家道德话语与儒家道德话语、道家道德话语的交锋交融，在此基础上探讨了佛家道德话语的日常应用、叙事模式、自我规范、时代价值等重要问题。

　　《道家道德话语》重点研究道家道德话语的精义和特色。著作对道家独特的形而上学话语体系、实践认识论话语体系、人性论话语体系、工夫论话语体系、境界论话语体系等问题进行了深入探讨，对道家极富特色的道德叙事模式进行了重点分析。

　　《中国道德话语的当代发展》侧重于研究中国道德话语的当代发展状况。受到经济全球化、人工智能技术快速发展、网络空间日益扩大等因素的深刻影响，中国道德话语在当代出现了很多新状况、新情况。对中国道德话语的当代发展状况展开研究，不仅能够揭示中国道德话语的最新发展动态，而且能够为建构中国特色社会主义道德话语体系提供理论和实践启示。

　　"中国道德话语"是一个具有中国特征、中国特色、中国特质的道德话语体系。它主要反映中华民族的道德思维、道德认知、道德信念、道德情感、道德意志、道德行为、道德记忆等。中华民族借助中国道德话语表达中国伦理精神、中国伦理价值和中国伦理智慧。要了解和研究中国伦理精神、中国伦理价值和中国伦理智慧，研究中国道德话语是一个必要而有效的途径。

　　中国道德话语是中国道德文化的直接现实。透过中国道德话语，中华民族可以领略中国道德文化的独特神韵和魅力，并且可以增强文化自信。习近平总书记说："文化是一个国家、一个民族的灵魂。历史和现实都表明，一个抛弃了或者背叛了自己历史文化的民族，不仅不可能发展起来，而且很可能上演一幕幕历史悲剧。"① 研究中国道德话语是推动中华民族增强文化自信的重要途径。这是一项具有重大理论意义和现实价值的工作，因为它事关社会主义中国能否行稳致远的问题。"坚定文化自信，是事关国运兴衰、事关文化安全、事关民族精神独立性的大问题。"② 中华民族可以从中国道德话语中找到文化自信的强大动力。

　　一个国家的发展状况首先会通过生活于其中的人所说的语言反映

---

　　① 中共中央文献研究室编．习近平关于社会主义文化建设论述摘编［M］．北京：中央文献出版社，2017：16.
　　② 中共中央文献研究室编．习近平关于社会主义文化建设论述摘编［M］．北京：中央文献出版社，2017：16.

出来。中华民族历经艰难险阻，实现了站起来和富起来的价值目标，目前已经迎来强起来的光明前程。中国的强大需要通过经济实力、军事实力来体现，但最重要的是要通过"精神实力"来体现。在实现"强起来"奋斗目标的过程中，中华民族应该展现强大的精神。强大精神是内在的，但它可以通过中华民族的语言表现出来。拥有强大精神的中华民族，能够在使用语言方面彰显出坚定的自信，能够用得体的语言表达自己的思想、情感态度、价值观念、行为方式等。

日渐强大的中国需要有与之相匹配的中国道德话语。中华民族具有源远流长、博大精深的道德文化传统，拥有高超卓越、与时俱进的伦理智慧。在推进中国道德话语的当代发展方面，当代中华民族既应该立足自身的道德语言史和国情，又应该适应新时代的现实需要；既应该避免犯道德语言自卑的错误，又应该避免犯道德语言自负的错误。中华民族历来坚持弘扬自立、自信、自强而又戒骄戒躁、谨言慎行的传统美德。

"中国道德话语研究丛书"研究团队希望在研究中国道德话语方面做一些探索性工作。我们的探索一定存在这样或那样的不足，但我们的愿望是善良的。我们深刻认识到了推进中国道德话语研究的重大理论意义和现实价值，因而积极投身于与之相关的探索性研究工作之中。举步投足，面对诸多挑战和困难，这让我们有时会产生诚惶诚恐的感觉，但考虑到探索工作的意义和价值，我们又增强了前进的勇气和决心。趋步前行，砥砺前行，奋力前行，真诚期待学界同仁的批评指正。

是为序。

2022 年 6 月 16 日于岳麓山下景德楼

# 目  录
## CONTENTS

# 导　论

作为社会性动物，人类通过语言进行交流，人类在语言交流中成为一个个共同体的成员，呈现为人类世界。正是在这个意义上，洪堡说："语言是世界观。"通过语言，人类才能表达自己对世界的看法，世界之所以为世界才会进入人类社会中。语言在根本上反映了人类的心灵、思想和精神。基于此，我们可以说，语言在本质上反映了一个民族的精神，而一个民族的精神也必然通过语言表现出来。我们如果要了解一个民族，了解一个民族的精神，那么我们就要了解这个民族的语言，了解这个民族通过语言表现出来的思想和文化。

## 一、何以是道家

毫无疑问，就大众而言，一提到中华民族的文化代表，很多人的第一反应就是儒家。然而，在中华文化发展的源头，儒家并非一家独大，诸子百家其实呈现的是一个百花齐放的局面，它们都对中华文化产生了重要的影响，塑造着中华民族的精神。儒家尽管在后续传承中发展得更为充分，尤其是通过宋明理学的发展，极其深刻地影响和塑造了中华文化，但这绝不意味着其他流派的思想就没有对中华文化发挥持续性的影响。事实上，作为与儒家同时发展的中华民族的思想文化，道家思想文化从始至终都一直塑造着中华民族的精神和性格。如果说儒家文化更加积极入世，更多地关注人伦政治建构，那么道家文化则更注重个人的修养，更多地关注人如何顺应自然生活。如果说儒家文化给我们的人伦生活提供了"仁""义""礼""智""信""忠""孝""节""廉"等精神文化特质，那么道家文化同样给我们提供了"致虚守静""心斋""坐忘""自然无为""逍遥游"等精神文化特质。大致而言，就道家文化对中华文化的贡献而言，我们至少可概括出以下几个方面。

第一，从本体论的角度而言，道家哲学在根本旨趣上是超越经验的物理世界，去追究万物的本源、探索自然的根本规律。在这个意义上，道家哲学是一种很形而上学的理论。这种形而上学理论"不但思考了'是什么'的自然哲学

（物理学）问题，也曾以独特的方式（相对于古希腊哲学家而言）认真而深刻地思考着那个'什么也不是'的'是'（形而上学）问题"。① 不仅如此，道家哲学借助否定的"无"和"什么也不是"的思考方式，"不仅将古希腊意义上的物理学（自然）囊括在内，而且也以自己独特的方式拓展了形而上学和伦理学（自由）的向度"。② 这种独特方式不但明确辨析了物理学（自然）和形而上学（常道）之间的区别，而且明确了"道"和"物"之间的区别。正是在这个区别的过程当中，"道家则掠过了物理学（自然哲学），深化了直觉体验和实践智慧理论，创辟了一种独特的心性哲学，从而拓展出一种关于精神自由的境界形而上学"。③

第二，从认识论的角度而言，道家通过揭示感性和知性知识的有限来否定经验认知，在这个过程中又指向了一种"通于神明"的"不知之知"。按照郑开的概括，这种以"神明"为内核的道家知识论有两个主要特征："（一）超越感性和理性（知性）知识的体验知识，也就是说内向性精神体验和实践智慧乃是道家'神明'知识论的主要特征；（二）心性论的向度和旨趣，例如：反求诸己的自反性特征（即自己认识自己、"道即神明"的特征）就是以'心性自明'为基础的，换言之，'神明'乃是德（性）所固有的先天本质（的一部分）。"道家的这种认识论，并非指向自然对象的经验认知，而是指向内在精神体验的体验性知识，或者说，体验"精神"的真知识既包括对自然对象的体验，又包括对心灵状态的直觉体验。在这个意义上，道家的认识论强调的是一种诉诸内在体验的精神哲学，即心性论哲学。

第三，从道德价值论的角度而言，道家反对把任何一种具体的道德规范，尤其是某种依附政治社会制度的道德规范，奉为最高圭臬，而倡导一种基于人性但具有超越性的自然无为。道家主张"绝仁弃义"，批评儒家的仁义礼法概念，认为人性应该是自然无为的。正是基于人性的自然，道家的道德观看起来是反道德的，但这种反道德针对的是某种具体的经验性道德，或者是儒家的"仁义"，或者是墨家的"兼爱"。道家并不认为不存在道德，而是否认道德只是基于人伦社会的具体规范，仅仅在这个意义上，道家持有一种反道德观。但这种反道德观本身也是一种道德观，这种道德观强调人的道德从根本上来自自然，强调人的道德要从自然而然的宇宙万物的道本源去看待，所以老子才说，

---

① 郑开. 道家形而上学研究［M］. 北京：宗教文化出版社，2003：48.
② 郑开. 道家形而上学研究［M］. 北京：宗教文化出版社，2003：49.
③ 郑升. 道家形而上学研究［M］. 北京：宗教文化出版社，2003：56.

"道生之，德畜之，物形之，势成之。是以万物莫不尊道而贵德。道之尊，德之贵，夫莫之命而常自然。故道生之，德畜之，长之育之，亭之毒之，养之覆之。生而不有，为而不恃，长而不宰，是谓玄德"（《老子·第五十一章》）。道德在根本上是一种宇宙生成的形而上学观点，包括人在内的万事万物都是基于本源的"道"而"德"，"'道德'不是人培育出来的，相反，人倒是'道德'生育出来的；人类要是不'道德'，根本就不能生存"。① 因此，道家并非没有道德，而是认为道德应该顺应自然而无为的道德观。这种道德观从根本上强调人性对具体社会的解放，顺着自然来实现人性自由的"逍遥"境界。

第四，从中国文化的特殊性角度而言，道家表现出了独特的基于其心性论而具有的境界形而上学。尽管心性论看起来更多的是在儒家哲学中展开，但实际上，心性论哲学作为中国文化的特质反映在很多的思想流派中，尤其明显地反映在儒释道的思想中。对于道家而言，它本体论的"道"在根本上是源于人性的自然无为；它的知识论在本质上是围绕"神明"谈论心性体验的；它的道德价值论是基于自然无为的人性论而构建起来的自由逍遥。归根结底，道家依托心性呈现的是一种超越的精神哲学。这种精神哲学在本质上是心性的内在超越，在本体论上超越物理世界而追求本源的大道，在知识论上超越感知而追求神明，在道德价值论上超越具体的经验规范而追求逍遥自由。最终，这种精神表现出一种天人合一的、超越的精神境界。

### 二、何以是道家道德话语

如果说上述概括出来的道家哲学的特质在本质上反映了中国文化的鲜明特质，那么我们现在聚焦于道家的道德话语则是对这种反映的一种具体把握。然而，我们为什么要从道德话语的角度来研究道家呢？毋庸置疑，道家哲学一直都是中国哲学的主流研究，很多学者甚至从语言的角度来研究道家哲学。无论是《老子》还是《庄子》，都有大量关于语言问题的讨论，然而，从道德话语层面来谈论道家的研究却并不多见。我们的研究从此入手，至少有以下几个理由。

第一，道家有专门的语言哲学来分析有关语言和世界的关系，从而形成了独特的形而上学哲学观。毫无疑问，任何哲学家或哲学流派的观点都是通过语言反映出来的，通过语言分析一个哲学家或哲学流派的思想总是适宜的。在这一点上，道家哲学自然也不例外。尤其重要的是，道家哲学自身在形而上学层

---

① 徐克谦. 论先秦道家的道德哲学 [J]. 江苏行政学院学报，2010（6）：20.

面有大量有关语言与世界关系的表达，这意味着对道家语言进行哲学分析，有利于在根本上把握道家的形而上学哲学观。在道家哲学中，"道"与"言"的关系问题是道家哲学的核心问题，它不仅是一个形而上学的本体论问题，还是一个认识论的问题。

从本体论的角度而言，道家通过"道"和"言"的关系揭示的是语言、思想和世界的关系问题。我们暂且不论老子有关"道"的丰富内涵和真正的思想旨趣，《老子》开篇有关"道"的谈论向我们揭示了作为世界本源的"道"和作为言说的"道"之间的复杂关系。无论如何，作为世界本源的形而上学之"道"和作为言说的"道"之间有着深刻的内在联系。"天地万物之所以存在，是因为'道'，'道'是使一切存在者得以存在的根源和依据。万物之所以是其所是就在于我们能够言说它们。万物只有当其被'道'（言说）出来时，才成为面向于人的存在。"① 然而，我们到底该如何通过"道"（言说）把握"道"（世界本源）？我们到底怎样通过"道"（言说）把握"道"（世界本源）？这是认识论的问题。

从认识论的角度而言，道家持有一种神秘主义的认识论和相对主义的认识论。《老子》开篇已经很明确地表明，可以言说的"道"并非那个本源恒常的"道"，老子在根本上反对我们通过经验感觉去认识"道"，所以老子说我们应该"绝圣弃智"（《老子·第十九章》），应该"塞其兑，闭其门"（《老子·第五十六章》）。对于真正"道"的认识，我们只能通过直觉体验的方式去把握它的微妙，但是却难以言明，所以老子才说，"道""视之不见""听之不闻""搏之不得""绳绳不可名"（《老子·第十四章》），庄子也认为，"可以言论者，物之粗也；可以意致者，物之精也；言之所不能论，意之所不能察致者，不期精粗焉"（《庄子·秋水》）。在老庄看来，试图通过感官经验去认知作为本源的"道"是不可能的。正是基于此，他们认为我们通过感官经验呈现出来的认知要么是没必要的，要么是相对的，在根本上是值得怀疑的、靠不住的。老庄的认识论告诉我们，对本源的"道"的把握认知是很难的，我们通过感觉经验去言说与认知"道"又往往是相对和不确信的。

第二，道家通过语言哲学分析出来的形而上学哲学观，在旨趣上反映了独特的道家人生哲学。道家的哲学看似坐而论道，探讨的是作为万物根源的"道"，但这种探讨从来都是依托人与自然关系的探讨。因此，无论有意与否，道家哲学定然会有人生哲学的旨趣。因为上述有关语言和世界关系的形而上学

① 李婧. 道家语言观探析［J］. 山东社会科学，2010（7）：139.

哲学观告诉我们，通过感觉经验言说与认知的"道"往往是相对和不确信的，所以，道家哲学进而告诉我们，在人生哲学上，人不要太执着于通过自己的感觉经验去认识世界，而应该顺应自然，无为地生活，达到逍遥游的人生状态，这也就是老子和庄子的人生哲学观。

从老子提倡的自然无为的人生观来看，人性是自然的，自然就是本然，人应该顺应本然的自然无为而活。在这里，老子把人性与自然合二为一，这就是为什么老子虽然谈论的是"道"，但指导的却是人生，因为人生和自然本来就是一个东西。因此，当老子通过可以言说的"道"和"名"来认识"常道"与"常名"不可取时，他就是在告诉我们不能够也不应该从感觉欲求的角度去认识世界的本源和人生的真谛。我们要做的是"复归于朴""复归于婴儿""复归于无极"。"朴"是什么意思？"朴"就是指人性那种先天的、尚未被经验世界规范的自然之性。"婴儿"是什么意思？"婴儿"是对人性的隐喻，表示的是没有经过社会化的自然本质的人性。"无极"是什么意思？"无极"就是指"常道"。所以总而论之，老子试图告诉我们的是，要把人生放在与自然一体的大道来看，顺其自然，无为而足。

从庄子提倡的逍遥游的人生观来看，逍遥是一种心灵的境界，是一种可以通过内心的超越而变为现实的理想。在这里，庄子很明确地告诉我们，不要被外在的世界所束缚，而应该追求精神层面的自由。《逍遥游》的开篇，庄子就用蜩、学鸠和鲲鹏做对比引出不同的人生有不同的追求，做的也是不同的修行。如果我们囿于外物，无论大小，总是有所累，只有我们真正做到"无己""无功""无名"，才能达到"逍遥游"的状态。这种状态就是"无所待而游无穷"，要求我们不要依赖世俗之物，而要与自然合而为一，不受任何束缚，自由地游于世间。"逍遥"就是指超越世俗经验的限制而达到精神的自由，只有在精神自由的意义上我们才可以"游"，也只有在精神自由的世界里我们才能"游"。因此，"逍遥游"就是超脱身体、超脱万物，无所依赖而精神自由。达到这种境界的最好方法就是"心斋"和"坐忘"，只有这样，我们才能达到天人合一的状态，从而实现在精神世界里的逍遥游。很显然，要想完全摈弃身体和外物几乎是不可能的，所以在这个意义上，"逍遥游"只是一种理想，但是作为一种精神状态，"逍遥游"又是实实在在可以企及的。因此，从根本上来说，庄子试图通过"逍遥游"的精神追求告诉我们，我们应该去不断追求精神上的富足，这样才有可能达到真正的自由。

很显然，无论是老子的自然无为，还是庄子的逍遥游，其实提供给我们的都是一种人生哲学观。从广义上来说，一种人生哲学观就是一种道德观，因此，通过语言哲学分析出来的人生哲学观其实就是一种人生道德观。

第三，道家的道德话语具有十分明显的隐喻特征，通过隐喻的方式来揭示有关世界和人生的真理。道家认为有关世界本质的"道"是无法通过言说的方式真正把握的，通过言说认识到的"道"都是经验可感知的具体事物对"道"的具体表现。因此，通过具体语言说出来的"道"其实是不能表达真相的，也不能真正把握客观事物和世界的本质。在这个意义上，道家认为"言不尽意"。但"言不尽意"使我们对世界的认识有一个矛盾：一方面，为了认识世界，认识"道"，我们不得不借助语言进行言说；另一方面，通过语言说出来的"道"并不能把握世界的本质和人生的真谛。正是在解决这一矛盾的过程中，道家的道德话语呈现出了独特的通过隐喻反映世界真理和人生真谛的特征。

老子认为，真正的"常道"是不可认识的，也难以言说，我们最好的办法是不言说、少言说，所以老子讲"是以圣人不行而知，不见而名，弗为而成"，"不出户，知天下；不窥牖，见天道"（《老子·第四十七章》），我们必须对"道"（世界本源）有所"道"（言说）。如果完全没有任何言说，作为世界本源的大道就不会向我们显现出来。那么我们该如何言说呢？老子认为，我们只能勉强通过"立象以尽意"的方法来进行言说，老子说"道""是谓无状之状，无物之象，是谓惚恍"（《老子·第十四章》）。"执大象，天下往。"（《老子·第三十五章》）"道之为物，惟恍惟惚。惚兮恍兮，其中有象，恍兮惚兮，其中有物。"（《老子·第二十一章》）通过"象"，我们可以去把握那个真"意"。"象"之所以可以尽意，是因为"象生于意"。"象"是事物的形象、现象，具有丰富性，甚至"大象无形"。通过"象"，我们可以"寻象观意"，一旦我们"得意"，"象可忘也"。正是通过这种"立象尽意"的方式，老子给我们提供了体道的理想方式。这种体道的方式不仅仅体现在对世界本源的认识上，还告诉我们一种人生应当如何的人生道德观。

庄子与老子"不言""少言"不同，他主张言为实，意为虚，言为用，意为本。不过与老子一样，庄子也同样认为"言不尽意"，因此，庄子也明确地反对沉溺于语言，主张"得意忘言"。为此，庄子明确说："筌者所以在鱼，得鱼而忘筌；蹄者所以在兔，得兔而忘蹄；言者所以在意，得意而忘言。"（《庄子·外物》）言说在庄子这里只是一个工具性的词语，其根本目的在于把握真"意"，因为"言不尽意"，所以我们必须警惕言说的作用，要做到"得意忘言"。为此，庄子认为，我们在使用语言时，应该在根本上注重对真"意"的把握，而不要囿于语言本身。正是在这个意义上，庄子更多地使用了"寓言""卮言""重言"这样的隐喻语言。寓言是言在此而意在彼，寓言"就是用我们经验中的事物或事件形成某种'意象比譬'对'道'进行隐喻的言说"。① 卮言本身就是一种修辞上的隐喻，庄子通过它试图来言说那些不能明确说出的事情和东西。重言就是借古人之言来言说那些不太容易被当世人所理解的抽象的东西和事物的本质。总而言之，"寓言""卮言""重言"都是一种隐喻的说法。对庄子而言，重点并不在于这种言说本身，而在于这些言说背后的真"意"。庄子说，"以谬悠之说，荒唐之言，无端崖之辞，时恣纵而不傥，不奇见之也。以天下为沉浊，不可与庄语，以卮言为曼衍，以重言为真，以寓言为广。独与天地精神往来而不敖倪于万物，不谴是非，以与世俗处。其书虽瑰玮而连犿无伤也。其辞虽参差而諔诡可观"（《庄子·天下》）。这种真"意"最终的目的在于达到天人合一的自由境界。

### 三、道家的哲学特质何以是自由

如果说道家通过独特的道德话语揭示了独特的道德形而上学，揭示了独特的人生哲学，进而揭示了独特的人与世界的关系。那么，我们要追问的是，这些独特性的共同特点到底呈现了道家怎样的哲学特质呢？这正是本书探讨的理论旨趣。

为了揭示道家独特的哲学特质，我们需要在中国整体文化的比较视野中进行审视。诚然，在中国文化的历史传统中，我们有过形形色色的各种理论，但是毫无疑问，延续时间最长、影响最大的莫过于儒释道三家。就这三家而言，儒家是中国文化当之无愧的主流代表，而道家和释家则对儒家形成了强有力的补充。相对而言，释家在魏晋南北朝时期才从印度传入中国，明显要晚于儒道两家。因此，就文化源头和历史发展而言，儒道两家更加源远流长且更具有源生性。这就把我们拉回到了一个更原初的历史时期。

德国哲学家卡尔·雅斯贝尔斯（Karl Theodor Jaspers）曾指出，在公元前800—前200年，尤其是公元前500年左右，人类最主要的文明几乎同时产生了对人类历史影响深远的思想突破，这个时期被称为人类文明的"轴心时代"。在中国，这种思想突破主要是由包含儒家和道家在内的伟大思想家们共同完成的。这种思想突破的表现：面对夏、商、周三代政教典范的终结，中国社会产生了政治层面的诸侯异政和思想层面的百家异说，这些异政与异说表明当时中国政治秩序的失序和思想文化的失序。为了克服这种时代的危机，中国文化的轴心

① 马德邻. 道何以言：兼论中国古代道家哲学的语言学问题［M］. 上海：上海三联书店，2014（序言）：7.

奠基发生了从宗教"祭神"到人为"敬德"的转变，从而开启了中国文化以人性为核心而展开的人文精神运动。在这场运动中，儒家以积极入世的方式发展出一套以"仁""义""礼""法"等为核心的政教观和思想观，孔子是其奠基者，孟子和荀子则进一步发扬和完善；道家则以顺应自然的方式发展出一套以"自然""无为""虚静""逍遥"等为核心的政教观和思想观，老子是其奠基者，庄子则是其完善者。

诚然，作为中国文化的主流代表，儒家在积极强调道德理性的过程中，凸显了作为主体的人在人文精神运动中的积极进取和责任担当。然而，当这种进取与担当在现实中碰到阻碍和苦难时，如何为人生保留一方心灵的净土却是道家凸显出来的中国文化的另一面。在这个意义上，儒、道两家是中国文化阴阳调和的对立互补方。因此，我们既要研究儒家文化的积极入世，也要研究道家文化对世俗的内在超越。尤其是在现代世界多元文化互动的时代背景下，如何借用道家的内在超越精神打开更广阔的心灵之门，是道家在当下对我们实践生活具有的深层意义。事实上，正是在这种内在超越精神的追求中，我们触及了道家不同于儒家通过入世追求内圣外王的精神特质，那是一种追求天人合一的精神超越。

我们都知道，道家的核心就在于对"道"的强调。我们在这里想要进一步揭示的观点是内在于"道"的内核，其实就是自由。老子讲："人法地，地法天，天法道，道法自然。"（《老子·第二十五章》）在这里，自然并不是客观的自然界，而是"道"本来的样子。"道"本来的样子是什么？老子讲："寂兮廖兮，独立而不改，周行而不殆。"（《老子·第二十五章》）"道"本来的样子就是不依赖任何东西而自我挺立，遍行天地万物而从不停息。在这个意义上，"道"无非就是自由自发的绝对精神。一方面，"道"作为宇宙创生的来源，是形而上学的客观世界；另一方面，"道"作为宇宙创生的动力，是万事万物独立独化的内在动力。在老子的基础上，庄子告诉我们，"夫道有情有信，无为无形……自本自根"（《庄子·大宗师》）。"道"是可以被主体体证的精神表现，所以庄子讲："夫体道者，天下之君子所系焉。"（《庄子·知北游》）这就是说，"道"不仅是客观世界的独立创生者，而且主体可以通过内在超越达到主观精神境界。这种精神境界也就是庄子所说的"独与天地精神往来"的"逍遥游"，也就是人精神的绝对自由。因此，毫无疑问，道家的根本精神就是自由。这种自由既是宇宙论意义上的绝对自由，也是人内在的精神意义上的实践自由。宇宙论上的绝对自由正是通过人的内在精神自由得以实现，人的内在精神自由最终通过人在实践生活上的修养功夫呈现出来。

那么，绝对自由可以通过感觉经验和理性认知在理论上获得吗？老子和庄子都很明确地告诉我们，因为"道"不可见、不可闻，也不可言说，所以我们是没办法通过感觉经验和理性认知获得的。因此，在天人合一的思维模式下，通过实践对"道"进行体认是我们唯一能做的。正是在这个意义上，对于道家而言，我们对"道"的体认只可能是实践的体认，"道"也必然呈现实践的价值意义。因此，道家的"道"必然表现为超越的形而上道德。形而上的道德，既是宇宙论意义上的客观实在，也是人生价值意义上的精神状态，而我们对超越的形而上道德的把握只能是实践体证的。在这个意义上，我们对"道"的把握只具有作为实践智慧的实践知识，这种实践知识的展开就是作为自由主体的人在实践过程中对自身自由的不断体证和对绝对自由境界的最终呈现。

### 四、道家自由精神的展开

正是基于自由作为道家的思想旨归，本书试图呈现的就是道家围绕自由精神展开的超越的形而上道德的全貌。

为了展示这种全貌，本书在第一章首先将基于历史变迁和文化建构的宏观视野将道家道德哲学做一个基本的定位。我们将通过分析表明，《老子》和《庄子》的文本已经丰富地呈现了道家作为道德哲学的一般话语体系。这一点，明显地通过道家道德话语的独特使用表现出来。这也就是本书第二章要呈现的内容。

在第二章的分析中，本书试图表明，鉴于道家认为我们不可能通过正面表述的方式来认识形而上的"道"，因此我们只能通过实践体悟"道"进行表述。这种实践体悟"道"的方式表明，"道"通过人的实践必然呈现某种道德性，而我们也必须使用特别的表达方式。基于实践，这些表达方式都是紧密关联生活而呈现的类比，具体表现为象言、寓言、重言和卮言，它们依赖实际生活中的具体物象生动形象地表达了道家的道德观念。

在表达道家道德观念的过程中，我们在第三章着重分析作为单字概念的"道"和"德"所具有的特殊意义。通过类比具体物象的"水"，我们将会发现，道家"道"和"德"的概念具有宇宙创生世界的本源性。从"道"到"德"，恰恰展示的就是世界从无到有、价值从虚无走向肯定的过程。在这个意义上，道家的"道德"观念在根本上是一种实在的形而上道德观，它既具有宇宙生成的客观实在义，又具有最高和整全的价值引导义。

为了揭示道家实在的形而上道德观，我们在第四章从认识论的角度入手。通过认识论的分析，我们将会看到，道家的形而上道德观在根本上划分了形而上之"道"的体认和形而下之器的形名认识。就形而下的形名认识而言，道家告诉我们，我们看似可以依托具体的器物进行形名的认识，但其实无非是人为造作的结果，根本就没有涉及"道"之形而上的本质，我们对"道"的认识在根本上是无知的，我们认识的经验世界也无非是一个相对主义的世界。为了摆脱这种人为的造作，我们需要摒弃对外物世界的认识，真正走向内在的虚心明神，只有在虚心明神的实践中，我们才能真正获得有关"道"的实践知识。

为什么我们可以获得实践知识？因为从根本上来说，我们能够体会"道"的关键就在于我们人性是禀受"道"而生成的。因此，在第五章，我们将系统地分析道家的人性论。在界定人性论的过程中，我们会看到，道家借助"自然"的概念，贯穿了形而上之道和人之本性。通过澄清"自然"来揭示"道"具有自然而然的特征，我们将会发现道家人性论认为，禀受"道"之自然而生的人之真性在根本上应该像婴儿一样具有质朴、纯真的性质。基于此，本真之性反对一切对自然人性的扭曲。只有在自然人性中，人才能顺应"道"之自然，超越世俗的道德呈现了超越形而上的道德观。

尽管基于自然人性论，我们会顺应"道"之自然，而呈现超越的形而上道德观，但是我们需要在实践中展现具体的功夫。基于此，在第六章，我们将具体呈现道家道德话语反映的功夫论。基于自然人性论，我们首先发现，这种功夫论首先表现在顺应"自然"而表现的"无为"中，"无为"其实是从人积极主动的一面来表明自然人性论的。在积极"无为"的过程中，我们真正要做到的是去掉基于感觉经验与理性认知的"无欲"和"无知"，不但如此，我们还需要真正控制自己的情感，做到"无情"和"无乐"。那么，我们如何能够做到"无欲""无知""无情""无乐"呢？道家认为，这一切的源头都在于我们是活生生的生命体有着自主的身体和心灵，因此，我们需要在源头处摒弃来自身体和心灵的主观自我意识，做到"无身"和"无心"。在这个意义上，我们不是舍弃生命，而是在精神上离形去体，以虚静的心灵达到天人合一的境界。

天人合一的境界是怎样的一种境界？这是我们在第七章要揭示的。通过分析我们将表明，天人合一的境界其实就是自然人性本来有的样子，只是我们难免在形而下的世俗世界中会被人扭曲。因此，复性返命地回到自然无为的状态就是我们追求的天人合一的境界。在这个境界中，我们离形去体，仅凭精神而逍遥游，在仅仅有待于"道"的基础上而无待于任何外物。可以得知，达到这样境界的人就是真正体"道"之人，这样就达到了我们的理想人格，这样的人格真正地实现了与"道"通行，在精神实践中成了人应该成为的那个样子，实现了真正的自由。这就是道家真正要义所在。

　　在完整地呈现了道家围绕自由精神而展开的超越的形而上道德的全貌之后，本书最后将表明，尽管道家道德追求的是一种内在精神的超越，但这种超越特质的形成同样是基于道家所在历史和传统而来的。正如我们在第一章开始分析时指出的，道家道德话语及其体现也是一个历史变迁和文化建构的过程。因此，道家道德话语也会依赖具体的历史语境展现出独特的属于它自己的叙事。正是通过叙事，不可避免地关联历史而展示出某个主体指向某种目的的可理解性。我们将表明，任何的道德叙事其实都是一个从"未受教化而偶然所是的人"训诚成为"实现其目的而可能所是的人"的过程，这是人类深层次的道德叙事。基于这个特点，我们将表明，道家的道德叙事也具有同样的基本框架结构。在这个框架结构之下，道家的实践训诚就是在天人合一的思维模式下，被人造作伪装的自然人性论重新澄明出来，最终真正实现人的精神自由。

# 第一章

# 道家道德话语的历史变迁及其文化建构作用

任何的思想都是通过语言呈现出来的，而任何的语言都是在具体的历史时间和空间中展示出来的具体文化形态。在这个意义上，要想在根本上把握道家道德思想，我们就必须首先以一个整体的视角来审视道德话语的整体特征，以及历史地审视它与时俱进的变化发展。因此，在具体分析道家道德话语以及其所呈现的道德思想之前，我们必须首先对道家道德话语有一个整体的梳理和定位。只有在这个基础之上，我们才能真正把握道家道德话语及其道德思想的独特特征。为此，我们首先需要界定道家道德话语的基本特点及其话语体系的历史变迁。在此基础上，我们需要进一步考察道家道德话语及其体系对中华民族和中华文化的建构作用。当然，所有的这些考察都需要溯源到道家最经典的代表者老子和庄子的哲学思想中去。因此，我们在本章的最后将总体地介绍老子哲学和庄子哲学有关道德话语及其体系的一般特征。

## 一、道家道德话语及其体系的历史变迁

道德文化是中华文化最重要和最突出的特征，中国道德话语是中华道德文化的直接呈现和重要组成内容。尽管儒家思想被认为是中华道德文化的典型代表，但中华道德文化决不限于儒家思想，道家、法家、墨家、释家等都在中华道德文化的形成中扮演了重要角色。其中，道家的思想从诞生之日起，几乎与儒家齐头并进，贯穿着中华文化的始终，直到今天，依然发挥着重要的作用，影响着中国人的日常生活。因此，从历史的角度梳理道家道德话语，揭示其对中华民族和中华道德文化的影响，具有重要意义。

作为中华道德文化的重要组成部分，一方面，道家道德话语存在于中华民族的集体历史记忆之中；另一方面，道家道德话语具有其自身相对独立的历史进程。它诞生于中华民族的神话时代，在中华民族的轴心时代大放异彩，在其后的历史变迁中，或隐或显地在历史进程中不断传承和发展，与儒家、释家等在内的其他思想相互激荡、相互融合，共同汇聚成了中华道德文化的重要内核。因此，道家道德文化不仅是中华道德文化的重要内容，而且是中华道德文化的建构者。

　　道家道德话语是在中华民族的实践生活中诞生、发展和传承的，是具有相似精神内核的思想汇聚起来的道德话语体系和精神文化。它不但具有民族性，而且在特殊的语境下具有特殊的内涵。一方面，正如向玉乔在论述中国道德话语的性质时所言，"它是相对于'非中国道德话语'或其他道德话语形态而言的；另一方面，它因为内含中国元素而别具一格"。① 虽然总体而言，中国哲学一直没有像西方哲学那样发展出专门的语言哲学和元伦理学，但这并不表明中国哲学没有自己的语言体系，中国哲学并不像有些研究者认为的那样，"字或词只有语言学意义，而不具有思想史或哲学史方面的意义"。② 与之相反，中国哲学有着基于自身独特文化发展出来的语言思想，尤其表现在道德话语思想上面。中国道德话语基于中华民族的道德生活表达出了丰富思想史或哲学史的意义。道家作为中国道德话语的重要代表，表现出了独特的气质。

　　众所周知，《老子》亦称为《道德经》，包括《道》和《德》两部分，这在很大程度上反映了《老子》具有的道德旨趣。事实上，人们常常以道德学家来称呼道家。那么，何以如此？ 这需要我们从历史源流的角度来考察一下道家道德话语和话语体系的历史变迁。

　　首先，老子谈论的"道""德"是形而上意义上世界的本质属性。需要明晰的一点是，在古代汉语里，我们往往是以单字来阐发思想的。古代言"道德"并非我们今天所说有关人类社会规范体系之道德的意思，别称《道德经》的《老子》其实是单独谈论了"道"和"德"。就"道"而言，在《老子》文本中有七十三处，"除有两处言'天道'，四处言'天之道'，另有两处言'人道'，其余除却'大道'四见、'不道'四见外，都是从最一般的意义或世界原初原因的意义上使用'道'的概念"。③ 在这个意义上，老子所谓的"道"就是有关世界本源和事物普遍规律的意思。就"德"而言，在《老子》文本中也有四十多处，一般而言，就是有所得的意思。所以王弼注道，"德者，得也"。④ 尽管"道"和"德"有差异，但是在老子这里，它们是紧密相连的。老子经常"道""德"并举，所以才有"道生之，德畜之……是以万物莫不尊道而贵德"（《老子·第五十一章》）的说法。在老子看来，"道"生长万物，"德"畜养万

　　① 向玉乔．中国道德话语的民族特色及其解析维度［J］．河北学刊，2020（3）：19．
　　② 马德邻．道何以言：兼论中国古代道家哲学的语言学问题［M］．上海：上海三联书店，2014：15．
　　③ 马德邻．道何以言：兼论中国古代道家哲学的语言学问题［M］．上海：上海三联书店，2014：11．
　　④ 老子道德经注校释［M］．王弼，注．楼宇烈，校释．北京：中华书局，2008：93．

物。无形的"道"必须作用于"物",而"德"就是这个作用的功能。"道"是那个本原,"德"就是那个功用,"德"最终体现的还是那个"道"。在这里,尤其值得注意的是,"道""德"不是专属于人的,它们既不是人的创造物,又不是人类社会独有的,而是整个天地万物的根本属性。毋宁说,不是人创造了道德,而是道德生育出来了人。在这个意义上,老子提及的"道""德"是形而上的本体论思考,而人的道德也包含其中。

其次,庄子从认识论的角度把本体论意义上的"道""德"紧密关联到人身上,使得"道""德"向我们今天把道德主要放在人类社会更进了一步。尽管在根本思想上,《庄子》延续了《老子》,依然把"道""德"放在形而上的本体层面进行谈论,但因为庄子更在意作为主体的人如何认识这种"道""德",所以他就自然而然地把这种认识更集中地放在了人的认识上。像老子把"道"和"德"都置于形而上的本体论上一样,《庄子》也说"故通于天者,道也;顺于地者,德也……德兼于道,道兼于天"。(《庄子·天地》)但与老子单纯强调顺应自然而无为不同,庄子更强调人应该通过更积极的做法去推动天人合一,这种做法就是"心斋"和"坐忘"。什么是"心斋"?"心斋"就是要排除一切来自欲望的私心杂念,让心灵保持虚空状态,以自然的"道"来引导人心,人通过这种方法才会有"德"。因此,庄子说:"唯道集虚。虚者,心斋也。"(《庄子·人间世》)很显然,相比于老子单纯强调人应该"少欲",应该"复归于朴""复归于婴儿",庄子更积极地告诉了我们人应该如何行动。什么是"坐忘"?所谓"坐忘",就是通过内在的精神修炼,让自己逐渐忘掉那些世俗的观念和行动规范,"忘仁义""忘礼乐",进而"堕肢体,黜聪明,离形去知,同于大通"。(《庄子·大宗师》)很显然,庄子和老子一样反对儒家与墨家把"仁义礼法"当作人的道德,主张依据源于自然的大"道"而生活,但是相比于老子的自然无为,庄子更积极地告诉了我们人应该如何去实践。

在老子和庄子那里,我们可以很明显地看到,道家的"道""德"观从一开始就来自自然大道,人无非是在顺应自然的过程中而有所得。这种"道""德"观是更为根本的形而上的世界本源。以儒家作为参考,儒家所强调的"仁义"无非是人类社会自己搭建的社会规范,是人为而非自然。在道家看来,人为搭建的仁义道德是外在的规范,这不是"自得于道"的内在追求,恰恰是不道德的,真正的"德"是顺应自然的内在自得。所以老子有云:"故失道而后德,失德而后仁,失仁而后义,失义而后礼。夫礼者,忠信之薄,而乱之首。"(《老子·第三十八章》)庄子也说:"是故古之明大道者,先明天而道德次之,道德已明而仁义次之,仁义已明而分守次之,分守已明而形名次之,形名已明而因任次之。"(《庄子·天道》)从根本上看,道家对"道""德"的强调来自天人合一的观念,从而认为人的道德应该是内在地顺应自然而具有的内在超越,而非抛弃或搁置自然强调人类社会的自我创造。

道家的"道""德"观发源于老子,经过庄子的完善形成了很明确的观念:自然之"道"通过"德"在具体万事万物中驻留下来,这也就是"道"从无展现为万有的过程。"道""德"在这个意义上无非就是生生之"道"和生生之"德"。人因为也是自然大道生育的一种具体存在,所以也会呈现这种"道"和"德"。"道""德"在这个意义上就内化为人的品性。很显然,道家的这种道德品性在根上就更加强调顺应自然而不受束缚的自由追求,与儒家强调通过人伦日用体现仁义礼法的道德观有一个根本旨趣上的差别。我们需要注意的是,无论是老子,还是庄子,基本都是单用"道""德",直到战国中后期,"道德"作为一个复合词开始出现,开始时或是"道"和"德"两者的并称,或是有偏重于"德",但强调它是"道"的"德",或得之于"道"的"德"。再然后,随着中华文化总体越来越入世的精神,道德才逐渐演变为我们今天主要指涉的人类社会的规范体系的意思。

不过,在这里需要补充的一点是,本书对道家道德话语的考察主要集中于老子和庄子上。这主要出于两个方面的考虑。一方面,虽然从历史发展的角度来看,道家思想源远流长,且生生不息,大概来说,把老子和庄子的思想看作道家思想的核心却是比较得到公认的。在这个意义上,老庄的思想一般被认为是道家的主流或正宗。① 另一方面,与很多被归之,道家的支派相比于老庄的正宗,在思想旨趣上会存在一个显著的差异。按照徐复观的看法,"老庄之所以值得称为正宗,主要在于他们否定了现实的人生社会的后面,却从另一角度,另一层次,又给予了人生社会以全盘的肯定……他们的气象、规模,是非常阔大

---

①　当然,关于这一点,也并非没有人提出疑问。比如蒙文通就认为,先秦时期的道家应该分为南北两派,北方道家是处于燕齐的杨朱学派,南方道家则是兴盛于荆楚的老庄学派,无论从源头上讲,还是从人数上讲,杨朱学派都是主流。参见蒙文通.杨朱学派考[M]//刘梦溪.廖平.蒙文通卷.石家庄:河北教育出版社,1996:648-649;蒙文通.古学甄微[M].成都:巴蜀书社,1987:254-255。另外,冯友兰认为老庄只是道家思想发展中的两个阶段,他从历史发展的角度提到道家发展的两条线索:一个是在《中国哲学简史》中认为,道家的发展是一个从杨朱,到老子,到庄子,再到魏晋新道家的过程;(参见冯友兰.中国哲学简史[M].北京:北京大学出版社,1985.)另一个是在《中国哲学史新编》中提及的,认为道家经历了从老子,到庄子,再到稷下黄老学派的过程。(参见冯友兰.中国哲学史新编[M].北京:商务印书馆,2020.)

的。支派的道家思想，都有一个共同的特征，即是理想性的减退，涵盖性的贫乏"。① 因此，无论是杨朱学派、黄老学派、魏晋新道家，还是其他某些被归之于道家的支派及其思想资源，本书没有用过多笔墨进行分析。

### 二、道家道德话语及其体系的文化建构

尽管道德话语从本质上来看应该是属人的，但与儒家通过人伦日常来阐释道德话语的思想不同，道家道德思想的底色是自然主义。它较少从个人与社会的关系来审视人类的生存状况和道德诉求，主要是从个人与自然的关系角度来诠释人的道德性。在这个意义上，我们可以把道家的道德体系称之为自然人性论。

自然人性论既是看世界的一种哲学世界观，也是一种哲学方法论。一方面，它是从自然或人与自然的关系角度看待世界的存在，在此基础上，它是基于自然而建构的世界观；另一方面，它在根本上把人看作自然的一部分，或者说与自然相契合，强调自然法则对人类生存的决定作用，人类应该顺应自然法则而生存。自然主义人性论在伦理学上表现为以自然为师，倡导顺其自然的道德生活方式，人的美德恰恰就表现在人顺应自然的过程中。

与儒家强调基于人伦的德治思想不同，道家对基于人伦的德治持否定态度。儒家所说的"道德"本质上是人伦道德。道家对此进行了严厉的批判，老子说："以智治国，国之贼；不以智治国，国之福。"（《老子·第六十五章》）其意指，以巧智治理国家，会祸害国家；不用巧智治理国家，才会给国家带来福祉。当然，这并不是说老子要从根本上否定道德的社会作用，他只是反对儒家偏重以人伦道德对国家进行治理。老子说："道常无为，而无不为。侯王若能守之，万物将自化。"（《老子·第三十七章》）这就是说，"道"永远是顺其自然的，却又好像没有什么事情不是它所作为的。侯王若能遵循道的原则，无为而治，天下万物就会按自身规律正常发展。基于顺应自然的思想，老子主张无为而治。

道家主张无为而治的伦理基础是天道。人道不同于天道，人道与天道是背道而驰的。老子说："天之道，损有余而补不足；人之道则不然，损不足以奉有余。"（《老子·第七十七章》）其意为，自然界遵循的法则是，减少多余的，弥补不足的，与人类遵循的法则不同，它要求减少不足的，供奉多余的。所以老子认为，我们应该遵循天道，效法自然，而不应该像儒家那样主张基于人性

---

① 徐复观. 中国人性论史：先秦篇［M］. 上海：上海三联书店，2001：369.

而建构道德，在这个意义上，如果说人无法避免要行动，那么也只能采取一种自然人性论。

显然，道家主张遵从天道、以自然为师，反对违背天道的"人道"。在道家伦理思想中，天道即自然之道，其本质内涵是自然的共享法则。在老子看来，国家治理的本质是治理人的问题，但治理人在本质上是人产生于其中的自然，而不能简单地从人自身来看。因此，老子说道："治人事天，莫若啬。"（《老子·第五十九章》）也就是说，治理百姓和养护身心，没有比爱惜精神更为重要的了。老子在这里指出，要治理好人，就必须向自然界学习，学习自然无为而积蓄、养护，厚藏根基。

道家弘扬顺应自然无为伦理的途径是"善利万物而不争"的美德。老子通过水的比喻来说明这一点。在道家哲学中，水是至柔之物，以不张扬的方式存在，水滋养着万物而不居功，是"至善"。老子说："上善若水。水善利万物而不争，处众人之所恶，故几于道。"（《老子·第八章》）也就是说，具有至高品行的人就像水一样；水滋养万物而不与之争夺，汇聚在人们厌恶的低洼之地，因此，它是真正接近大道的东西。在老子看来，道家伦理思想的核心要义就是向水学习，成为具有至高品行的人。很显然，"善利万物而不争"不但表现了人应该成就的至上品行，而且彰显了人的道德实践精神。在道德实践中，"善利万物而不争"表现出了利他的奉献精神。正是通过这种不争的无为品行，道家伦理的价值目标才指向了顺应自然的美好生活。

在天人合一的精神指导下，道家通过反儒家人伦道德的方式彰显了人道与天道的合一。在这个意义上，道家虽然也强调天道人道的合一，但这种人道是反人伦的。所以，当老子强调，"道大，天大，地大，人亦大"时，他强调"自然"是世界的根本、万物的本原以及人类的本性。在这个意义上，天人合一表现的是人要敬重自然、以自然为师，呼吁"人法地，地法天，天法道，道法自然"（《老子·第五十九章》）正是因为道家的天人合一强调超脱人伦，因此，道家所说的人道主要指的是人通过超脱人伦的方式达到的自然而然的状态，这样的人不是在人伦关系中呈现出来的，这样的人是逍遥的、洒脱的、自由的人，只有这样的人才是顺应自然的人，因而也是幸福的。

基于人道天道的合一，"自然而然"作为道家追求的伦理目标，是一种崇高的道德境界。对于道家来说，人生的道德境界在于精神的自由，精神的自由就是人的幸福，这种幸福要求人们少私寡欲，要求人们通过"心斋"与"坐忘"的方式摒弃人的欲望和人伦关系的束缚，强调人类要顺应自然而无为，要求人类与自然存在物共同生存，呼吁人类过少私寡欲的生活，形成了以自然为善、以自然为人性的伦理思想体系。

正是在这个意义上，庄子说："若夫乘天地之正，而御六气之辩，以游无穷者，彼且恶乎待哉！故曰：至人无己，神人无功，圣人无名。"（《庄子·逍遥游》）这也就是说，如果能够顺从自然万物的本性，把握六气的变化，遨游于无穷的境界中，我们还有什么需要依赖的呢？所以说，道德修养高尚的"至人"会达到忘我的境界，精神世界超脱物外的"神人"会达到心目中没有功名的境界，思想修养臻于完美的"圣人"会达到不追求名誉的境界。在庄子看来，如果一个人成了"至人""神人"和"圣人"，他就会少私寡欲、不与人争，就会成为顺应自然而逍遥自由的人。

### 三、《老子》道德话语的一般特征

语言表达思维，思维反映人的心灵，心灵的本质就是语言。人正是通过语言表达对世界的认识，表达认识世界的存在和本质，因此，任何一种哲学都会对"语言"有所思考，必然会有关于语言的哲学。《老子》作为道家哲学的经典著作，提供了一整套的道家哲学思想，具有独特的有关世界存在和本质的认识，这种认识贯穿了老子有关宇宙本体论、认识论、道德功夫论和境界论的认识。在这个意义上，《老子》的道德话语也反映了这种一般认识。

从语言对世界存在和本质认识的一般意义上讲，"心灵为了要统治，亦即为了要认识，就必须是纯洁而不与任何东西混杂的"①，因此，"思维是单一的，唯其单一，其对象才是在种类上同一的；因为它将包含某种为它和其他一切实在的东西所共有的东西，正是这种东西使它们成为可思维的"②。借用海德格尔的术语，这是一种"独语"。跟随亚里士多德的思想，这种"独语""面向思的存在""言其所言"。这也就是说，面对世界存在和本质的语言是一种关注语言存在本身的语言，这种语言认为关注语言存在本身就是关注世界存在、关注世界的本质。其根本原因在于，认识"存在"，也就是认识存在的本质，这种本质"是其所是"，这种"是其所是"通过"这是什么"这样的陈述和论证表示出来。因此，认识"存在"，也就是认识语言表现的陈述和论证。正是因为语言原初与世界的存在和本质相关，这导致语言和存在之间的关系晦暗不明，这也就是《老子》开篇就表达出来的观点，"道可道，非常道；名可名，非常名。"

---

① 北京大学哲学系. 古希腊罗马哲学［M］. 北京：商务印书馆，1961：281.
② 马德邻. 道何以言：兼论中国古代道家哲学的语言学问题［M］. 上海：上海三联书店，2014：158-159.

（《老子·第一章》）王弼注释说："可道之道，可名之名，指事造形，非其常也，故不可道，不可名也。"① 这就是说，能够言说出来的道和名都是可以认识、可以看见、有形象的具体事物，是"道"的具体表现，而不是"道"本体。对于老子而言，反映形而上的本体世界的"道"，在本质上其实是不可言说的，可言说的"道"并不是那个形而上的"常道"，可言说出来的"道"不可能真正地表达形而上之"道"的"意"，这也就是大家对老子语言哲学概括出来的最显著的两个特点，"道不可言"和"言不尽意"。②

为了理解《老子》开篇这种令人迷惑的语言与世界存在本质的关系，亚里士多德如下的观点具有借鉴意义："一个论证里面的'基本真理'，乃是一个直接的命题。一个直接的命题，乃是一个没有其他命题比它更占先的命题。命题乃是一个陈述的正反两方面的任一方面，即是命题把一个单一的属性用来作为一个单一的主词的宾词。如果一个命题是辩证的，它就不加分别地假定正反两方面；如果它是论证的命题，它就承认一方面而确定地排斥另一方面，因为前者是真的。'陈述'一词，可以指一个矛盾的两方面中任何一方面。矛盾乃是一种对立，这种对立由于自己的本性而排斥一种中间的说法。在矛盾里面把一个宾词和一个主词联结起来的那一方面，是一个肯定命题；把它们分开的那一方面，是否定命题。"③ 很显然，老子有关"道"的看法是一个直接的命题，"道"是"常有"和"常无"，"此两者同出而异名"（《老子·第一章》）。"道"是辩证的，不加分别地假定正反两方面。不过，在老子这里，有关"道"的命题不是逻辑推演命题，而是一个有关事实的肯定命题。"道""自在"地在那儿，无形无象，玄奥微妙，"在这里，没有主词和宾词的联结，所以既不是肯定句式也不是否定句式，而仅仅是一个描述句，作为描述句，在语言上就无须遵循逻辑上所谓'可征之事''可言之理'之要求"。④

很显然，从老子的角度而言，"道"因为其兼具本体论和认识论的双重维度而变得复杂。一方面，从本体论的角度来说，老子的"道"兼具形而上和形而下两个维度。就形而上维度而言，老子的"道"既是宇宙本源，也是自然的普

① 老子道德经注校释［M］. 王弼，注. 楼宇烈，校释. 北京：中华书局，2008：1.
② 李婧. 道德话语观探析［J］. 山东社会科学，2010（7）：138-139；陈立中. 老庄语言观综述［J］. 湘潭大学学报，1997（5）：44-45.
③ 亚里士多德. 分析后篇［M］//北京大学哲学外国哲学史教研室编译. 古希腊罗马哲学. 北京：生活·读书·新知三联书店，1927：293-294.
④ 马德邻. 道何以言：兼论中国古代道家哲学的语言学问题［M］. 上海：上海三联书店，2014：159-160.

遍规律。"道"作为宇宙本源,"自本自根",天地万物都由它而生,它作为最根本的实在,不依赖任何事物而独立存在,其他事物都因它而存在。所以老子才说,"有物混成,先天地生。寂兮廖兮,独立而不改,周行而不殆,可以为天地母"(《老子·第二十五章》)。"道"作为自然的普遍规律,并不是什么具体的事物,在这个意义上,道是不可言的。因此老子才说,"绳绳不可名,复归于无物"(《老子·第十四章》)。就形而下维度而言,老子的"道"指涉具体事物,正如王弼在注释老子开篇有关"道"的思想所指出的,"可道之道,可名之名,指事造形"①。另一方面,从认识论的角度来说,"道"无论如何都是一种"言","道即言"。然而,在老子看来,"道"作为"言"更多的却是"言不尽意"。就"道即言"而言,"道"必须"言","如果完全放弃言说(名),保持沉默,则自然之始无法彰显"。问题在于,"'道'作为一种言说方式所具备的辨析功能又使得言说只会造成对道本身的割裂"②,因此,老子倾向于认为,言说传达的知识是人们认识到的少量事物的外在表象,而非事物的本质与普遍规律。这一点在《老子》开篇"道可道,非常道。名可名,非常名"(《老子·第一章》)就表现得十分明显。

正是因为老子在本体论和认识论上对"道"持有上述复杂的看法,对于人该如何认识"道"而有所"德"而言,老子持有一种自然无为观。这种自然无为观通过两种方式呈现出来,即"故常无欲以观其徼,常有欲以观其徼"(《老子·第一章》)。对于前者,老子认为我们不能通过任何人为的语言命名活动来认知事物,而应该"虚静而无私无欲",正如老子在第十六章说的,"致虚极,守静笃,万物并作,吾以观其复"(《老子·第十六章》)。萧无陂认为,"这种观是一种静观,一种直观,即放弃各种言说,不以知性认知方式去观察和分析,而以虚静的心灵体认万物的生成演变"③。在这个意义上,"'常无欲'即'空虚'或'空虚其怀'之意,亦即虚静而无思无欲之意"④。正是通过摒弃人的主观认知,"穷极虚无",才能得"道"之常,这个"常道"是有关天地万物之本体的"无",这也就是有关天地万物自然无为的生成之"道"。对于后者,老子认为,我们在本质上本来不应该对自然无为的"道"有所言,但我们要谈论它

① 老子道德经注校释 [M]. 王弼,注. 楼宇烈,校释. 北京:中华书局,2008:1.

② 萧无陂. "道"不可道吗:从"名""实"之辨重新审视《老子》第一章 [J]. 中国哲学史,2014(3):22.

③ 萧无陂. "道"不可道吗:从"名""实"之辨重新审视《老子》第一章 [J]. 中国哲学史,2014(3):20.

④ 老子道德经注校释 [M]. 王弼,注. 楼宇烈,校释. 北京:中华书局,2008:3.

就不能不给它一个名称，"吾不知其名，强字之曰道，强为之名曰大。大曰逝，逝曰远，远曰反"。(《老子·第二十五章》) 这也就是说，为了一时的方便，我们用"命名"的权宜之计对"道"进行认识，这样，我们也就"常有欲"。通过对万物的命名和思虑，能够尽量去认识天地万物终归于自然无为之道。很显然，通过"有欲"的方法认识的"道"是具体呈现出来的各种表象，虽然也是"道"的体现，但它们都是人勉强命名而获得的，而且在根本上要依赖"无"。所以王弼才说，"凡有之为利，必以无为用；欲之所本，适道而后济"①。也就是说，"有名"和思虑都必须以"无"为本，以"无"为用。总结而言，无论是"无欲"还是"有欲"，对于老子而言，我们最终要达到的是对"无名"之"常道"的认识。然而，在本质上，"道"不可见、不可闻、不可触，我们也只能用"夷""希""微"这样不可得而定的词混沌认识，所以老子讲，不论是通过"无欲"的方式直观"无名之始"，还是通过"有欲"的方式认知"有名之母"，"此两者同出而异名，同为谓玄"(《老子·第一章》)。

如果说上述对"道"和"德"的分析在本体论与认识论上反映了老子在形而上层面持有的自然无为的思想，那么，我们在接下来的分析中可以看到，老子还把自然无为的思想贯穿到了人应该如何生活的道德功夫论和境界论中。

通过前面的分析，我们已经得知，对于老子而言，"道""德"首先是形而上的有关世界本源的探讨。既然"道"是世界的本源，而"德"是"道"通过具体事物的一种功能呈现，那么落实到人身上，"道""德"就是要求人顺应自然之大"道"才能有所"得"。在这个意义上，人的本性就是一种自然主义的人性论。这种人性论因为本于自然之大"道"，很显然具有一种超越性，这种超越性使得老子的人性论实际表现为一种"性超善恶论"，一种"绝对的性善论"。郑开分析说："究其原因，道家主张的是自然主义人性论，其立论基点是：(1) '本来的'就是'好的'，也就是说，本然性质和本然状态是最完善不过的；(2) 保持本来面目 (本然性质和状态)，不假人为，是'好的'。这两个'好的'价值判断表明了自然主义人性论的鲜明立场，同时也提示了'性'与'善'间的内在关联。"②

基于老子的自然人性论，老子认为，真正的"道""德"应该是很难通过诉诸名言把握的。在这个意义上，儒家和墨家提倡的"仁义"与"兼爱"就不可能是真正的道德。正是基于此，老子认为，我们对"道""德"的把握应该

---

① 老子道德经注校释 [M]. 王弼，注. 楼宇烈，校释. 北京：中华书局，2008：1.

② 郑开. 道家形而上学研究 [M]. 北京：宗教文化出版社，2003：188.

是通过否定的方式，通过减法，"绝仁弃义"。只有当我们摒弃了人为的"仁义"时，我们才能够真正做到让人的本性随着大"道"自然而然地发生。为此，老子告诉我们，在道德功夫论上，我们一方面要从一种"反"的"无为"的方式去实践，"我无为而民自化，我好静而民自正，我无事而民自富，我无欲而民自朴"（《老子·第五十七章》）。另一方面我们要从一种"正"的"虚静"的方式去实践，"致虚极，守静笃。万物并作，吾以观其复。夫物芸芸，各复归其根。归根曰静，是谓复命"（《老子·第十六章》）。正是通过"无为"与"虚静"的方式，我们才可以真正提高人生的境界。

什么样的境界？老子用了很多比喻的说法，比如，"素""朴""赤子""婴儿"等。什么叫"朴"？"朴"就是未研之原木，老子用来表示事物的自然状态或本来面目。老子讲，"知其荣，守其辱，为天下谷。为天下谷，常德乃足，复归于朴"（《老子·第二十八章》）。什么叫"素"？"素"就是未曾染过的素帛，老子用来表示物或者人的本然状态。老子讲，"见素抱朴，少私寡欲"（《老子·第十九章》）。什么叫"赤子""婴儿"？"赤子""婴儿"就是人的初生状态，老子用来表示人的最初状态。老子讲，"含德之厚，比于赤子"（《老子·第五十五章》），老子又讲，"知其雄，守其雌，为天下谿。为天下谿，常德不离，复归于婴儿"（《老子·第二十八章》）。可见，通过"素""朴""赤子""婴儿"等比喻的使用，我们人生最好或者说最高的境界就是回到人性或自然最初的那个状态。因为只有人和物最初的这个状态，人才是最接近于"道"和"德"的，或者说，才能体现真正的"道""德"。

综上所述，我们可以看到，《老子》通过独特的道德话语为我们提供了别具一格的道德哲学观。这种道德哲学观以形而上的世界本源和事物普遍规律的"道"为基础，认为"德"是对"道"自然本性的把握。人作为由"道""德"生育出来的一种存在，于"道""德"的认识和把握应该顺应自然而无为，这样才能真正把握和践行自然之大"道"。因此，人性在本质上应该保持"赤子"之心，或者说始终保持"复归于婴儿"的追求。

### 四、《庄子》道德话语的一般特征

与《老子》从语言与世界的关系来展开"道""德"观的说明一样，《庄子》对"道""德"观的谈论也是以此为基础展开的。老子讲"道不可名"，《庄子》就说"道不可言"。在《庄子》看来，"道不可闻，闻而非也；道不可见，见而非也；道不可言，言而非也。知形形之不形乎！道不当名"（《庄子·知北游》）。这也就是说，"道"是不可能听到的，听得到的不是真正的"道"；

"道"是不可能看见的，看得见的不是真正的"道"；"道"是不可能言说的，言说出的不是真正的"道"。要知道能孕育出万事万物的"道"，它本身是没有形体的，"道"不应当有名数。很显然，和《老子》一样，《庄子》认为真正的"道"是无法进行言说的，"大道不称，大辩不言"（《庄子·齐物论》）。

正是基于"道不可言"，《庄子》很明确地怀疑语言的能力，提出了"言不尽意"的观点。《庄子》说，"夫言非吹也，言者有言。其所言者特未定也。果有言邪？其未尝有言邪？"（《庄子·齐物论》）。这也就是说，言说并非无心而吹的天籁，言说者总是有其言说的对象，但所言的对象却是未确定的，到底言说了什么呢？还是没有言说什么呢？在《庄子》这里，言说出来的东西总是某个人关于某种事物的，它会因为不同的人而呈现不同的样子，但这并非事物本来的样子。因此，"言不尽意"，始终无法触及根本的"道"。正是基于"道不可言"和"言不尽意"的观点，《庄子》在继承《老子》基本思想的基础上发展了道本体论、相对主义认识论、逍遥游的境界论和修养功夫论。

从本体论上看，《庄子》继承了《老子》认为"道"是世界本源和事物普遍规律的观点，还进一步发展了"道"作为一种整体性的观点。在论及"道"的本体论地位时，《庄子》说道：

> 夫道，有情有信，无为无形；可传而不可受，可得而不可见；自本自根，未有天地，自古以固存；神鬼神帝，生天生地；在太极之先而不为高，在六极之下而不为深，先天地生而不为久，长于上古而不为老。（《庄子·大宗师》）

根据陈鼓应的分析，这段话反映了"道"的如下几个特点。第一，"道"是实存的。这种实存幽隐寂静，超乎名相。第二，"道"是自存的。"自本自根"。第三，"道"产生天地万物。"道"先于天地鬼神，是天地万物的根源。第四，"道"是超越时空的。[①] 从这些特征可以看出，《庄子》的"道"是世界的本源，是万事万物都依据其流转变化的普遍规律。天地万物都是通过"道"而自然流转出来的。当然，流转出来的自然界其实是一个现象界，这就是我们可以通过言说和认知认识的世界，但真正"道"的世界，其实是不可知的"无"。所以《庄子》说，"泰初有无，无有无名；一之所起，有一而未形"（《庄子·天地》）。与《老子》一样，《庄子》认为世界的本源是不可通过感觉

---

① 陈鼓应. 老庄新论 [M]. 修订版. 北京：商务印书馆，2008：377-378.

经验认知的"无"。

从认识论上看，《庄子》发展了《老子》的"道"，别出心裁地提出了"道"的整体性概念，并提出了相对主义的认识论。在《庄子》中论及"道"的地方有言曰："道恶乎隐而有真伪？言恶乎隐而有是非？道恶乎往而不存？言恶乎存而不可？道隐于小成，言隐于荣华。"（《庄子·天地》）在这里，"道"显然指的是整体性的"道"。整体性的"道"往往因为片面和局部的认识而被遮蔽了。"人往往陶醉于局部的成就而阻碍了全面的了解，也往往局限于片面的认识而产生武断与排拒的态度"①。而这些局部的成就，显然是由于人的主观成见所导致的。人为什么会囿于主观成见呢？陈鼓应总结出了以下四点："第一，能知主体的心态常受三种因素的影响，即'拘于虚（墟）''笃于时''束于教'……第二，人的思想角度习惯于以感觉知觉所触及的形迹世界为极限范围……第三，个人的生命是短暂的，心智的能力是有限的，所以穷毕生的精力也无法认识自然的全部真相……第四，能知主体常受'成心'所左右"②。

正是因为人自身的局限性导致对"道"的整体性认识的遮蔽，所以在《庄子》看来，我们对世界的认识其实总是处在相对主义的认识状态中。这主要表现为两点：第一，总是在流变性中认识对象；第二，难以确定真正的认识标准。从第一点来说，因为我们认知的并非永恒的"道"，只是现象界的事物，所以其实我们只是徒劳地在不断流转变易的外在事物身上去进行认识。《庄子》说，"物之生也，若骤若驰，无动而不变，无时而不移"（《庄子·秋水》）。这也就是说，事物的生长就好像急驰的马一样，没有一刻是不在移动的。但问题是，对于认知而言，我们需要有稳定的对象，如果没有稳定的对象，那么确定的知识也就无从把握。所以《庄子》说，"夫知有所待而后当，其所待者，特未定也"（《庄子·大宗师》）。这就关乎谈论的第二点——难以确定真正的认识标准。因为在《庄子》看来，"物无非彼，物无非是。自彼则不见，自知则知之"（《庄子·齐物论》）。王博解释说："万物从自己的角度来看，都是此，而他物为彼。从他者的角度来看，则他者为此，而他者以外的他者都是彼。"③ 既然可以互为彼此，我们还执着于区别彼此又有什么意义呢？同样的，"方生方死，方死方生；方可方不可，方不可方可；因是因非，因非因是"（《庄子·齐物论》）。事物的生死在彼此看来互为生死，认可或不认可在彼此看来互为认可或

---

① 陈鼓应. 老庄新论［M］. 修订版. 北京：商务印书馆，2008：388.

② 陈鼓应. 老庄新论［M］. 修订版. 北京：商务印书馆，2008：403.

③ 王博. 庄子哲学［M］. 北京：北京大学出版社，2004：78.

者不认可。事物的发展变化无休无止，我们的认识也永无标准。不仅如此，更重要的是，不同人因为自己不同的立场而难以建立一个共同的标准。人们常常习惯"同于己者为是之，异于己者为非之"（《庄子·寓言》）。由此我们看出，《庄子》确实持有一种很强的相对主义认识观。

我们需要注意的是，《庄子》的相对主义观点只是对于经验的世界而言，换个角度，我们就可以打破这种相对主义的观点。这个角度就是从整体性的"道"去把握。所以《庄子》讲：

> 是以圣人不由而照之于天，亦因是也。是亦彼也，彼亦是也。彼亦一是非，此亦一是非，果且有彼是乎哉？果且无彼是乎哉？彼是莫得其偶，谓之道枢。枢始得其环中，以应无穷。是亦一无穷，非亦一无穷也。故曰：莫若以明。（《庄子·齐物论》）

这就是说，我们应该以天为比照，摒弃自我，在一个"无我""无心"的状态下去进行认识，这样的话，就不存在生死对立，不存在彼此对立，取而代之的就是一个没有分别的世界，这也就是从整体性上把握的"道"的世界。因此，对于《庄子》而言，经验世界是相对的，那是因为这个世界都是带有偏见的世界，也就谈不上真正的认识标准和价值标准。如果我们从整体性的"道"的角度来说，我们就会忘记感知，忘掉差别，从而感觉到一种"天地与我并生，而万物与我为一"的充实。这就让我们来到了《庄子》世界的境界论。

从境界论的角度来看，《庄子》在整体性的"道"的基础上提出了"天人合一"的精神境界，这种境界立于宇宙之中而逍遥于人世间。《庄子·大宗师》和《庄子·逍遥游》就描述了以大"道"为师的真人的人生境界与这种境界应该呈现的自由精神。

在《庄子·大宗师》开篇，《庄子》就以"知"为话题，开始谈论"天""人"关系。其言曰：

> 知天之所为，知人之所为者，至矣！知天之所为者，天而生也；知人之所为者，以其知之所知以养其知之所不知，终其天年而不中道夭者，是知之盛也。虽然，有患：夫知有所待而后当，其所待者特未定也。庸讵知吾所谓天之非人乎？所谓人之非天乎？

在这里，《庄子》看似将天、人分开，以期从不同的认知来谈论人生，但其实并不在于谈论知识本身，而是试图通过"知"来探讨谈论"如何培养一个具有整体世界观——能达到'天人合一'境界的理想人格形态"①。很显然，《庄子》在这里要谈论的不是有关客观对象的知识，而是谈论有关生命的理解。正如王博所说："庄子要追问的是生命的真正来历，这来历同时也就是生命的依据"②。在这里，我们可以看到，开始看似谈论天人分离，各有其知，但通过"虽然，有患"的这一转折指出，人的认知总是要依赖对象才能判断是否得当，而对象又是变化不定的，这最终导致有关天人的知识可能只是彼此相对而言的。唯一能破除这种疑惑的方法就是，有一种真人能够破除这种相对性的知识。所以，《庄子》开篇段说，"且有真人而后有真知"（《庄子·大宗师》）。只有真人才能培养"真知"。何为真人？《庄子》用很多语言刻画了其特点，但最终可以归根于"是知之能登假于道者"（《庄子·大宗师》）。也就是说，真人是能够至于"道"的境界的。正因为真人能够达到"道"的境界，所以他才能达到"天人合一"的境界。《庄子》说：

> 故其好之也一，其弗好之也一。其一也一，其不一也一。其一与天为徒，其不一与人为徒。天与人不相胜也，是之谓真人。（《庄子·大宗师》）

在真人这里，没有了人物之别，没有了好恶之别，人与自然不相互抵触，浑然一体了，也就真正达到了"天人合一"。

当真人达到"天人合一"时，他就能够真正体会到"道"的无限性、整体性和自由性。作为真人，当他与大"道"自然一体，就能体会大化流行，感受顺天顺自然的人生真谛，真正做到遨游宇宙的自由。当然，如果真人也终究是个体的人，那么我们并不能实然地做到遨游宇宙，我们遨游的只能是精神的自由。正是在这个意义上，遨游宇宙的是精神的"逍遥游"。毫无疑问，人生在世，天然地渴望自由，但我们又不得不受缚于外在的条件甚至精神的枷锁。所以，《逍遥游》一开始就突出了天人两种视角的对立。当《庄子》说"北冥有鱼，其名为鲲……化而为鸟，其名为鹏……怒而飞，其翼若垂天之云"（《庄子·逍遥游》）时，这里的"化"和"怒"字十分关键，它们凸显了天人视角的本质性差别。如果说蜩与学鸠是人的视角，大大地受制于外物，受制于自己

---

① 陈鼓应. 老庄新论 [M]. 修订版. 北京：商务印书馆，2008：248.
② 王博. 庄子哲学 [M]. 北京：北京大学出版社，2004：95.

的见识，那么鲲鹏的视角就是天的视角，在这种视角之下，鲲鹏不执着于外物，甚至不执着于自己。当有外物束缚时，鹏"怒而飞"，要摆脱外物的钳制。这种决心之大，即使放弃自己原来的形态也在所不惜，这也就是"化"。"化"是什么？"化"就是放弃原来的自己，超越原来的自己，变成一个崭新的自己。其实，在天的视角来看，一切本来就是自然大化流行的结果，并不存在一个一成不变的我，"化"其实是天的视角的应有之意。因此，《庄子》通过各种比喻告诉我们，蜩与学鸠这种受制于外物、执着于自己短见的人摆脱不了外物和自己心里的束缚，就不可谓"怡然自得"，甚至是鲲鹏，如果它们执着于己身，也同样如此。真正说来，只有达到泯灭物我之见，做到无己无功无名，与自然化为一体，才能乘天地之正，御六气之辩，逍遥游于无穷。由此可见，对于《庄子》而言，要想达到真正的逍遥游，关键在于破除外物的束缚和内心的执念，像真人一样与自然混为一体。而要达到这个，就需要培养"心斋"和"坐忘"的修养，这也就是庄子的修养功夫论。

何谓"心斋"？《庄子》借孔子之口说道："若一志，无听之以耳，而听之以心；无听之以心，而听之以气。听止于耳，心止于符。气也者，虚而待物者也。唯道集虚。虚者，心斋也。"（《庄子·人间世》）按照王博的说法，"心斋指的就是心的完全虚静的状态，心里面没有任何的东西"①。在这里，《庄子》通过耳、心和气三个不同的东西来解释"心斋"。"心斋"要求"无听之以耳"和"无听之以心"，而要"听之以气"。原因在于，耳能听到的只是某些声音，但某些听不到的声音我们只能通过心的思虑才能涉及；心虽然能够涉及某些背后的声音，但这种涉及终究是心对世界的主观欲望和偏见；只有放空自己，像气一样虚以待物，才可以把世界万物都贯通为一，达到"天人合一"的境界，在世界中遨游。很显然，《庄子》告诉我们要破除耳这样的感官带来的感觉，这样我们才能避免因不同感受带来的冲突。我们要破除因为主观带来的欲望和个体认知，这样我们才能避免因自以为有知带来的偏见。我们最终需要的是放空心，虚无恬淡，这样才可以做到无心而随化。

如果说"心斋"是世间的人在樊篱中努力培养自己的心达到的虚静的状态，那么"坐忘"就更进一步提示出虚静之心所展现的人生境界。那么何谓"坐忘"？《庄子》讲："堕肢体，黜聪明，离形去知，同于大通，此谓坐忘。"（《庄子·大宗师》）只有忘掉自己的肢体，才会忘记来自感官的欲望刺激；只有忘掉自己的聪明才智，才会忘记人为给自己加的仁义礼乐；只有真正做到忘记了

---

① 王博. 庄子哲学［M］. 北京：北京大学出版社，2004：38.

自己的形体，忘掉了自己的心智，才会把自己也忘掉，从根上去掉枷锁的来源。到这个时候，或者说到这种境界，"仁义礼乐消失了，自我消失了，一切的条条框框一切的限隔都不复存在，于是可以至于'同于大通'的境界"。① 何谓"大通"？"大通"也就是"大道"，也就是自然造化之"道"。正如前面"心斋"所讲的"听之以气"一样，气是把世界万物贯通为一体的基础，这个气也就是自然造化之"道"，也就是"大通"。《庄子·齐物论》里面讲："故为是举莛与楹，厉与西施，恢诡谲怪，道通为一。"这也就是说，无论是草径还是屋柱，丑女还是西施，包括万事万物的恢宏诡秘伪装怪异，从"道"的角度来说都是一样的。因为万物终究都统一于"道"，无物不是"道"所生，无物不是自然气化流行而生。因此，在"道"的意义上，万事万物也是没有差别的。当人达到这个境界的，也就无所谓自我与非我的区别了，我与自然融为一体，天人合一，我就达到了心灵无限自由的状态，可以真正做到逍遥游了。

---

① 王博. 庄子哲学［M］. 北京：北京大学出版社，2004：99.

# 第二章

# 道家道德话语的主要言说方式及其伦理表意

　　人们总是通过言说来表达思想。在中国哲学中，"道"兼具这双重含义在道家这里，"道"不但意味着言说，言说某种思想，而且认为言说的这种思想是一种形而上的终极实在。在老子那里，"道"是宇宙本源或是自然的普遍规律；在庄子那里，"道"虽然不可言说不可感知但是神秘存在着的东西。无论如何，对于道家而言，"道"终归是一种深层的实在。这种实在是本体论的一元实在，是一种独一无二的整体性的实在。然而，这种实在太抽象，太神秘，我们人很难把握和真正认识它，但我们又不得不去把握和认识它。在这个意义上，"道"对于我们而言，又总是展示为具体的道路和道理，"道"自身向我们展示出认识与把握它的方法和表象，我们通过言说表示出各种学说。我们尽管在根本上无法认识和言说清楚作为实在的"道"，但我们总是要通过言说去把握有关"道"的东西。借用海德格尔的思想，作为话语的逻各斯就在于通过言说把言说所及的东西公开出来。① 当然，我们也许无法完全把握事实本身，但我们总是要通过各种现象去把握事实的真相。因此，我们即使通过言说无法把握"道"的本质，但我们也可以用唯一可行的方法对"道"进行某种言说。因为言说在本质上无法完全把握实在性的"道"，我们为了认识又不得不言说，那么我们就应该充分地意识到言说的限度。基于这种考量，道家在谈及言说时总是用一种谨慎的态度借用语言来表达思想。在老子那里，言说的方式是通过"象"进行的象言；而在庄子那里，则表现为某种狂言，这种狂言又具体表现为寓言、重言和卮言。那么，这种象言和狂言是什么意思？它们对道家的道德思想到底意味着什么？

## 一、象言

　　前面我们已经说明，人们总是通过言说表达思想，思想表示人们对世界和自身的看法。然而，通过语言能否把握思想，尤其是通过语言能否把握那些抽象的有关世界和自我本质的形而上学思想，对老子来说，这是一个问题。所以

　　①　参见马丁·海德格尔. 存在与时间［M］. 修订译本. 陈嘉映，王庆节，译. 北京：生活·读书·新知三联书店，2006：37-40。

老子开篇才说，"道可道，非常道；名可名，非常名"（《老子·第一章》）。对我们的研究而言，更重要的是，老子认为这种言说与思想之间的关系在根本上也关系到道德的本源问题。在谈及道德本源问题时，老子引出了"象"，在通过谈论"象"时，老子谈及了我们如何认识"道"，在通过"象"谈论"道"的认识过程中，老子向我们展示了言说与思想之间的关系。由此可见，对老子而言，"象"既是认识形而上之"道"的根本，又是探究道德本源的关键。那么，老子是如何通过"象"来认识"道"的呢？老子又是如何通过"象"来探究道德本源的呢？

从老子开篇对"道"的界定，我们已经知道，对老子而言，一般可以通过言说来把握的"道"并不是真正的"道"，或者说不是我们要认识的那个有关世界本质的形而上之"道"。这意味着用言说的方式其实是难以把握有关世界本质的思想的。然而，除了言说，我们又何以认识形而上之"道"呢？老子在《老子》第二十五章表达了这种无奈：

> 有物混成，先天地生。寂兮寥兮，独立而不改，周行而不殆，可以为天下母。吾不知其名，字之曰道，强为之名曰大。

这就是说，"道"是这个世界的源头，比天地还要更早地生成出来，是天地万物的根源，它不依靠任何外力独立长存永不停息，循环运行而永不衰竭。然而，就我们对它的认识而言，我们根本就无法也无从认知它。尽管如此，我们又不得不去认识和言说它，因为万物都是由它而生成的。既然有物生成，那么我们也就必然可以通过言说命名，因为言说和命名，是我们认识具体事物的标志。可以言说和命名的具体事物虽然由"道"而来，但"道"并非具体事物，我们根本不能对"道""名以定形"，而只能对它有所肯定。因此，对老子而言，通过言说来命名"道"在根本上其实是做不到的，只是因为它作为天地万物由之而生的来源，我们不得不对它有所肯定，不得不勉强为它命名。在这里，我们需要特别注意的是，用"字"来说"道"仅仅表示对它有所肯定，但我们其实是无法肯定具体什么东西的，一旦肯定了具体的什么东西，就不只是"字"，而是"名"。"名"是什么？"有名，万物之母。"（《老子·第一章》）王弼注释说，"可道之道，可名之名，指事造形"[①]，楼宇烈校释说，"'指事造

_____

① 老子道德经注校释［M］．王弼，注．楼宇烈，校释．北京：中华书局，2008：1.

形'，此处借以指可识可见有形之具体事物"①。"道"就我们的认识而言不可能是某个具体事物，当我们勉强把它命名为"大"时，也只是不得已而为之。

不过，我们用"大"来命名"道"并不是对"道"的本质把握，但多少还是反映了我们对"道"的认识。"大曰逝，逝曰远，远曰反。"（《老子·第二十五章》）大就是广大无边而周行无所不至，周行无所不至也就是伸展遥远，周行遥远最终又会返回本源，其实这就是前面讲的"周行而不殆，可以为天下母"。可以看到，我们对"道"的认识其实只能是对它的一种肯定，肯定它对于天地万物的本源作用，甚至在这个意义上，我们也是有所失的。正如王弼所注，"吾所以字之曰道者，取其可言之称最大也。责其字定之所由，则系于大。大有系则必有分，有分则失其极矣"②。所以，就言说而言，我们是无法完全认识到"道"的，可以言说的"道"绝非那个形而上的"道"。海德格尔之言逻各斯，"逻各斯是让人看某种东西，让人看话语所谈及的东西"③，但逻各斯本身并不是那个东西，也不是那个本真。言说无论如何都不能真正认识形而上之"道"，所以，我们只能象征性地去认识"道"，而不是概念性、确定性地认识"道"。这也就是老子用象言来说"道"的原因。

什么是象言？为了理解这一点，我们需要看老子如何谈"象"。通过老子的文本我们可以看到，有关"象"的讨论一般都和"道"的讨论一起出现。"象"是为了说明"道"。老子在第十四章讲：

> 视之不见名曰夷，听之不闻名曰希，抟之不得名曰微。此三者不可致诘，故混而为一。其上不皦，其下不昧，绳绳不可名，复归于无物。是谓无状之状，无物之象，是谓惚恍。

这也就是说，"道"是用眼睛看不见的"夷"，用耳朵听不见的"希"，用手触摸不到的"微"，这三者是难以推问探究的，混而为一。那么，"道"为什么是这样的呢？原因是"道"没有上下之分，"道"的本源不会因为在上位而光明一些，"道"的实现也不会因为在下位而昏暗一些。道在本质上是玄之又玄的东西，"它既是无又是有，所以叫玄。光'无'不玄，光'有'也不玄；它同时

---

①　老子道德经注校释［M］. 王弼，注. 楼宇烈，校释. 北京：中华书局，2008：2.

②　老子道德经注校释［M］. 王弼，注. 楼宇烈，校释. 北京：中华书局，2008：63.

③　马丁·海德格尔. 存在与时间［M］. 修订译本. 陈嘉映，王庆节，译. 北京：生活·读书·新知三联书店，2006：39.

是有也是无，才说它玄；同时是无又是有。如此，无而不无，有而不有，是无而有，是有而无，这才玄妙"。① 很显然，这里无法用肯定的定义说明"道"是什么，而只能通过描述表明"道"是如何呈现的。鉴于"道"是一种先天地而浑然成之的东西，我们只能从"道"终究实现天地万物的角度来谈它。对于我们来说，"道"的本体是无法真正认识的，我们对"道"的认识只是通过它的生成和实现了天地万物的运动过程而有所把握。因此，玄之又玄的"道"的本体我们是无从知晓的，我们认识到的只是"道"生成万物又带着万物回归到无的这个过程。在这里，"道"展现了它的玄妙，"道"本来没有任何形状，但这种"无状"恰是"道"的形状；"道"本来没有事物，但这种"无物"恰是"道"的形象。"道"就在这种玄妙之中实现出了万物，就我们不能认识"道"之实体而言，"道"只能是无，但天地万物终究又从无之"道"中生长出来，"道"终究肯定了某些东西。所以，"道"终究是体现或肯定了某些东西的，只是我们没法清楚地确定这种具体的形象。那么，我们到底该如何理解这种无法确定的"恍惚之象"呢？

《老子·第二十一章》讲：

> 道之为物，惟恍惟惚。惚兮恍兮，其中有象，恍兮惚兮，其中有物。

"道"确实是某种实在，但正如王邦雄所说："此不可做出错误解读，说道是物，而是'道'作为一个存在来说，它是无形的存在，是形而上道体"。② "恍惚"作为"道"的特质，按照王弼的解释，乃是"无形不系"，"以无形始物，不系成物，万物以始以成，而不知其所以然"。③ 在这里，值得细究的一点是"恍"和"惚"的辩证关系。"恍"是昏暗的意思，是对自然现象的描述，是一种客观实在；"惚"一般指人的内心不明的样子，去掉人的因素，则是对一种事物变动状态的象征性描述。由此可见，"道"作为一种实在既是一种客观的昏暗，也是一种主观的不明。正是在不明昏暗的"道"中，有其意象；正是在昏暗不明的"道"中，有其物体。在这里，我们需要注意的是，"意象"并不是具体事物的形象，而是一种观念，一种知性的抽象过程。"意象"当然是自然

---

① 王邦雄. 老子《道德经》的现代解读［M］. 长春：吉林出版集团有限责任公司，2011：55.

② 王邦雄. 老子《道德经》的现代解读［M］. 长春：吉林出版集团有限责任公司，2011：81.

③ 老子道德经注校释［M］. 王弼，注. 楼宇烈，校释. 北京：中华书局，2008：52.

界的现象，但这种现象是一种抽象的"境象"。举例来说，我们看不到一个具体事态的秋天，但是我们通过感知天气变凉、草叶变黄、大雁南归等这些具体事态，从而抽象出一个实在的秋天，这是一种整体境象的实在。因此，很重要的一点呈现出来了：作为形而上实体的"道"，我们根本无从把握其具体形态，但是因为"道"成就生成了天地万物，我们就可以通过天地万物的生成之"道"把握"道"的境象，肯定"道"的存在。所以，"象"就是我们把握和认识老子之"道"的关键。在这个意义上，我们才说，老子注重通过象言来认识"道"。

那么，老子到底是怎样通过象言来认识"道"的呢？为了回答这个问题，我们必须理解"象""意""言"的关系。在前面的分析中我们已经看到，对于老子而言，"道"在本质上其实是无法真正被认识的，但我们不得不用语言和思想去认识它，尽管"道"不可言，但我们还是需要去言说。一般的言说没法认识"道"的本质，所以我们只能通过特殊的言说方式来进行，这就是象言。象言是什么？象言是对"道"的某种肯定，但并非具体的定形。在这个意义上，"象"其实只是一种隐喻，我们通过"象"对"道"进行某种展示和表现，象言在本质上是一种意义和意境的呈现。关于这一点，王弼在《周易略例·明象》中有一段经典的描述：

> 夫象者，出意者也；言者，明象者也。尽意莫若象，尽象莫若言。言生于象，故可寻言以观象；象生于意，故可以寻象以观意。意以象尽，象以言著。故言者，所以明象，得象而忘言；象者，所以存意，得意而忘象。犹蹄者所以在兔，得兔而忘蹄；筌者所以在鱼，得鱼而忘筌也。然则，言者，象之蹄也；象者，意之筌也。是故，存言者，非得象者也；存象者，非得意者也。象生于意而存象焉，则所存者乃非其象也；言生于象而存言焉，则所存者乃非其言也。然则，忘象者，乃得意者也；忘言者，乃得象者也。得意在忘象，得象在忘言。故立象以尽意，而象可忘也；重画以尽情伪，而画可忘也。①

就这里的本意而言，"象"指的是卦爻之象，"意"指卦爻之象背后的义理，"言"指卦爻辞。但如果我们从卜筮衍生开来，我们可以认为"象"是对"道"或者义理的某种显现和表现，"意"是对"道"或义理的把握，"言"是对某种

---

① 王弼. 周易注 [M]. 楼宇烈，校释. 北京：中华书局，1980：609.

具体事物的断言。因此，对于王弼而言，"象"是展现"意"的，"言"是断言明示"象"的。穷尽"意"的最好方式就是"象"的呈现；穷尽"象"的最好方式就是"言"的断言。"言"由"象"生，所以可以探寻"言"来观悟"象"；"象"由"意"生，所以可以探寻"象"来感悟"意"。"意"因"象"而能尽情呈现，"象"因"言"而能得以明示。因此，"言"在于明示"象"，观悟到"象"就可以忘掉"言"；"象"在于呈现"意"，感悟到"意"就可以忘掉"象"。总而言之，在王弼那里，我们可以说，"言"是对具体事物进行定名断言，"象"是对"道"和义理的显现与表现，"意"则是对"道"的义理的把握。"言不能尽意，是因为语言的局限性；象能够尽意，则是因为'象'的丰富性；而言能尽象，则是由于言能对'象'进行描述。"①

　　上述引文是王弼有关《周易》的解释，其中有关"象""意""言"三者关系的说明同样适合老子，因为老子在开篇就已经明确地表明"道"不可名、不可言，可名可言的"道"绝对不是那个真正的"道"。所以，对于老子而言，如果我们在根本上要探究的是那个"意"、那个"道"，那么我们就不应该执着于具体的"言"，甚至也不应该执着于那个对"道"有所显现的"象"。只要我们能够真正地把握那个"意"和"道"，那么我们就可以忘掉"象"和"言"，我们终究没办法直接把握"意"和"道"，所以我们需要立象尽意，我们需要寻言以观象。在这里，"象"成为我们把握"道"的关键。按照老子的思想，"道"是混然而成的，我们根本不能直接用概念化、对象化的方式来言说"道"，我们只能通过对"道"有所显现和表现的"象"来把握，因为只有"象"才既具有感性的直观性，又具有知性表象的抽象性，还勉强可以用来对"道"进行描述和说明。但即便如此，"象"也只是一种象征，一种表现，如果我们通过立"象"获得了对"意"和"道"的把握，那么我们也就可以忘掉"象"。这是如何可能的呢？只有物我浑然一体，忘掉自己，忘掉自己与他人他物的区别才得以可能，老子认为这需要我们见素抱朴，复归于婴儿；庄子认为我们需要"坐忘"和"心斋"，达到天人合一的境界。总而言之，"道"需要达到天道和人道合二为一的境界，这种境界如何达到呢？我们在后续道德境界里会详细谈及。在这里，我们首先可以确定的是，正是通过"象言"，老子把道德与形而上之"道"联系起来了。

　　老子开篇就讲，"孔德之容，惟道是从"（《老子·第二十一章》），展现了

---

① 马德邻. 道何以言：兼论中国古代道家哲学的语言学问题［M］. 上海：上海三联书店，2014：95.

"德"与"道"之间的关系。何谓"孔德"？按照王弼的注释，"孔，空也"。①
楼宇烈进一步校释说："'空'，虚无，无为。"② 河上公则曰："孔，大也。"按
照他们的解读，这里的孔德指的就是无为的大德，大德的形态，完全由"道"
来决定。"德"建基于"道"上，在这里，对"德"的理解有两个方面。其一，
就万物生成而言，"德"是"道"生成得到万物的能力，让万物获得各自的
"特性"，万物展现的各自"特性"也就是所谓的"德"。其二，就人而言，
"德"是人世间的"道德"。人生在世，也是由"道"而来的，人之为人的特性
就是所谓的"道德"。很显然，不论是万物展现的特性，还是人间展现的道德，
在最终的源头上都要归于无为的大"道"。③ 因为人间的"道德"也像天地万物
一样是大"道"的体现，所以人间的"道德"也源于"道"。我们都知道，对
于老子而言，"道"之本体是无法认识的，那么，我们该如何去理解源于"道"
的"道德"呢？

首先，在追问道德的本源时，老子既否定了道德来源于天，也否定了道德
来源于圣人。老子说："天地不仁，以万物为刍狗；圣人不仁，以百姓为刍狗。"
（《老子·第五章》） 如果说天地是我们客观实在的代表，那么，老子认为道德
显然不是来自这种客观实在，因为天地把生成的万物看作不重要的东西；如果
说圣人代表我们人最好的主观意志，那么，老子同样认为道德显然不是来自这
种主观意志，因为圣人把老百姓看作不重要的人。这也就是说，道德既不来自
客观实在的天，也不来自人的主观意志，那么道德到底来自哪里呢？

在否定道德来自天和道德来自主观意志之后，老子从肯定的角度表明道德
源于"道"，这就是老子说的"孔德之容，惟道是从"（《老子·第二十一
章》）。按照老子的看法，"道德"本源"道"。"道德"如何源于"道"？"是
从"二字凸显了其方法，即顺从、跟从。那么现在的问题又回到了"道"身上，
"道"是如何展现自己的呢？老子在第二十五章讲，"人法地，地法天，天法道，
道法自然"。"道"的法则就是"自然"，何谓"自然"？"'自然'就是'独
立'，我自己'然'我自己，我自己'立'我自己"④，这也就是老子所说的，
"独立而不改，周行而不殆"（《老子·第二十五章》）。刘笑敢更是从事物存续

① 老子道德经注校释 [M]．王弼，注．楼宇烈，校释．北京：中华书局，2008：52.
② 老子道德经注校释 [M]．王弼，注．楼宇烈，校释．北京：中华书局，2008：53.
③ 维特根斯坦．维特根斯坦论伦理学与哲学 [M]．江怡，译．张效敏，校．杭州：浙江
　大学出版社，2011：3.
④ 王邦雄．老子《道德经》的现代解读 [M]．长春：吉林出版集团有限责任公司，2011：
　97.

的不同状态谈到了"自然"具有自己如此、本来如此、通常如此和势当如此几层含义。他说:"'自己如此'强调的是事物的内在动力和发展原因,'本来如此''通常如此''势当如此'强调的都是事物存在与延续的状态,不过,'本来如此'侧重于原初状态,'通常如此'侧重于现在的状态的持续,而'势当如此'侧重于未来的趋势。概括说来,老子所说的自然包括了自发性、原初性、延续性和可预见性四个方面。"① 很显然,正如我们已经表明的,从认识的角度来说,"道"根本无从认识,"道"是先于一切具体存在物自然而然的绝对理念。不过,从实践的角度来看,"道"在"周行而不殆"的过程中生成了天地万物,从而有所得,这也就是"道"之"大德"。就人间"道德"而言,它可以效法"道"、效法"自然"。在这个意义上,人间"道德"源于"道"也就具有形而上的意味,具有了超验性和形式性。

"道德"具有超验性,这意味着它不是一个通过经验可以认识到的对象性存在,因而也就不是通过经验认识而获得的具体规范。在这个意义上讲,"道德"虽然可以通过实践呈现出来,但它绝不是那些基于经验总结出来的具体规范,而应该是康德所说的那种先验的东西。这一点也正如维特根斯坦所言,"尽管所有的相对价值判断都可以表现为纯粹的事实陈述,但没有任何事实陈述可以是或包含关于绝对价值的判断"②。正是因为"道德"的这种超验性,作为形而上的"道德"只能像康德所说的那样,是一种形式化的原则。因为任何来自实践经验的道德内容都只是偶然特殊的,只有形式化的原则才能确保"道德"的自然而然,不会陷入偶然性和相对性中。从这个意义上讲,在老子这里,"道德"更多的就是一种消极的限制,为了保持超越的、形式的形而上学特质,"道德"恰恰就是"无为"。

基于"道德"具有的超验性和形式性的形而上学特质,"道之为物"虽然体现为"德",但只能通过恍惚之象体现出来。因此,尽管大德从"道",但大德之人从"道"也只能通过昏暗不明的象言去体验和把捉"道"。象言只肯定"道"的存在,肯定它的超验性和形式性的形而上学特质,肯定它在"独立而不改,周行而不殆"的自然而然中让万物如其所是地自我显现出来。所以,属人的"道德"因为其本源是"道"而可以体现和表现"道",但真正试图体证"道"的人要按照自然之"道"如其所是地去体验,要按照自然之"德"去修

---

① 刘笑敢. 老子之自然与无为概念新诠 [J]. 中国社会科学, 1996 (6): 141.
② 维特根斯坦. 维特根斯坦论伦理学与哲学 [M]. 江怡, 译. 张敦敏, 校. 杭州: 浙江大学出版社, 2011: 3.

炼自己的德行，要按照自然之"失"去体验生命之失。这就是老子所说的："故从事于道者同于道，德者同于德，失者同于失。"（《老子·第二十三章》）大"道"正是通过人的"道德"实践以象言的方式得以体认和表现的，如果人间"道德"主体生命不能通过象言显现和表现"道"，那么生成天地万物的"道"与"德"也就在人的生命中消失了。在消极的意义上，天道和人道同样是合一的。

### 二、寓言

如果老子用象言试图勉强展示不可言说的"道"，那么，庄子就是用人的主观心灵状态来展示自己对"道"的把握。像老子一样，就"道"在本体论与宇宙论的意义而言，庄子同样主张有限的言说无法真正表达与认识具有整全性和实存性的"道"，因为这个意义上的"道"是无限的、大全的、超越的。与老子主要把"道"限制在本体论与宇宙论中不同，庄子更主要的是把"道"转化为一种心灵的境界。① 庄子和老子一样，很明确地意识到言说根本无法把握形而上之"道"，认为我们如果执着于用语言去把握"道"，我们不但言不尽意，而且会陷入相对主义的泥潭中去，所以"我们不必枉费心机去探求超乎现象界范围的穷极事因"。② 正是基于此，庄子认为，我们对"道"的把握不在于强调"道"的客观实在性如何，而在于去把握"道"的主观心灵状态，借用陈鼓应的说法，"庄子把道和人的关系，扣得紧紧的，他不像老子那样费心思、笔墨去证实或说明道的客观实在性，也不使道成为一个高不可攀的挂空概念，他只描述体道以后的心灵状态。在庄子，道成为人生所达到的最高境界，人生所臻至的最高的境界便称为道的境界"。③ 现在，在庄子这里，对"道"的把握的重点在于通过人的心灵状态展示为一种"道"的境界。那么，他是如何展示的呢？

庄子为什么把对"道"的把握展示为人的主观心灵状态，是源于庄子清楚地意识到作为形而上之"道"是不称不言的，我们毕竟生活在大"道"生成的世界当中。在世界中，语言是我们了解彼此的桥梁，也是我们了解我们所在世界的基础。吊诡的事情就这样出现了，真正说来，本应该是"大道不言""知者

---

① 陈鼓应认为，"老子的道，本体论与宇宙论的意味较重，而庄子则将它转化为心灵的境界"。参见陈鼓应. 老庄新论：修订版［M］. 北京：商务印书馆，2008：376. 更早一些，徐复观和牟宗三也都认为庄子对"道"的把握更侧重对人的人生境界或主观境界的强调。

② 陈鼓应. 老庄新论［M］. 修订版. 北京：商务印书馆，2008：387.

③ 陈鼓应. 老庄新论［M］. 修订版. 北京：商务印书馆，2008：390.

不言",然而,人以群居,又不得不言。情何以堪?庄子不得不选择了狂言。

何谓"狂言"?王博概括说:"庄子的文字确实是狂的,这有两层意思。其一是形式上的,即庄子说话和写作的方式;其二是内容上的,也就是庄子透过文字要表达的意义。"① 内容上的狂表现在庄子对权力的拒绝上,表现在庄子对生命和死亡的理解上,表现在庄子拒斥世俗标准的真实上,表现在庄子游戏人间的态度上,表现在庄子整个的人生哲学中。形式上的狂则表现在庄子区别于其他人的语言表现形式上,这就是《庄子·天下篇》谈到的"以卮言为曼衍,以重言为真,以寓言为广"。寓言、重言和卮言,合称"三言",即庄子所谓"狂言"在形式上的表现。事实上,我们通过分析会发现,我们其实很难区分内容和形式的狂,狂言的形式和内容在本质上是一体的。不过,为了让我们确信这个结论,我们还是层层推进。让我们首先来看看何谓"寓言"?寓言具有怎样的形式?又反映了庄子怎样的狂人态度?

庄子在《庄子·寓言篇》开头就讲:

> 寓言十九,藉外论之。亲父不为其子媒。亲父誉之,不若非其父者也。非吾罪也,人之罪也。与己同则应,不与己同则反。同于己为是之,异于己为非之。

什么是寓言?王博解释说,"寓"就是"寓诸庸"或者"寓诸无竟",庸或者无竟其实就是一个替身,它们的背后还有另外的东西。② 按照这种理解,当庄子说寓言特点是"藉外论之"时,重点就是这个"外"字。"外"就是相对"内"而言的人或事。在后面的解释中,庄子说,亲生父亲不给自己的儿子做媒,因为亲生父亲给自己儿子的赞誉,显然不如外人夸奖的话来得可信。为什么这样?因为按照一般人的心理,人们对自己亲近的人总是习惯袒护和夸赞,所以从自己一方发表关于自己人的看法,就比较难以被接受。相比较而言,如果是其他人对一个人的评价,则看起来更加客观,也就显得更可信和更容易被接受。因此,对一个人进行评价,最好的选择是从他人的视角来进行,这也就是所谓的"外"。很显然,按照这种解释,寓言的意思就是借助外人的话来进行谈论和评价。然而,借助外人的话来谈论和评价的是什么呢?很显然,这种谈论和评价不可能是"外"本身,而是"外"背后的东西,在这个意义上,寓言

---

① 王博. 庄子哲学 [M]. 北京:北京大学出版社,2004:16-17.

② 王博. 庄子哲学 [M]. 北京:北京大学出版社,2004:18.

"藉外"就是一种借助、假托或者比较，其真正的意思其实是隐藏起来了，寓言因此是一种隐喻。

那么，寓言作为一种隐喻到底在《庄子》一书中发挥着什么作用呢？自古以来，研究者众说纷纭，莫衷一是。大致说来主要有两种解释：其一，以郭象为代表，认为寓言指的是可信度。从而将"寓言十九"译为"寄之他人，则十言而九见信"（《庄子注·寓言》），郭庆藩的解释大致相同，"寄之他人，则十言而信久矣"。① 其二，以陈鼓应等为代表，认为寓言指的是文体文风，他们认为"寓言十九"指的是一篇文章十分之九用寓言文体。② 邓晓芒认为，第一种说法不太可信，他认为庄子既不可能从实际操作上表明可信度的比例，也无意追求可信度，他认为是《庄子》全书的一个占比③。不过，我们不要太过于以现代数学的精确性去要求，那么这里的第一种解释可以看作对寓言传递内容的高可信程度，在这个意义上，也许我们接受闻一多对庄子寓言的解释是比较贴切的，"庄子的文字不仅是表现思想的工具，似乎也是一种目的……那思想与文字，外形与本质的极端调和，那种不可捉摸的浑圆的机体，便是文章家的极致……谐趣和想象打成一片，设想愈奇幻，趣味愈滑稽，结果便愈能发人深省——这才是庄子的寓言"。④ 按照马德邻的看法，"综观《庄子》书中所讲'寓言'，大致可以分为以下几种类型：一是社会方面的寓言，主要包括人物、人物与（会说话的）动物、人物与（会说话的）植物……二是自然方面的寓言，主要是动植物寓言；三是与庄子自身相关的寓言"。⑤ 为了看清庄子集文风与可信度于一体的做法，我们分别以孔子和颜回谈论"坐忘"之寓言、小大之辩之寓言、藐姑射山神人之寓言为例进行分析。

在《庄子·人间世》中，庄子描述了孔子和颜回的一则寓言故事：

> 颜回见仲尼，请行。曰："奚之?"曰："将之卫。"曰："奚为焉?"
> 曰："回闻卫君，其年壮，其行独；轻用其国而不见其过；轻用民死，死者
> 以国量乎泽若蕉，民其无如矣！回尝闻之夫子曰：'治国去之，乱国就之。

① 郭庆藩．庄子校释（新编诸子集成）[M]．王孝鱼，点校．北京：中华书局，1961：947.
② 陈鼓应．老庄新论[M]．修订版．北京：商务印书馆，2008：361.
③ 邓晓芒．论庄子的修辞哲学：从庄子的"三言"说开去[J]．四川大学学报（哲学社会科学版），2021（2）：32-33.
④ 闻一多．庄子[M]//费振刚．先秦两汉文学研究．北京：北京出版社，2001：262.
⑤ 马德邻．道何以言：兼论中国古代道家哲学的语言学问题[M]．上海：上海三联书店，2014：104.

医门多疾。'愿以所闻思其则，庶几其国有瘳乎！"
…………

颜回曰："吾无以进矣，敢问其方。"仲尼曰："斋，吾将语若。有心而为之，其易邪？易之者，皞天不宜。"颜回曰："回之家贫，唯不饮酒不茹荤者数月矣。如此则可以为斋乎？"曰："是祭祀之斋，非心斋也。"

回曰："敢问心斋。"仲尼曰："若一志，无听之以耳而听之以心；无听之以心而听之以气。听止于耳，心止于符。气也者，虚而待物者也。唯道集虚。虚者，心斋也。"

为什么说庄子在这里描述的是一则寓言呢？很显然庄子在这里描述的孔子和颜回的形象明显地区别于二人在历史中的形象。历史上，作为儒家代表的两位圣人，他们的核心思想是通过强调积极践行人伦日常以仁礼入世。但在这里，他们二人却共同演绎了有关"心斋"的故事。在故事的开始，庄子以颜回试图去卫国救治生活于残暴卫君统治下的人民为引子，看起来符合儒家一向呈现出来的积极入世的形象，但后续孔子与颜回谈论的治国之策却完全不是正统的儒家方案。颜回像一个冲动的年轻人，或是提出端正谦虚勉力专一的方案，或是提出内心真诚而外表恭敬的方案，但是孔子都无情地讥讽了这些方案，指出颜回在自己的道德生命还没有挺立起来之前，不应该想着以不妥当的方法去感化暴君，更为重要的是，庄子呈现的孔子试图告诉我们，面对无道之世，我们必须摒弃感官的认知，以心灵去体会一种虚静的境界。如果说颜回提及的各种尝试方法都仍然可以看作儒家的入世尝试，那么最后提出虚静其道的"心斋"则绝不可能是儒家的方案。从历史的角度来说，儒家无论如何都是通过积极实践入世来呈现自己的，大到以各种制度规范来实践政治理想，小到以扫洒来应对实践日常生活，定会是在人伦日常中去修养生性，充实自己，体认天道，而绝不可能变成"绝圣弃智""虚一而静"。因此，儒家有可能对这个世界不满意，甚至会提出"天下有道则现，无道则隐"（《论语·泰伯》），显然不会像庄子这里谈到的走向"心斋"。基于此，我们能够很清楚地意识到，庄子在这里只是假借孔子和颜回之口来说自己的思想。正因为是通过假借他人之口说自己的思想，庄子的寓言故事才显得更具张力和感染性，当然，也更能够让人去反省庄子与寓言故事的真实性，从而引起人们对寓言之真意的思考。或许我们看到的是一个游戏的庄子，但更有甚者，他们看到的是一个对人生有着深刻洞见的智者。

如果说庄子借他人之口表达的真意都带有人世间入世的痕迹，那么庄子借自然方面的语言则看起来更具有一种洒脱和游戏人间的心态。在《逍遥游》的开篇，庄子就给我们呈现了这幅画面：

> 北冥有鱼，其名为鲲。鲲之大，不知其几千里也；化而为鸟，其名为鹏。鹏之背，不知其几千里也；怒而飞，其翼若垂天之云。是鸟也，海运则将徙于南冥。南冥者，天池也。《齐谐》者，志怪者也。《谐》之言曰："鹏之徙于南冥也，水击三千里，抟扶摇而上者九万里，去以六月息者也。"……故九万里，则风斯在下矣，而后乃今培风；背负青天，而莫之夭阏者，而后乃今将图南。蜩与学鸠笑之曰："我决起而飞，抢榆枋而止，时则不至，而控于地而已矣，奚以之九万里而南为？"适莽苍者，三餐而反，腹犹果然；适百里者，宿舂粮；适千里者，三月聚粮。之二虫又何知！小知不及大知，小年不及大年。奚以知其然也？朝菌不知晦朔，蟪蛄不知春秋，此小年也。楚之南有冥灵者，以五百岁为春，五百岁为秋；上古有大椿者，以八千岁为春，八千岁为秋，此大年也。而彭祖乃今以久特闻，众人匹之，不亦悲乎！汤之问棘也是已。穷发之北，有冥海者，天池也。有鱼焉，其广数千里，未有知其修者，其名为鲲。有鸟焉，其名为鹏，背若泰山，翼若垂天之云，抟扶摇羊角而上者九万里，绝云气，负青天，然后图南，且适南冥也。斥鴳笑之曰："彼且奚适也？我腾跃而上，不过数仞而下，翱翔蓬蒿之间，此亦飞之至也。而彼且奚适也？"此小大之辩也。

在这则有关小大之辩的寓言里，故事开篇就以鲲鹏之大立起一个广大而洒脱的景象，为了让人信服，庄子还借《齐谐》为证。进而，为了突出小大之间的对比性，庄子紧接着用蜩、学鸠、朝菌、晦朔与大椿、彭祖等突出小大之间的这种张力。最后，庄子回到鲲鹏与斥鴳的比对，突出小大之辩的主题。很显然，庄子在这里不是要描写各种自然意象，鱼化为鸟显然不符合常识，鹏击水三千里和扶摇直上九万里也显然为虚。当然，更明显的是，各种动物的言说都直接表明了这就是寓言故事。这里的关键在于，庄子试图通过寓言来传达什么意思？在历史上，研究者对小大之辩的思想宗旨究竟存在怎样的争议？最具代表性的莫过于郭象以各适其性来疏释小大之辩，① 当然，对此持有疑问的也不在少

---

① 郭庆藩. 庄子校释（新编诸子集成）[M]. 王孝鱼，点校. 北京：中华书局，1961：7-9.

数。① 在这里，我们并不试图探究何种解释更具说服力，我们只是试图表明，庄子通过小大之辩的寓言来表现人生逍遥态度，反映出庄子持有一种洒脱和游戏人间的心态。庄子大量使用诸如鲲鹏之变化、蜩鸠讥笑等寓言进行比喻，展现了其思想的奇特想象和动物丰富生动的逼真形象，给予读者很强的故事性和很大吸引力。不但如此，在寓言故事中，庄子还在其中套用《齐谐》、汤问等古代言论进一步印证其寓言故事的有效性，随时随地设取譬喻来展示寓言故事的丰富性和自然性。因此，我们可以看到，庄子通过自然方面的寓言给我们展示了一种翱翔于天地自然、任情洒脱的游戏人间心态。

如果说借助社会方面和自然方面的寓言终究是对庄子思想的一种间接推论与猜测，庄子通过描述和自己相关的寓言则更加直白地表现了自己的思想。在《逍遥游》的最后，庄子展示了自己和惠施对话的寓言故事：

> 惠子谓庄子曰："魏王贻我大瓠之种，我树之成而实五石。以盛水浆，其坚不能自举也。剖之以为瓢，则瓠落无所容。非不呺然大也，吾为其无用而掊之。"
>
> 庄子曰："夫子固拙于用大矣。宋人有善为不龟手之药者，世世以洴澼絖为事。客闻之，请买其方百金。"聚族而谋之曰："我世世为洴澼絖，不过数金；今一朝而鬻技百金，请与之。"客得之，以说吴王。越有难，吴王使之将，冬，与越人水战，大败越人，裂地而封之。能不龟手一也；或以封，或不免于洴澼絖，则所用之异也。今子有五石之瓠，何不虑以为大樽而浮乎江湖，而忧其瓠落无所容？则夫子犹有蓬之心也夫！
>
> 惠子谓庄子曰："吾有大树，人谓之樗。其大本拥肿而不中绳墨，其小枝卷曲而不中规矩。立之涂，匠者不顾。今子之言，大而无用，众所同去也。"庄子曰："子独不见狸狌乎？卑身而伏，以候敖者；东西跳梁，不辟高下；中于机辟，死于罔罟。今夫斄牛，其大若垂天之云。此能为大矣，而不能执鼠。今子有大树，患其无用，何不树之于无何有之乡，广莫之野，彷徨乎无为其侧，逍遥乎寝卧其下。不夭斤斧，物无害者，无所可用，安所困苦哉！"

在这里，我们可以看到，庄子不是单纯地借他人之口来讲寓言故事，有时

---

① 比如东晋时期的支道林就认为鹏与鴳的小大之辩反映了"失适于体外"和"有矜伐于心内"的区别。徐震堮. 世说新语校笺 [M]. 北京：中华书局，1984：120.

自己出场通过寓言故事阐发自己的思想。前面我们已经论及，寓言的重心就在借外之口以增加说服力。寓言借外人之口是为了通过历史人物的厚重感增加说服力；寓言借外物之口则是为了通过自然之物的丰富性增加说服力。那么庄子为什么要自己出场现身寓言故事？通过观察，我们可以发现，相对而言，庄子自己出场现身寓言中的情况并不多见，即使现身一般也是在前面有较多的铺垫来深化主题。而且，庄子现身一般也是通过前面两种寓言方式来进一步表现自己。在某种意义上，庄子正是通过自己的出场来表现自己与其他人的差别，这当然不是说庄子总把自己摆在最高的位置上，而是表达出自己对人生和世界的独特视角。在这一点上，正如王博所说，一方面，"他（庄子）是一个不遣是非以与世俗处的人，他是一个小心谨慎的人，他是一个销声匿迹自埋于民的人"①；另一方面，"庄子在某种程度上就是以狂人自居的。他并不想做一个世俗眼中的谦谦君子"②。

庄子为什么呈现这种双重面向，这在根本上与他对世界和人生的看法有关。前面我们已经提到，在有关世界本源的形而上观点上，庄子像老子一样，认为世界的本源是虚无的"道"，而且比老子更进一步，认为这种"道"也反映在人的生存方式和态度中。基于对"道"的理解，庄子认为对世界的认识其实在于心，以心来齐物，万物自然可以齐一。既然对万物的认识在于心，所以对庄子来说，人的认识在根本上主要取决于人对世界和人生的态度，换而言之，庄子的整个哲学最终落脚于虚静其心、自由逍遥游于世的人生境界。如果逍遥游于世的人生境界是庄子的最终目的，那么我们也就可以理解庄子为什么一方面谨小慎微而另一方面又以狂人说狂言。庄子的谨小慎微在于他认为人在"道"面前本来就无足轻重，庄子的狂人狂言在于他认为世俗之人大多意识不到前一点，或者认识到了也不愿意接受，因此庄子要狂言，以游戏的方式呈现这种真实的现象。

### 三、重言

如果说寓言更多的是借外论事，试图通过对他人和自然物的譬喻论证呈现一种相对洒脱与戏谑的人生态度，那么重言更像是从自己的角度出发意图揭示本真。所以《庄子·天下》篇才说"以重言为真"。然而，重言是什么意思呢？除了《庄子·天下》篇这里谈到的求真外，另外一处对重言的解释主要出现在

① 王博. 庄子哲学 ［M］. 北京：北京大学出版社，2004：12.
② 王博. 庄子哲学 ［M］. 北京：北京大学出版社，2004：14.

《庄子·寓言》篇中,在那里说道,"重言十七,所以已言也。是为耆艾,年先矣,而无经纬本末以期年耆者,是非先也。人而无以先人,无人道也。人而无人道,是之谓陈人。"要想对这一段话进行比较好的解释,我们有几点需要澄清。

首先,就是有关"重"字的读音。"案'重'为多音字,一读为重要之'重'(zhòng),一读为重复之'重'(chóng)。前者有'所重''借重''重要''德高望重'义涵,后者则有'重复''反复'之义。"①两种读音都有支持者。认为应该理解为重(zhòng)言的,包括古人郭象、成玄英和今人陈鼓应等。郭象注云:"世之所重,则十言而七见信。"②成玄英疏云:"重言,长老乡闾尊重者也。老人之言,犹十信其七也。"③陈鼓应说:"重言,就是借重先哲时贤的言论。"④认为应该理解为重(chóng)言的,包括古人王夫之、郭庆藩和今人陈启庆等。王夫之《庄子解》云:"乃我所言者,亦重述古人而非己之自立一宗,则虽不喻者无可相谴矣。"郭庆藩说:"《广韵》:重,复也。庄生之文,注焉而不穷,引焉而不竭者是也。郭(指郭象)云世之所重,作柱用切者,误。"陈启庆认为,"我们倾向于把'重言'作'重复之言'来理解,当然,所重复的绝非'古人说过的话',恰恰重复的是自己说过的话、表达过的意思"⑤。不过,两种读音并不冲突,反而具有某种兼容性,所以有研究者认为庄子的重言其实可以兼有两种读音的内涵,比如刘畅就认为,"或许'重言'这种手法本身就包含上述两种解释,用现代修辞手法换言之,则一为'引用',二为'反复',庄子把这两种修辞手法合二为一,名曰:'重言'"。

结合以上观点,我们可以看到,无论是借重他人的引用,还是重复的言说,理解重言的落脚点还是要回到《庄子》的意图上来。那么《庄子》通过"重言"这种形式到底意欲何为呢?我们可以从《庄子》对"重言"的形式和旨趣两个方面来理解,这也是我们把握"重言"需要澄清的另外两个问题。

就"重言"的形式而言,看起来很明确,就是活到老的人们自己的见解。

---

① 刘畅.《庄子》"重言"辨析 [J].淮阴师范学院学报(哲学社会科学版),2017(4):370.

② 郭庆藩.庄子校释(新编诸子集成)[M].王孝鱼,点校.北京:中华书局,1961:947.

③ 郭庆藩.庄子校释(新编诸子集成)[M].王孝鱼,点校.北京:中华书局,1961:947.

④ 陈鼓应.庄子今注今译 [M].北京:中华书局,1983:728.

⑤ 陈启庆.互文见义:《庄子》"重言"新释 [J].莆田学院学报,2009,16(4):35-38.

《庄子》明确说，这些言论都是"老人"们所说的言论，用来止塞天下争辩之言的。但是，《庄子》在有关老人的解释时说，如果一个人只是年纪大，却没有与年纪相符的处事立言的才德，那这就算不上领先于人。一个活到老的人如果没有什么才德领先于人，那么也就是没有做到为人之道；一个活到老的人没有做到为人之道，那只是一个陈旧老朽之人。很显然，《庄子》强调重言是活到老的人的言论也并非没有界限。从根本上来说，强调重言是活到老的人的言论，《庄子》认为活到老的人用自己的亲知处世立言可以对各种纷争意见做一个终止的定论，在这个意义上，重言不像寓言是借外之言。

　　然而，并非所有老人的言论都符合这个标准，因此，这里就产生了哪些老人的言论才符合这个标准的问题。这个标准看起来也很明确，就是有着与年纪相符的为人之道，具体而言，就是"处事贵有经纬，立言贵有本末"①。这样，《庄子》对活到老的人们的言论的借重其实质是对那些获得有关为人之道的先贤的借用。所以姚鼐有言云："庄生书凡托为人言者十有其九，就寓言中，其托为神农、黄帝、尧、舜、孔、颜之类，言足为世重者，又十有其七。"② 这也就是说，重言的要义其实不在于年纪大小，而在于人的才德。对于《庄子》而言，这里产生了一个问题，就是其中有关所谓"先贤的言论"是否就是他完全借重的呢？因为一个很明显的事实在于，《庄子》书中对先贤的记录不但和其他人的记载不同，甚至在书中都形象不定、人格不同。正是因为这个，研究者认为重言表现出了不同的形式。借助刘畅的话概括，"除了借重圣贤、倚重权威和重复申论两种解释之外，目前学界对'重言'还有其他几种解释。一是认为重言是夸张之言。……二是认为重言是引用论证之言。……三是认为重言就是道言。……四是认为重言是一种'随说随扫'的言说方式。……五是认为重言是由赋中的记言演变而来"③。尽管如此，我们回到《庄子》的本意，还是能够在这些可能的多样性中把握重言的实质，通过借助先贤和他人的言论表达自己。因此，《庄子》看似狂，其实是通过亦庄亦谐的方式灵动地表达自己的旨趣。那么，这种旨趣是什么呢？

　　《庄子·天下》中有言曰"以天下为沉浊，不可与庄语言。以卮言为曼衍，以重言为真，以寓言为广"。从《庄子》的观点看来，天下人大都沉迷不悟，不能用端庄诚实的语言来进行谈论，所以我们才需要用无心之言来推演事物的情

---

① 王先谦．庄子集解［M］．北京：中华书局，1987：245.
② 王先谦．庄子集解［M］．北京：中华书局，1987：245.
③ 刘畅．《庄子》"重言"辨析［J］．淮阴师范学院学报（哲学社会科学版），2017（4）：371-372.

理，借重先贤的言论让人信以为真，用寄托寓意的话语来广泛地阐发事理。很显然，重言的旨趣在于"真"，重言也就是真言。那么，真言是什么呢？

《庄子·渔父》中说：

> 孔子愀然曰："请问何谓真？"客曰："真者，精诚之至也。不精不诚，不能动人。故强哭者，虽悲不哀；强怒者，虽严不威；强亲者，虽笑不和。真悲无声而哀，真怒未发而威，真亲未笑而和。真在内者，神动于外，是所以贵真也。"

真，就是精纯诚实的最高境界，是一种蕴含在内的状态。在《庄子》这里，真不仅是人的一种内在的状态和境界，而且是源于天道而来的。在描述了真用于人伦之理之后，《庄子·渔父》接着说道：

> 礼者，世俗之所为也；真者，所以受于天也，自然不可易也。故圣人法天贵真，不拘于俗。愚者反此，不能法天而恤于人，不知贵真，禄禄而受变于俗，故不足。

真的要义就在于秉承天道，让一个东西或人本于自己本然的样子，自然而言，不拘泥于世俗。在《庄子·秋水》中揭示了这种自然为真的样子：

> 曰："何谓天？何谓人？"北海若曰："牛马四足，是谓天；落马首，穿牛鼻，是谓人。故曰：无以人灭天，无以故灭命，无以得殉名。谨守而勿失，是谓反其真。"

刘畅解释说："源于自然，自由自在，天然自放，没有人为的痕迹，就是'天'；反之，人为地去'落马首，穿牛鼻'，束缚自然生物的自由，就是'人'，人为，而在此'人'是违反'天'道的。谨守这一原则而不会违反，就是'反（返）其真'了。"① 由此可见，真就是天然，天然就是自然，真就是自然而然。因此，现在我们可以说，重言的本质是表达出自然而然的本真天道，而不是外在的表现形式。正是基于重言反映本真天道的实质，我们可以说重言并不是老

---

① 刘畅.《庄子》"重言"辨析［J］. 淮阴师范学院学报（哲学社会科学版），2017（4）：373.

人言的外在表达形式，我们也因此可以理解《庄子》中用其他方式来表达重言之真。

以前面谈到的孔子和颜回有关"坐忘"的讨论为例，《庄子》显然不在意孔子和颜回是先于庄子的老者，甚至，庄子也不在意历史上的孔子和颜回的形象到底是什么。重点在于，庄子试图通过孔子和颜回的谈论来表达本真自然的"坐忘"之道。在某个意义上，孔子和颜回当然是先贤，但是传统的有关孔子和颜回的儒者形象并不足以让庄子满意。因此，庄子只是借用了他们作为世俗先贤的名声，真正意图表达的旨趣在于自己的本真自然之道。也许正如方勇所言："庄子的实际用意，并不是为了推崇圣哲与名人。虽然庄子有'齐物论'之心，但却也不得不站出来说话，因此只好退而求其次，借着偶像说自己的话，以避免纠缠于世俗的是非之争。因此，在创作'重言'时，他时而借重黄帝，时而借重老聃，时而又求助孔子，当然，他们都得披上庄子的外衣，说庄子的话。例如孔子在《庄子》一书中，就是个形象不定、人格不一的人物：有时被抬得高高在上，满口道家言论，俨然成了另一个庄子；有时又被还原本来面目，让他屡受老聃的教训；而有时又沦落到屡遭痛斥，被冷嘲热讽的地步。"①

除了借重先贤来谈论本真自然之道外，庄子还时常借重一些社会中的普通人来表达这种真知灼见。比如，《庄子·养生主》中记载了"庖丁解牛"的故事：

> 庖丁为文惠君解牛，手之所触，肩之所倚，足之所履，膝之所踦，砉然向然，奏刀騞然，莫不中音。合于《桑林》之舞，乃中《经首》之会。
> 文惠君曰："嘻，善哉！技盖至此乎？"
> 庖丁释刀对曰："臣之所好者，道也，进乎技矣。始臣之解牛之时，所见无非牛者。三年之后，未尝见全牛也。方今之时，臣以神遇而不以目视，官知止而神欲行。依乎天理，批大郤，导大窾，因其固然，技经肯綮之未尝，而况大軱乎！良庖岁更刀，割也；族庖月更刀，折也。今臣之刀十九年矣，所解数千牛矣，而刀刃若新发于硎。彼节者有间，而刀刃者无厚；以无厚入有间，恢恢乎其于游刃必有余地矣，是以十九年而刀刃若新发于硎。虽然，每至于族，吾见其难为，怵然为戒，视为止，行动迟。动刀甚微，謋然已解，如土委地。提刀而立，为之四顾，为之踌躇满志，善刀而藏之。"

　　文惠君曰："善哉！吾闻庖丁之言，得养生焉。"

　　庖丁不过是一个无足轻重的叫"丁"的厨师，但他对话的对象却是一国之君的文惠王。最有意思的不是在上位的文惠王向庖丁授"道"，而是反过来由庖丁向文惠王授"道"，这从寓言最后文惠王说"善哉！吾闻庖丁之言，得养生焉"可以充分地看出。在庖丁授"道"的过程中，我们可以看到，庖丁对解牛的认识已经超越了一般的技巧性活动，上升为道了。庖丁看透了牛，可以依循牛自然的纹理，游刃于其间。庖丁何以做到解牛的挥洒自如？按照王博的解读，是因为"庖丁已经先有了'目解'，而'目解'之前，则是'心解'和'神解'"。[①] 正是因为庖丁达到了"心解"和"神解"的地步，所以他才能达到人和牛的浑然一体，这就是超越技巧，达到了"道"的层面。在"道"的层面，庖丁其实已经忘却了自我，忘却了牛，沉浸在物我道通为一的状态中，在"天理"自然的层面把自己、刀和牛合而为一了，所以庖丁才能说，"臣之所好者，道也"（《庄子·养生主》）。

　　庖丁解牛不仅表明了普通人或下位者可以成为借重表达真言的对象，其他形形色色的悟"道"的人都可以成为庄子借重的对象。《庄子·天道》中匠人轮扁通过斫轮的故事呈现的"得手应心"之"道"；《庄子·达生》中通过木匠"削木为镶"表达的静心之"道"；《庄子·徐无鬼》中隐士徐无鬼通过隐士生活展示的循顺自然之"道"；《庄子·渔父》中渔父通过日常生活揭示的"法天贵真"之"道"；……都是庄子重言借重的对象。在这里，重要的不在于认识者是谁，而在于认识的"道"是自然本真的"道"。事实上，这里充分反映了庄子齐万物为一的认识论思想。因为只有在齐万物为一的思想里，我们才可以忘记身份地位的差别，甚至忘掉物我的差别，真正做到对本真自然之"道"的认识和体悟。

　　实际上，对庄子而言，只要能够悟"道"，借重的对象也可以是那些身有残障甚至没有身体的对象。在《庄子·德充符》中，庄子描述了身体残缺但内在德性充足之人悟"道"的情形：

　　鲁有兀者王骀，从之游者与仲尼相若。常季问于仲尼曰："王骀，兀者也，从之游者与夫子中分鲁。立不教，坐不议，虚而往，实而归。固有不言之教，无形而心成者邪？是何人也？"仲尼曰："夫子，圣人也，丘也直

---

①　王博．庄子哲学［M］．北京：北京大学出版社，2004：51.

后而未往耳。丘将以为师，而况不若丘者乎！奚假鲁国！丘将引天下而与从之。"

常季曰："彼兀者也，而王先生。其与庸亦远矣。若然者，其用心也独若之何？仲尼曰：'死生亦大矣，而不得与之变；虽天地覆坠，亦将不与之遗。审乎无假而不与物迁，命物之化而守其宗也。'"

常季曰："何谓也？"仲尼曰："自其异者视之，肝胆楚越也；自其同者视之，万物皆一也。夫若然者，且不知耳目之所宜，而游心乎德之和；物视其所一而不见其所丧，视丧其足犹遗土也。"

王骀是一个腿脚残障的人，但是他的追随者却可以与孔子中分鲁，原因何在？很显然，王骀的魅力肯定不在于身有残障的外在形体上，那必然在于内在的德，后面孔子评价王骀是圣人则可以印证这一点。那么王骀何以为圣呢？这里的为圣功夫并不是儒家强调的在日用人伦中的极高明而道中庸，而是超越世俗宅心于虚。面对世界和万物的变化，王骀保持不动心，心不动，万物的变与不变，也就没什么差别了。正是通过不动心，王骀才超越了变化的世界，超越了有差异的外在形体，自然而然，也就忽略或者超越了形体的障碍。在变化中一直保持不变的，恰恰就是那个周行不止但又独立而不改的"道"。通过这种内在不动心与外在形体的残障进行对比，庄子试图告诉我们，从内在把握"道"的人才是真正的有德之人。

事实上，不止王骀，庄子还塑造了申徒嘉、叔山无趾、丑人哀骀等一大批身有残障但内在德性充足的人。对于庄子而言，"也许他觉得，形体的残缺更能凸显出德的完全和充实以及它的意义"①。只要内在的德性充足了，我们自然可以超越外在的身体残缺；如果我们能够超越外在的身体残缺，也就意味着我们更多的是从内在来认识人和事物的本质，我们追求的也就是通过心神才能把握的大"道"。只要我们保持真心，我们自然也就可以超越有形世界，游于"道"了。

庄子的重言在于表达这种宅心于虚的内在之"道"，而非年纪、声望、世俗的礼仪和外在的形体，所以，这种"道"由谁说出或者呈现出来并不重要。庄子甚至借重骷髅这样的东西来表达"道"之真谛，在《庄子·至乐》中有重言曰：

---

①　王博．庄子哲学［M］．北京：北京大学出版社，2004：60．

庄子之楚，见空髑髅，髐然有形。撽以马捶，因而问之，曰："夫子贪生失理而为此乎？将子有亡国之事、斧钺之诛而为此乎？将子有不善之行，愧遗父母妻子之丑而为此乎？将子有冻馁之患而为此乎？将子之春秋故及此乎？"于是语卒，援髑髅，枕而卧。夜半，髑髅见梦曰："子之谈者似辩士，视子所言，皆生人之累也，死则无此矣。子欲闻死之说乎？"庄子曰："然。"髑髅曰："死，无君于上，无臣于下，亦无四时之事，从然以天地为春秋，虽南面王乐，不能过也。"庄子不信，曰："吾使司命复生子形，为子骨肉肌肤，反子父母、妻子、闾里、知识，子欲之乎？"髑髅深矉蹙额曰："吾安能弃南面王乐，而复为人间之劳乎？"

在这里，我们可以看到，庄子借重髑髅说出了本真的"道"：世俗以生为荣，其实人伦政治都是人的忧患。在人死后的世界里，没有上下臣仆的礼仪，没有因春夏秋冬的季节变化而要忙碌的日常劳累之事，人就真正可以做到从容自然地与天地合而为一了。这是真正的大"道"，不是外在的形体生命、人伦日常可以比拟与置换的。

综上可以看出，对于庄子而言，无论是借重先贤，还是借重普通人，甚至是借重身形残障的人或非人的髑髅等，重言的根本旨趣在于表达本真之"道"。这种"道"以自然为本，以虚无为宗，以超宇凡俗、达到精神的逍遥游为人生境界。我们再次回归庄子本意，"重言者，真言也；真言者，体悟道之本真之言也。无论借重的是谁，无论借重的对象处于俗世的什么地位乃至于阴间的髑髅，只要他通达了'道之义'，说出了'道之真'，就在'重言十七'的范围之内"①。因此，"重言"最好还是解读为"重（zhòng）言"。

## 四、卮言

从上面有关寓言和重言的分析，我们已经可以看到，无论庄子是通过寓言传递人生真谛，还是通过重言表达人生应该持有的自然之"道"，就根本旨趣而言，它们都指向天道之真，这就引出了我们对卮言的分析。《庄子·寓言》中讲：

卮言日出，和以天倪，因以曼衍，所以穷年。不言则齐，齐与言不齐，言与齐不齐也，故曰无言。言无言，终身言，未尝不言；终身不言，未尝

① 刘畅.《庄子》"重言"辨析［J］.淮阴师范学院学报（哲学社会科学版），2017（4）：376.

不言。有自也而可，有自也而不可；有自也而然，有自也而不然。……恶
乎可？可于可；恶乎不可？不可于不可。物固有所然，物固有所可；无物
不然，无物不可。非卮言日出，和以天倪，孰得其久！万物皆种也，以不
同形相禅，始卒若环，莫得其伦，是谓天均。天均者，天倪也。

关于卮言，它既是庄子着墨最多的一种修辞使用，也是诠释者众说纷纭的
一种修辞使用。那么卮言到底是什么？我们首先需要对历史上已有的诠释做一
个批判性的考察。结合张洪兴、刘畅和马德邻等人做的有关卮言的综述，目前
学界大概有以下一些诠释①。

1. 因随变化、无心之言

最早为卮言做注且最有影响的大概是郭象和成玄英了。郭象注："夫卮，满
则倾，空则仰，非持故也。况之于言，因物随变，唯彼之从，故曰日出。日出，
谓日新也，日新则尽其自然之分，自然之分尽则和也。"成玄英疏："卮，酒器
也。日出，犹日新也。天倪，自然之分也。和，合也。夫卮满则倾，卮空则仰，
空满任物，倾仰随人。无心之言，即卮言也，是以不言，言而无系倾仰，乃合
于自然之分也。"②他们都从卮作为酒器满覆空翻的特点来解释卮言。

2. 支离（破碎）之言

《经典释文》引司马彪云："谓支离无首尾言也。"③成玄英也有疏云："又
解，卮，支也，支离其言，言无的当，故谓之卮言耳。"④杨柳桥在《庄子译
诂》中说："卮言就是'支言'，就是支离、诡诞、不顾真理、强违世俗、故耸
听闻的语言。"⑤这种学说是音训导致的结果。

3. 通过酒器引申为宴饮之词，或祝酒辞

罗勉道在《南华真经循本》中说："卮言，如卮酒相欢之言。"⑥陆西星在

---

① 刘畅.《庄子》"卮言"辨析［J］. 南开学报（哲学社会科学版），2017（1）：82-83；
　张洪兴.《庄子》"三言"研究综述［J］. 天中学刊，2007（3）：52；马德邻. 道何以
　言：兼论中国古代道家哲学的语言学问题［M］. 上海：上海三联书店，2014：114-116.

② ［清］郭庆藩. 庄子校释（新编诸子集成）［M］. 王孝鱼，点校. 北京：中华书局，
　1961：947.

③ ［清］郭庆藩. 庄子校释（新编诸子集成）［M］. 王孝鱼，点校. 北京：中华书局，
　1961：948.

④ ［清］郭庆藩. 庄子校释（新编诸子集成）［M］. 王孝鱼，点校. 北京：中华书局，
　1961：947.

⑤ 杨柳桥. 庄子译诂［M］. 上海：上海古籍出版社，1991：6.

⑥ 转引自见谢祥皓，李思乐. 庄子序跋论评辑要［M］. 武汉：湖北教育出版社，2001：
　273.

《读南华真经杂说》中认为："卮言者，旧说有味之言，可以饮人，看来只是卮酒间曼衍之说。"① 谭元春也认为："繁绪单辞，触情触物，谓之卮言。此则手口之间，无日不出，如人饮酒，日弄一卮，天倪融美，穷年不休，所谓闭门著书多岁月也……庄子非如是立言，连犿无极，决难持久。"② 王闿运在《庄子内篇注》说："卮，觯同字。觯言，饮燕礼成，举觯后可以语之时之言，多泛而不切，若后世清谈。"③ 李炳海则进一步认为，卮言为"先秦祝酒辞"④。许慎《说文解字》："卮，圜酒器也。一名觛。所以节饮食，象人。"段玉裁注："《内则》注曰：'卮匜，酒浆器。'"⑤

4. 不一之言

王雱在《南华真经拾遗》中说："卮言，不一之言也。言之不一，则动而愈出，故曰'日出'。言不一而出之必有本，故曰'和以天倪'。天倪，自然之妙本也。言有其本，则应变而无极，故曰'因以曼衍'。言应变而无极，则古今之年有时而穷尽，而吾之所言无时而极也，故曰'所以穷年'。此周之为言，虽放纵不一而未尝离于道本也。"⑥

5. "漏斗式"之辞

张默生在《庄子新释》提及："卮是漏斗，卮言就是漏斗式的话……漏斗之为物，是空而无底的，你若向里注水，它便立刻漏下，若连续注，便连续漏，就是江河之水，只要长注不息，它便常漏不息，汩汩涛涛，没有穷尽，几时不注了，它也几时不漏了，而且滴水不存。庄子卮言的取义，就是说，他说的话，都是无成见之言，正有似于漏斗。他是替大自然宣泄声音的，也可以说是大自然的一具传音机。"⑦

6. 矛盾之言，悖论之言

孙以楷、甄长松在《庄子通论》中说："'卮言'应释作矛盾之言——'卮言'即'是不是，然不然'之类超然于是非彼此的矛盾语式。"⑧

---

① 转引自谢祥皓，李思乐．庄子序跋论评辑要［M］．武汉：湖北教育出版社，2001：273.

② 庄子南华真经（评点）·人间世［M］．崇祯八年刊本．

③ 转引自崔大华．庄子歧解［M］．北京：中华书局，2012：736.

④ 李炳海．《庄子》的卮言与先秦祝酒辞［J］．社会科学战线，1996（1）：191.

⑤ 许慎著，段玉裁注．说文解字注［M］．上海：上海古籍出版社，1981：430.

⑥ 转引自谢祥皓，李思乐．庄子序跋论评辑要［M］．武汉：湖北教育出版社，2001：245.

⑦ 张默生．庄子新释［M］．济南：齐鲁书社，1993：15.

⑧ 孙以楷，甄长松．庄子通论［M］．上海：东方出版社，1995：9.

7. 合道之言

这种观点主要来自"合乎自然的分际"的理解。边家珍说："《庄子》中的'卮言',是合乎'环中''道枢'之言,即合道之言。所谓'寓言''重言',均可统领于'卮言';'寓言''重言'是为'卮言'服务的。'卮言'在语言形态上可以分为悟道之言、体道之言和'言无言'三个层面,成为庄子及其学派的基本言说方式。'卮言'是战国'百家争鸣'的产物,它包含着对言、意、道关系的认识,又与庄子的体道方式密不可分。"①

8. 认为"卮言"是一种直接的议论性文字

刘生良认为："庄子把'寓言''重言'之外自己的直接议论文字称为'卮言',是有意和此前诸子的自言、直言相区别的,说明自己的议论是有所依托附丽的自然流衍,是替大自然宣泄声音而不主成见,是在乎天人之际、'和于天倪'而与物无伤的,不像其他诸子那样无所依托附丽,纯乎人为,全然成见,擅兴是非,使天下'樊然淆乱'。至于'卮言'在书中所占比重,庄子未曾提及,但以'寓言十九'推之,'卮言'盖为'十一',即约占全书的十分之一。据笔者粗略统计,在全书约七万字中,作者的议论文字约为六七千字,正好符合这个比例。庄子之所以运用'卮言',除能够'和以天倪'外,主要是为了'因以曼衍,所以穷年',即将文章的意旨以及读者的思路引向'道'的精神和境界,使人得以悟道而终其天年。"②

9. "卮言"即"优语",即俳优滑稽之言

过常宝等认为："'卮言'是《庄子》的一种写作方式。学者认为'卮言'是对散漫无谓之言的比喻性说法,或是先秦饮酒礼中的祝酒辞。事实上,'卮言'即'扬解之语',它的散漫嘲戏的特点,说明它是俳优在酒席上的语言表演,又称'优语'。'优语'的内容包括插科打诨、谜语、神怪故事和说唱等。'优语'因其娱乐性质而享有豁免的权利,俳优可以利用这一职业特权进行劝谏,因此,'优语'又是一种有所承担的话语形式。'优语'因其似有似无的姿态和充满了隐喻性的表达方式,而得到道家的认同。《庄子》大量采用了'优语'即卮言的形式,或模仿了它的表达方式。《庄子》自云'卮言日出',确非虚语。"③

10. 认为"卮言"是一种事实论证

曾昭式认为："《庄子》的'卮言'论式要求不带有价值偏好等个人成见,

① 边家珍.《庄子》"卮言"考论 [J]. 文史哲, 2002 (3): 50.
② 刘生良.《庄子》"三言"新解说 [J]. 中州学刊, 2012 (1): 159.
③ 过常宝, 侯文华. 论《庄子》"卮言"即"优语"[J]. 北京师范大学学报(社会科学版), 2007 (4): 28.

是一种事实陈述。在庄子看来，自然规律不需要言说；如果真要言说，也只能合于自然的规律，即这种言说只是描述自然规律。就其作用而言，即如《庄子·天下》篇所言'以卮言为曼衍'。也就是'以卮言为曼衍'，其依据正如上引文'有自也而可……物固有所然，物固有所可，无物不然，无物不可'。值得注意的是，此段话与《庄子·齐物论》篇的叙述完全一致，它要强调的是'事实胜于雄辩'的论证作用。"①

11. "卮言"即"小说"

王光福等认为："中国的小说，源于何时？无人知晓；来自何方？人亦语焉不详。就是'小说'之名，亦最早见于庄子之口：'饰小说以干县令，其于大达亦远矣。'庄子所说的'小说'，与我们所要求的'小说'，不是一个概念，这是所有研究者的共识。那么，在庄子的意识里，有没有与现代'小说'相似的概念呢？有，那就是'卮言'。……它无牵无碍，张口就来，来去自如，收放随意，这自然是'自然随分'之言。它来无征兆，去无踪影，似真似幻，若有若无，这自然是'支离破碎'之言。"②

我们从上面文献综述的解释来看，对"卮言"的解释确实存在多义性、复杂性。尽管如此，我们还是能够大致分为以下三个层面来把握：第一，把卮言和古代的盛酒容器以及相关的祝酒词联系在一起，取这种酒器满倾空仰的特点，认为卮言是一种随着变化而变化的无心之言或支离之言；第二，认为卮言其实是一种用来议论而不断变化甚至矛盾的言论；第三，认为卮言是一种求真的事实论证。要想把握卮言的所指，我们需要回到《庄子》文本两处直接提及卮言的地方。在《庄子·寓言》篇中，庄子把卮言和天倪、曼衍相关联；在《庄子·天下》篇中，庄子主要是对曼衍做了进一步的解释。因此，我们要理解卮言就要从卮言与天倪、曼衍的关系入手。

从卮言与天倪的关系而言，存在着两种可能的解释：其一，卮言就是天倪；其二，卮言不是天倪，但是与天倪符合。要了解这两种关系孰是孰非，我们得先了解天倪。按照刘畅的看法，学界对天倪主要有四种解释③。第一种解释认为天倪就是自然的端倪，所以郭象才注"卮言日出，和以天倪"为"日新则尽其自然之分，自然之分尽则和也"。成玄英也疏云："天倪，自然之分也。"第二种解释认为天倪就是天籁、天然之音。胡海宝考证认为，"'倪'被视为'堄'的

---

① 曾昭式. 庄子的"寓言""重言""卮言"论式研究 [J]. 哲学动态, 2015 (2): 50.
② 王光福, 姜维枫. "小说"即"卮言" [J]. 山东省农业管理干部学院学报, 2009 (1): 148.
③ 刘畅.《庄子》"卮言"辨析 [J]. 南升学报（哲学社会科学版）, 2017 (1): 83 84.

通假字，解释为'边际、界限'，但是此种解释与《庄子》上下文意颇多扞格之处。我们通过考察'兒''倪''婗'字形和词源，发现'兒'字的字形当是描绘小儿啼哭状，其语源义也正是'啼哭'，'倪'与'兒'在早期时同源通用。再结合历代文献的使用情况和对《庄子》文本具体语境的理解，我们认为'天倪'意为'天然之音'，或如刘文典所云：'道家恒言'而不应该理解为'自然之分'"①。第三种解释认为天倪就是天然之和。比如涂光社就认为，"'倪'在'天倪'中义即为'和'。'天倪'与'天均'也相通，经常互释、并用。……'天倪'是自然的和谐，'和之以天倪'中的'和'字是动词，指以'和'为宗旨的协调整合"②。第四种解释是把天倪和天均结合。因为庄子自己在《庄子·寓言》篇中说道，"天均者，天倪也"。他自己的解释是"万物皆种也，以不同形相禅，始卒若环，莫得其伦，是谓天均"（《庄子·寓言》）。意思是说，万物都有各自的本性，它们从一种形态转化为另一种形态只是以不同的形象传续，从开始到终结不断地循环往复像个圆环，没有任何事物不是按照轮次进行的，这就是自然的分倪和均和。这与《庄子·齐物论》中的"天钧"具有相同的意思。在那里，庄子讲"是以圣人和之以是非，而休乎天钧，是之谓两行"，也就是认为圣人将自己的意识控制在中和的状态，没有是非之分，休止于自然均衡中，也叫作物我各随其便的两行。综上可以看出，无论哪种解释，天倪都指向的是自然之道。那么，卮言到底是不是天倪呢？

　　根据刘畅的看法，确定卮言和天倪关系的关键是把握卮言的本质是"和以天倪"还是"合于天倪"。在他看来，当成玄英以"合"解释"和"之后，"和以天倪"就变成了"合于天倪"，而且得到后世很多学者的认可。但问题在于，在刘畅看来，这二者之间存在很大的差异。"'和以天倪'，用天倪去协调使之均衡无偏颇。于，及，到；'合于天倪'，与天倪相吻合，或合于自然的分际，即合于自然均衡无偏颇之道。要之，'和'还是'合'，'以'还是'于"，'和以天倪'，还是'合于天倪'？虽只一字一词之差，却关乎对于'卮言'文义的理解方向。如果是前者，那么'卮言'与'天倪'就具有相异、矛盾甚至对立的性质，因此才要用'天倪'去调和，最终使之与自然之道相均衡、协调；如果是后者，那么'卮言'与'天倪'就具有同一、同构、同等的性质，就可理解为'卮言'是符合'天倪'的，是与'天倪'为一的，'卮言'就是'天倪'

①　胡海宝.说"天倪"［J］.宁夏大学学报，2013（5）：24.
②　涂光社.《庄子》心解［M］.北京：学苑出版社，2013：285-286.

的具体体现。理解方向的不同，决定了对'卮言'义涵界定的迥异。"① 刘畅认为，很多学者用合于自然分际的理解把卮言理解为道言，这是不妥的。原因在于，刘畅接受曹础基把"卮言日出"解释为"卮言时常出现"，认为卮言是一种整体的言说形式与思维方式。而这一点，关系到卮言与曼衍的关系。

从卮言与曼衍的关系而言，曼衍被认为是卮言的本质特征，但不同的解释者对曼衍的解释存在一些差异。成玄英疏云："曼衍，无心也。随日新之变转，合天然之倪分，故能因循万有，接物无心；所以穷造化之天年，极生涯之遐寿也。"② 重点强调虚空无心而可以任意变化。曹础基注："曼衍，支蔓推衍，犹今说穿插、发挥。"③ 重点强调衍生变化。陈鼓应注："曼衍，散漫流衍，不拘常规。"④ 强调没有形式的变化。当然，还有一些其他人的观点，他们大致相同的是，基本都认为曼衍在根本上是一种变化。存在一些细微差别的地方在于，有些研究者把这种变化与变化的本真目的相联系，而有些研究者只是单纯强调这种变化外在多变的形式。就个人观点而言，刘畅及与其观点相近的学者可能过于拘泥于曼衍作为变化的形式，而没有把握曼衍作为无心之言，体现本真自然之道的实质。因此，当刘畅及相关学者通过曼衍进一步解释卮言时，他们更多地强调卮言外在形式的散漫流衍、恣纵无端、支离散碎、戏谑诙谐甚至前后不一，没有从根本上注意到庄子不得不试图通过狂言去解释本真自然之道的真实处境。在这个意义上，当刘畅纠结于卮言是"和以天倪"还是"合于天倪"时，其实没有把握庄子及其卮言所具有的二重性。在这一点上，王博和邓晓芒的观点可能更具合理性。

庄子及卮言具有怎样的二重性呢？王博说："庄子在某种程度上就是以狂人自居的。他并不想做一个世俗眼中的谦谦君子，那种生活太累，而且太没有意义……他自觉地选择做一个像楚狂一样的人物，并给出自己的理由。这理由就是他对于世界以及人和世界关系的理解。世界是不可逃避的，父子之亲，不可解于心；君臣之义，无所逃于天地之间。但世界又是无奈的，'来世不可待，往世不可追'，而'方今之时，仅免刑焉'。虽然无法逃避，但庄子不想进入这个他不喜欢的无道的世界。于是他像司马迁说的一样'游戏'。"⑤ 很显然，庄子

① 刘畅.《庄子》"卮言"辨析 [J]. 南开学报（哲学社会科学版），2017（1）：85-86.
② 郭庆藩. 庄子校释（新编诸子集成）[M]. 王孝鱼，点校. 北京：中华书局，1961：950.
③ 曹础基. 庄子浅注 [M]. 北京：中华书局，1982：422.
④ 陈鼓应. 庄子今注今译 [M]. 北京：中华书局，1985：836.
⑤ 王博. 庄子哲学 [M]. 北京：北京大学出版社，2004：15.

在根本上是不想入世的，因为在他看来，人作为天地中的一分子在本质上应该是天人合一的，"天地与我并生，而万物与我为一"，我们应该"游乎天地之一气""独与天地精神往来"。然而，现实的这个世道很"混浊"，绝大部分人的认识都是失真的，而建立在失真认识基础上的政治伦理，自然也不可能是真正的理想政治和美好道德。在这个意义上，庄子自然不屑于入世参与政治，也不屑于儒家倡导的仁义礼法。因此，当惠子害怕庄子威胁他的相位时，庄子才会狷狂地以腐鼠来比喻入世为相的做法①。这样，我们也就可以理解庄子为什么总是狂人狂言，拒斥权力、漠视生死、摒弃智识、游戏人间。

我们看到，庄子不得不承认和接受他就生活在这样一个与他格格不入的世道之中，无所逃避。如此一来，庄子的狂人狂言就是他对这个世界真实的表达，表面看来，狂是他与世界格格不入的表象，但实际却反映了庄子对人和世界及二者关系的本真看法。在这个意义上，庄子通过狂言表达的是最本真的思想追求。所以，当《庄子·天下》篇说"以卮言为曼衍，以重言为真，以寓言为广"时，重点要与前面的"以天下为沉浊，不可与庄语"以及后面的"独与天地精神往来而不敖倪于万物，不谴是非，以与世俗处"联系来看。正如邓晓芒引用曹雪芹的观点所言："满纸荒唐言，一把辛酸泪，都云作者痴，谁解其中味？"庄子的卮言表明看似荒诞狷狂，正是如此，才虚其心，能够率其性，能够"和以天倪"，"随同自然天性而起伏消长，穷年不尽，四处漫延"②。

如果上述对卮言的解读是对的，那么庄子恰恰是通过卮言的散漫流衍、恣纵无端、支离散碎、戏谑诙谐甚至前后不一等不同形式来揭示本真的自然之道。一方面，"庄子的'卮言'可以说把汉语的非逻辑功能发挥到了极致"③，呈现了各种文体和修辞；另一方面，"体现了一种'独与天地精神往来'的做人模型，一种'上与造物者游，而下与外死生、无终始者为友'的人生姿态，是与天道相通的至人才能达到的极高的精神境界"④。

综上所述，我们可以从两个方面来把握卮言。一方面，就卮言的表达形式而言，它看起来是无心之言，看起来散漫流衍、恣纵无端、支离散碎、戏谑诙

---

① 参见《庄子·秋水》中有关庄子对卿相之位的讽刺与拒绝。
② 邓晓芒. 论庄子的修辞哲学：从庄子的"三言"说开去［J］. 四川大学学报（哲学社会科学版），2021（2）：34.
③ 邓晓芒. 论庄子的修辞哲学：从庄子的"三言"说开去［J］. 四川大学学报（哲学社会科学版），2021（2）：35.
④ 邓晓芒. 论庄子的修辞哲学：从庄子的"三言"说开去［J］. 四川大学学报（哲学社会科学版），2021（2）：35.

谐甚至前后不一，这是卮言的言说形式。另一方面，就卮言表达的旨趣而言，它是指向真的。这种真以自然为圭臬，它并不是什么主观言论，而是以合于事物的自然本性为根本。

# 第三章

# 道家道德话语的形而上学维度

毫无疑问，从道家之谓"道家"的名称就可以看出，"道"对于道家而言是一个十分重要的概念。那么，"道"在道家这里到底意味着什么呢？无论"道"在后来衍生出了多少种意思，回到本意，它包含着道路的意思。后续不同的流派或学者对"道"的解释都是在这个基础上进行的。无论是儒家立足人伦把自然之"道"合于人伦之"道"，还是墨家从言说的角度把人伦之"道"规则化，抑或道家从超人伦之"道"的角度提倡自然之"道"，它们首先都接受"道"作为道路和方法的基本界定。不过，值得注意的是，无论是儒家、墨家还是道家，甚至是中国先秦哲学的绝大多数流派和思想家，都很自然地把自然之"道"和人伦之"道"相结合，从而导致自然和人世合二为一，这成为整个中国哲学具有的一个典型特点，这也就是梁漱溟在比较中国文化和其他文化的特点时认为，中国文化整体都具有人生哲学特点的原因①。因此，即使谈论道家，我们也会很自然地从"道"的讨论过渡到对"德"的讨论。事实上，对于道家而言，对"道"的把握也要依赖对"德"的阐明。更进一步，我们只有从概念上把握了"道"和"德"，我们才能理解道家的"道德观"，以及理解其与其他流派，尤其是儒家的区别，才能最终理解道家道德哲学的形而上学特征。

## 一、"道"的概念

从字源上考察，"道"最早出现在西周时期的铜器铭文中，主要有以下四种表现方式：一是由"行"与"首"构成，见于《貉子卣》；二是由"行""首""止"构成，见于《散盘》；三是由"行""首""手"构成，见于《曾伯簠》；四是由"行""手""止"构成，见于《侯马盟书》。虽然有细微的差别，但"道"基本有一个"行"的意思。按照《说文解学·行部》的解释："行，人之步趋也。从彳（chì），从亍（chù）。"也就是行走，出行的意思。《尔雅·释宫第五》说得更细，"堂上谓之行"，即在厅堂上行走。不过，在《尔雅·释诂第

---

① 梁漱溟认为中国思想全部都是有关人生哲学的探讨。梁漱溟. 东西文化及其哲学 [M]. 上海：上海人民出版社，2006：71.

一》中有提及说："行，言也。"也就是把"行"解释为"言"。这样，"道"就不但具有了行走意，还具有了言说意。再结合"首"或"手"，有研究者认为，"道"可能最早是与人们的祭祀活动相关，或者是巫觋之人在道场行走，或者是巫觋之人在道场言说有辞，或者代表的是巫觋之人对人们的训导、引导。

除了与巫觋文化相关，在先秦诸子时期，"道"慢慢从巫觋文化走向人类生活，既包括日常生活场景的使用，也包括政治生活的使用。从前者来看，在《诗经》中，"行道迟迟"（《小雅·采薇》）、"周道如砥"（《小雅·大东》）、"道之云远"（《小雅·雄雉》）等表达的"道"都是日常的使用，"道"从行走意义已经扩展到行走的"道路"，所以许慎《说文解字》说："道，所行道也。……以达谓之道。"从后者看，"道"的使用不仅泛泛而谈地用到日常生活，而且进一步引申到政治生活，"'道'的通达无碍，又可与'天''皇天''王'等表示神权和君权等词语组成带有政治意味的新词。譬如《尚书》《左传》《国语》中常见的'天道''天之道''皇天之道''王道'等等"①。如此一来，"道"具有政治意味就扩展到了对一般性规则和训令的使用中。不过，作为中华文明的初民，人们还不可能迅速地从直观经验生活走向抽象。只有到了中华文明的"轴心时代"，超越直观经验而具有普遍性的规则和训令才作为一种哲思展开来。老子正是在这个过程中发挥了关键作用。

首先，老子把"道"抽象化，确立为天地万物的本源。在这个意义上，"道"是形而上的实存者。比如，老子讲：

　　道之为物，惟恍惟惚。惚兮恍兮，其中有象；恍兮惚兮，其中有物。窈兮冥兮，其中有精；其精甚真，其中有信。（《老子·第二十一章》）
　　有物混成，先天地生。寂兮廖兮，独立而不改，周行而不殆，可以为天地母。吾不知其名，故强字之曰"道"。（《老子·第二十五章》）

很显然，在老子看来，"道"是真实存在的东西。不过，为了突出"道"这种真实存在的东西作为本源的特质，老子认为"道"是无名无形的。因为如果"道"有形了，那么它就必然要存在于具体的时空中，成为具体的某种东西，而任何具体的东西都会有生灭变化，这就无法成为永恒的那个"常道"。同样，如果"道"是有名的，那么这个名称就会把"道"限制在这个具体的名下，它

① 马德邻.道何以言：兼论中国古代道家哲学的语言学问题［M］.上海：上海三联书店，2014：4.

也就不再可能成为其他事物，也就不可能成为天地万物的本原。这也就是老子在开篇会说"道可道，非常道；名可名，非常名"的根本原因。不过，我们需要注意的是，尽管老子很明确地表明"道"是无名无形的，但他却也坚定地认为，"道"是实实在在的是者，"其中有象""其中有物""其中有精""其中有信"等描述都充分地说明了这一点。

那么，这种无名无形却又实实在在的"道"到底是什么呢？老子认为，这种"道"是一种不断变化运动的东西，所以它才"独立而不改，周行而不殆"，正是通过这种永不停歇的运动变化，老子告诉我们，"道"是宇宙万物生成的原因。老子说，"道冲而用之，或不盈。渊兮似万物之宗"（《老子·第四章》）。"道"是通过空虚来发挥作用的，无穷无尽，如深渊一样广大精深，像天地万物的宗主。所以老子在第二十四章讲道："道生一，一生二，二生三，三生万物。""道"就是宇宙万物的本原，"'道'是自然界中最初的发动者（the primordial natural force），它具有无穷的潜在力和创造力"①。"道"通过一二三的层层落实而创生天地万物。"道"不但创生万物，而且还养育万物，所以才有"道生之，德畜之，物形之，势成之"（《老子·第五十一章》）的说法。

另外，老子把"道"与人与自然关联，认为"道"是一种规律性的法则。尽管"道"确实无形无名，不可见不可说，但它实实在在地生育出天地万物，因此，我们可以通过天地万物把握"道"的规律性。老子说："人法地，地法天，天法道，道法自然。"（《老子·第二十五章》）人必须效法天地，效法道与自然。在这里，需要注意的是，人必须依法于地的承载，地必须依法于天的变化，天必须依法于道的生成，而道依法的是它自己本来的样子，"'自然'就是'独立'，我自己'然'我自己，我自己'立'我自己，既'独立不改'，也就'周行而不殆'了"②。那么，"道"的这种自然而然的独立周行到底是什么呢？

老子说："反者，道之动。"（《老子·第四十章》）在这里，有两种理解：其一，老子认为事物向相反的方向运动发展就是"道"的根本规律；其二，老子认为事物的运动发展总是要返回"道"原来的样子。因此，根据陈鼓应的解释，我们就有了有关"道"的规律性的两种解释："一，相反对立；二，循环往复。"③ 从相反对立的释义来看，老子说道："有无相生，难易相成，长短相形，

① 陈鼓应. 老庄新论［M］. 北京：商务印书馆，2008：142.
② 王邦雄. 老子《道德经》的现代解读［M］. 长春：吉林出版集团有限责任公司，2011：97.
③ 陈鼓应. 老庄新论［M］. 北京：商务印书馆，2008：144.

高下相倾，音声相和，前后相随。"（《老子·第二章》）一切现象都是在相反或对立的情况下呈现出来的，相反相成是推动事物变化发展的根本性力量。从循环往复的释义来看，老子说道："致虚极，守静笃。万物并作，吾以观其复。夫物芸芸，各复归其根。归根曰静，是谓复命。复命曰常，知常曰明。"（《老子·第十六章》）从万物一起发作可以看出，它们从无到有，从有再到无，不过就是往复循环，即使万物复杂繁多，也终究是要回到虚静的根本的，这是自然的使命。自然的使命是"道"之永恒，知道这一点才是真正的明智。

　　庄子作为道家的另外一个代表人物，他在有关"道"的看法上在很大程度上继承了老子，尤其表现在有关"道"的本体论思想上。不过，庄子尤其注重认识论，所以庄子在有关"道"的认识上也表现出了自己独特的改变。这主要表现在以下几个方面：就"道"与"言"的关系而言，庄子主张"道"是不言说的，因而有齐物论的思想；就"道"的本质特征来说，庄子主张"道"是虚而通的，因而有道通为一的思想；就"道"落实到人道而言，庄子主张"道"是自然无为的，因而有逍遥游的思想。

　　我们在前面概括《庄子》道德话语的特点时已经指出，庄子虽然接受老子把"道"看作世界本原的思想，但是区别于老子用实存的物来理解"道"，庄子对"道"的理解更加虚化，认为"大道不称"和"道不可言"，十分明确地对语言表达"道"提出了质疑，认为"言不尽意"。《庄子·齐物论》中这段话明显地表现了庄子的这种认识。他说：

　　　　有始也者，有未始有始也者，有未始有夫未始有始也者。有有也者，有无也者，有未始有无也者，有未始有夫未始有无也者。俄而有无矣，而未知有无之果孰有孰无也。

　　如果说在老子那里，"道"很明确地被认为是世界和万物的起始，可以用实物来说"道"，那么对庄子而言，他甚至都在质疑"道"有没有这样的起始，有没有这样的实存。如果"道"是起始的话，那么有没有一个起始的起始呢？如果"道"作为本原的"无"，那么有没有一个连"无"都没有的本原状态呢？很显然，通过对"道"的这种形而上地追问，庄子告诉我们，要用言说的方式来把握"道"其实是很难的，甚至是不可能的。这也就是庄子认为"道"是不可以言说的根本原因。即使言说了，也不可能真正说出"道"的真意。对庄子而言，我们看起来可以通过物来认识"道"，其实不然。庄子说：

　　道行之而成，物谓之而然。有自也而可，有自也而不可；有自也而然，有自也而不然。恶乎然？然于然。恶乎不然？不然于不然。物固有所然，物固有所可。无物不然，无物不可。故为是举莛与楹，厉与西施，恢恑谲怪，道通为一。其分也，成也；其成也，毁也。凡物无成与毁，复通为一。（《庄子·齐物论》）

　　无论是通过追问起始的方式，还是通过追问有无的方式，它们在本质上都是把对"道"的理解物化了。一旦通过物化的方式来理解"道"，抽象的形而上之"道"就变成了具体形而下之"道"了。因此，我们要想真正认识"道"，通过物化的方式是不可能的，要采取一种去物化的方式，一种虚心体无的体认方式。只有通过这种方式，我们才知道草径和屋柱，丑女和西施，甚至万事万物的恢宏诡秘，其实都是一回事，这也就是"道通为一"，也就是所谓的"齐物"。

　　"道通为一"和齐物的思想就引出了庄子"道"的本质特点，即虚而通。"道"之所以不可言说，就是因为我们通过物化的方式来谈论"道"的起始和有无是谈不清的，我们只能从虚化的角度来谈论"道"。物化的方式意味着实存，意味着有限制和规定的内容；虚化的方式才能破除内容的限制和规定。在这个意义上，当老子谈论"道"没有直接用"虚"或"虚无"来表达时，他只能用诸如"有物混成"之类的表达来形容"道"，而且更多的是强调"道"作为本原的法则性功能。但是对于庄子而言，鉴于"大道不称"和"言不尽意"的认识论立场，他更进一步地宣扬了老子主张的"道法自然""自然无为"的观点，注重从虚化的角度来描述"道"。通过虚化"道"，我们才能破除物化层面的差别与界限，所以，庄子通过孔子之口说道：

　　若一志，无听之以耳而听之以心，无听之以心而听之以气！听止于耳，心止于符。气也者，虚而待物者也。唯道集虚。虚者，心斋也。（《庄子·人间世》）

　　很显然，对于庄子来说，无论如何，对"道"进行认识终究是为了我们的人生。正如海德格尔所言，人一出生就被抛于这个世界是我们每个人都无法逃避的事实与无奈，我们不得不依赖我们的所处、所感、所知去认识这个世界。

借用王博对庄子的分析,"为什么要进入这个世界？是因为我们有心"①。因为有心,无论是因为心有欲望,还是心有思虑,我们都有可能好恶具体的事物,思虑具体的对象,我们试图通过主观的好恶和思虑去改变世界,但具体的事物与对象并不会因为我们的欲望和认知而发生根本性的改变。因此,对于庄子而言,不是让世界按照我们的欲望和思虑发生改变,而是让我们顺应世界达到逍遥游的状态。所以庄子告诫我们,不要局限于用耳朵去听,用心去交合外物,而是要虚其心而任气游。气是虚而待物的,没有任何主观的欲望、偏见和坚持,万物在虚空中贯通为一,听之以气才能够虚弱柔顺而应待宇宙万物。因此,我们只有去掉了一切来自主观的欲望和思想,真正达到虚无空明的贯通心境,我们才能以"道"来认识世界和人生。在虚而通境界中,"道"就没有了分别和界限,"道"和万物之间也没有了界限,万物彼此互通为一体。

通过虚而通的认识,庄子已经完全把对"道"的认识从世界本原转化到了人身上,把宇宙本原转化成了人生体悟。既然对"道"的认识都取决于我们对虚通齐物的认识,而虚通齐物的认识又在于我们达到心斋的状态。那么真正说来,对"道"的认识就是我们通过"心斋"来达到"逍遥游"的人生境界。

何以逍遥游？其关键在于超越具体的事物,达到"万物齐一"或"道通为一",进而超越"万物齐一"或"道通为一",达到"心斋"和"坐忘"。庄子用生动形象的寓言告诉了我们何谓"坐忘":

> 泉涸,鱼相与处于陆,相呴以湿,相濡以沫,不如相忘于江湖。与其誉尧而非桀也,不如两忘而化其道。
>
> …………
>
> 鱼相造乎水,人相造乎道。相造乎水者,穿池而养给;相造乎道者,无事而生定。故曰:鱼相忘乎江湖,人相忘乎道术。(《庄子·大宗师》)

泉水干涸了,鱼儿困在陆地上相互依偎,互相大口出气来取得一点湿气,以唾沫相互润湿,不如在江湖里彼此相忘而自在。因为对于鱼来说,生活在水里是自然而然的,它们忘记所有,自然而然地生活于江河湖海中就是最大的自由。同样,对于人而言,与其流俗地赞誉唐尧的圣明而非议夏桀的暴虐,还不如取消或者忘掉他们的差别而把他们都融化到"道"中,顺应大道而行。因此,鱼同游于水里才会获得自己的一方天地和供养补给,而人同游于道中才会心性

---

① 王博. 庄子哲学 [M]. 北京:北京大学出版社,2004:37.

安静。在这种情景下，鱼其实就是在自然遨游中相忘于江湖，人也是在顺应自然逍遥中相忘于江湖。

那么，人如何才能"忘而化其道"呢？庄子通过重言孔子和颜回的故事演绎了其真谛：

> 仲尼蹴然曰："何谓坐忘？"颜回曰："堕肢体，黜聪明，离形去知，同于大通，此谓坐忘。"仲尼曰："同则无好也，化则无常也。而果其贤乎！丘也请从而后也。"（《庄子·大宗师》）

在探讨道境时，颜回忘记仁义、忘记礼乐，进而忘记了一切。当他忘记一切时，他甚至感觉自己毁坏了强健的形体，泯灭了灵敏的听觉和清晰的视力，脱离了身体并抛弃了智慧，感觉自己与大道混同相通为一体了，真正达到了静坐心空、物我两忘的"坐忘"。孔子惊叹地认为，"坐忘"下的颜回做到了与万物同一而没有好恶偏好，顺应了自然的变化而不执滞常理，真正成了贤人。

很显然，"坐忘"下的颜回不再执着于通过自己的形体和感知去认识世界与人生，"从外在的我之活动中隔离开来而转向本真的我，从盲目冲动的我之活动中透脱出来，从外物和生命的限度中透脱出来……无限地舍弃俗世的耽乐，无限地舍弃俗世的价值"①，达到了空明的心境，超越了一切实物的对立与界限，超越了时间和空间，超越了生死。这样，自然可以"乘天地之正，而御六气之辨，以游无穷"（《庄子·逍遥游》），达到"独与天地精神往来"的逍遥游境界。

## 二、"德"的概念

从字源学的角度来看，"德"字在西周金文就已经频繁出现了，一般被写作"从彳从惪"，和我们现在的写法相近了。《说文解字》中对德的解释是："德，升也。从彳悳声。"《释名·释言语》中训诂说："德，得也，得事宜也。"《广雅·释诂》解释说："德，得也。"按照叶树勋的分析，"'德'的字形结构已经在一定程度上告示了它的含义：'彳'，与行走相关；'直'原指举目正视，'直心'意味正视其心，即端正心思。由此观之，'德'的原义应与内心活动、外在行动两方面均有关系"②。那么，"德"具有的这种内心活动和外在行动具体是

---

① 陈鼓应．老庄新论［M］．北京：商务印书馆，2008：392.
② 叶树勋．老子对"德"观念的改造与重建［J］．哲学研究，2014（9）：55-56.

什么呢？有些学者考证认为，上古时期的"德"与"伐"通，"德"是征伐的意思，或者认为"德"与"得"相通，是指奴隶主得到或占有奴隶，是奴隶主有道德的体现。我们综观西周春秋金文和《诗》《书》等早期文献，"德"字主要出现于描述统治者的行动或态度的语境里，它显然没能有现在后世所谓的"道德"意义，它更多的是一种政治—宗教的意味。这从殷周尚三皇五帝，提倡"以德配天"的流行观念就可略见一斑。

从《尚书·尧典》我们可以看到，"帝尧曰放勋，钦明文思安安。允恭克让，光被四表，格于上下。克明俊德，以亲九族。九族既睦，平章百姓。百姓昭明协和万邦。黎民于变时雍"。钦、明、文、思是四种德，按照郑玄的说法，"敬事节用谓之钦，照临四方谓之明，经纬天地谓之文，虑深通敏谓之思。"①这也就是说，尧因为具有了那四种德性，能够做到德之在身，施之于行。这种有德在内在品质上表现为讲求诚信、恪尽职守；在外在行动上表现为能够谦让。有德性的表现使得家族、百官族姓、诸侯王国和天下百姓之间都和睦有礼。正是因为统治者具有这样的德性，所以他们才能受天命而管理天下，这也就是周天子宣称"以德配天"的实质。

一个明显的问题是统治者的这种"德"从哪里来呢？《虞夏书·皋陶谟》说道："天命有德，五服五章哉！天讨有罪，五刑五用哉！"这就是说德和刑都是来自天。在这个意义上，天不是一个自然之天，而是一个意志之天，一个有位格的天。很明显，一直到周朝，"德"字的主流意应该是这样一种政治—宗教意。但是到了老子这里，"德"的概念发生了转变，"德"从政治—宗教意中解脱出来，更多地具有了一种形而上的含义，"德"的概念就从统治者身上扩展到了普通人身上，扩展到了自然之上。

不过，我们首先需要注意的是，在老子这里，"德"首先是一个中性的概念，或者说是一个去价值的形而上概念。在《老子·第三十八章》"德篇"开始章中说道："上德不德，是以有德；下德不失德，是以无德。上德无为而无以为，下德为之而有以为。"老子很明确地告诉我们，正如一般可言说的"道"不是永恒的"常道"一样，真正的上德也不是我们一般所说的德。如果按照一般的德来谈论上德，那么上德是没有那种一般的德性的，下德则是因为按照一般的德来谈论它，所以才没有真正的德。在这里，很明显，老子明确地反对像儒家或墨家那样认为关于人伦日常中的德性是真正德性的观点。那么，老子的"德"到底是什么呢？这需要我们回到"德"与"道"的关系中去进行审查。

---

① 顾颉刚，刘起．尚书校释译论：第1册［M］．北京：中华书局，2005.

在《老子》的第二十一章，老子说道，"孔德之容，惟道是从"。字面意思很明显，"德"仅仅跟从"道"。为什么呢？我们也许可以从第五十一章找到答案，老子说道：

> 道生之，德畜之，物形之，势成之。是以万物莫不尊道而贵德。道之尊，德之贵，夫莫之命而常自然。故道生之，德畜之，长之，育之；亭之，毒之；养之，覆之。生而不有，为而不恃，长而不宰，是谓玄德。

这意思是说，"道"生成万事万物，"德"养育万事万物，物质形成万事万物，环境成就万事万物，因此万事万物没有不尊崇道、珍贵"德"的。"道"的尊崇和"德"的珍贵都不是强制的，而是自然而然的。因此，"道"生成万物，"德"养育万物，使万物生长发育，成熟结果，得到抚养和保护。生长万物而不据为己有，抚育万物而不自恃有功，引导万物而不主宰，这就是深远玄妙的"德"。这里很明显的是，"道"与"德"是形而上层面，"物"与"势"则是形而下层面。暂且不谈后者，"道"与"德"同属形而上层面的具体含义是什么呢？

按照郑开的解释，"道"和"德"生成和养育万事万物"提示了'道德'赋予'万物'以'内在属性'的方式而'形而上学地'论证了'道''物'关系"①。何以如此？我们还是需要从"德"的基本含义入手。前面我们已经谈到，按照古人对"德"的一种常见理解，"德者，得也"。问题是，为什么如此？王弼的注释为我们提供了参考。按照他的看法，"德者，得也。常得而无丧，利而无害，故以德为名焉"②。楼宇烈校释说，如果我们"经常能把'德'保持住而不丧失，则有利而无害"③。很显然，当我们说"德"就是"得到"的时候，重点不在于"得到"的具体是什么，而在于"得到"作为一个结果怎样呈现出来。或者换而言之，"德"最初就是强调"得到"这种属性。我们怎么可能没有具体得到什么而谈论抽象的得到呢？王弼告诉我们："何以得德？由乎道也。何以尽德？以无为用。"④ "道"正是"得到"成为一种"德"的根本。因为"道"可以生成东西，所以就有所得，"德"就自然而然地出来了，"德

---

① 郑开. 道家形而上学研究［M］. 北京：宗教文化出版社，2003：184.
② 老子道德经注校释［M］. 王弼，注. 楼宇烈，校释. 北京：中华书局，2008：93.
③ 老子道德经注校释［M］. 王弼，注. 楼宇烈，校释. 北京：中华书局，2008：95.
④ 老子道德经注校释［M］. 王弼，注. 楼宇烈，校释. 北京：中华书局，2008：93.

者，物之所得也"①。在解释德与物的关系中，呈现了两种不太一样的观点。

一种观点认为，在老子这里，"道"与"德"作为万物的根源，在形而上的世界是一个东西，"'道'与'德'是同一个对象的不同称谓：就其周行化生而言谓之道，就其普施畜养而言谓之德"②。按照叶树勋的看法，在形而上的世界，作为万物根源"道"和"德"，"涵容一切又超越一切，没有任何的规定性"③，我们只是为了表达的需要而不得不借用语言来称呼和言说。在这个意义上，"道"和"德"只是对形而上的万物本源的不同说法而已，"之所以采用不同的称谓，可能和他要阐述本根的某方面性征有关"④。在这个意义上，"道"强调的是对万物的生成性，而"德"强调的是对万物的养育性。然而，就生蓄万物而言，"说到底还是同一个根源，并非说世界上有两个生成万物的根源"⑤。然而，尽管叶树勋认为"道"和"德"在老子那里是等同的东西，但他也承认，"道"与"德"毕竟强调的是万物本源的不同性征，"道""意在说明其周行化生之性征"⑥，而"德"意在强调万物本源对万物的"恩惠之义"，因为"德""为万物的存续与发展提供各方面的条件，对万物来说乃莫大之恩惠"⑦。

在这里，我们看到了老子思想的复杂性。一方面，就"道"和"德"在形而上的意义上都是对于万物本源而言的，叶树勋说它们是一个东西，这样看起来是合理的，因为本源就只有一个，无论用多少名称，本源都是那一个；但另一方面，就我们人的认识而言，"道"和"德"的区别还是比较明显的，即使同在形而上层面，"道"更为根本，"德"是"道"展开得到的结果，"道"更多揭示的是万物本源的自然无为的本质，而"德"更多的是指这种本质体现在万事万物中的具体呈现。这从叶树勋的如下分析也可以看出来："在老子的使用中，'道'更多地被用来指称形而上世界，虽然在少数情况下它会表示形而下的规则秩序，但'德'更多的则是被用来指涉圣王的政治品格，虽然在少数情况下它也被推溯到形而上的意域。因此，就多数情况而言'道'与'德'也就构

① 老子道德经注校释［M］．王弼，注．楼宇烈，校释．北京：中华书局，2008：137.
② 叶树勋．老子对"德"观念的改造与重建［J］．哲学研究，2014（9）：59.
③ 叶树勋．老子对"德"观念的改造与重建［J］．哲学研究，2014（9）：58.
④ 叶树勋．老子对"德"观念的改造与重建［J］．哲学研究，2014（9）：59.
⑤ 叶树勋．老子对"德"观念的改造与重建［J］．哲学研究，2014（9）：59.
⑥ 叶树勋．老子对"德"观念的改造与重建［J］．哲学研究，2014（9）：59.
⑦ 叶树勋．老子对"德"观念的改造与重建［J］．哲学研究，2014（9）：59.

成了本根世界与现实世界之间的体用关系。"① 基于这种复杂性，也许郑开对老子"德"的看法更具有启发性。

在郑开看来，"'德'是介于'道''物'间的过渡"②。"德"一方面得于"道"，但另一方面"德"又表现为"物"，在这个意义上，"德"恰好承担了嫁接"道"与"物"的桥梁。因此，按照郑开的解释，"德"不能被看作等同于"道"，它们是不同的东西。援引老子的话，"故失道而后德，失德而后仁，失仁而后义，失义而后礼"（《老子·第三十八章》）。郑开认为，老子对道、德、仁、义、礼有一个十分明显的价值序列的观点，"道"与"德"不是不能等同看待，重要的是，我们如何通过"道"和"物"来看待"德"。郑开认为，"'道'有两重面相：一方面，'道'是'一'或'独'；另一方面，'道'又'无所不在''覆载万物'，存在于万殊之中。因此，'道'常常被理解为'无'，这样才能出入万物而不着痕迹"③。那么，"道"如何通过"德"来呈现于万物之中呢？这需要我们借助庄子的思想来进行进一步的阐发。

与老子认为"道"和"德"是万物存在的本源思想相一致，庄子在解释"道"通过"德"呈现在万物之中时认为，关键就在于一个"通"字。庄子说：

> 其分也，成也；其成也，毁也。凡物无成与毁，复通为一。唯达者知通为一，为是不用而寓诸庸。庸也者，用也；用也者，通也；通也者，得也；适得而几矣。因是已，已而不知其然，谓之道。（《庄子·齐物论》）

结合前面对"道"的解释：一方面，"道"作为形而上的本源，是一，是独一的自我运行，也即"独化"，万事万物在根本上都源于这种"独化"的共通之道；但另一方面，"道"又要展现在具体的万事万物中，成就各自的千差万别，"德"在事物的万殊之中呈现出来。《庄子》明确区分了这两个维度，"彼之谓不道之道，此之谓不言之辩，故德总乎道之所一。而言休乎知之所不知，至矣。道之所一者，德不能同也"（《庄子·徐无鬼》）。从"德"总乎"道之所一"而言，"德"显然就是从形而上的角度而言，谈论的是万事万物的生成，"德"来自"道"，这个"道"没有其他，无非就是自然。《庄子》里面谈道，

---

① 叶树勋. 老子对"德"观念的改造与重建 [J]. 哲学研究, 2014 (9): 59; 陈鼓应. 老庄新论 [M]. 北京: 商务印书馆, 2008: 148; 刘笑敢. 老子古今一五种对勘与析评引论 [M]. 北京: 中国社会科学出版社, 2006: 534.

② 郑开. 道家形而上学研究 [M]. 北京: 宗教文化出版社. 2003: 184.

③ 郑开. 道家形而上学研究 [M]. 北京: 宗教文化出版社, 2003: 184.

"物无非天也。天也者，自然者也"（《庄子·大宗师》）。这和老子谈到的"道法自然"是一脉相承的。这也就是说，在万事万物的生成上，"德"往上溯源最终都通达唯一的自然之"道"。从"德不能同"的角度而言，其实说的是"德"通过万事万物把"德"具体化的结果，"它（德）通过自然或自得形式把道的本质植入万物之性"①。"德"在这个意义上是"道"具体的分殊，这和朱熹谈论的"理一分殊"是一样的道理。老子用"道"在万事万物中"周行不殆"来说明"德"的这种体现，而在庄子那里，"德"则体现为事得以成功、物得以顺和的"成和之修"。

　　通过以上的分析我们可以看到，在形而上的层面，暂且不论"德"是等同于"道"还是它的具体体现，就"德"是万事万物的生成本源而言，这对老子和庄子都是一致的。而且，他们都认为"德"作为本源反映的是"道"在万事万物中的具体呈现。正是在这里，"德"在老庄那里具有的另外一层含义也呼之欲出。因为"德"是"道"通过"周行不殆"在万事万物中呈现的"成和之修"，所以人类社会毫无疑问也体现了这种"德"。"德"在这个意义上就具有一种基于人性的内在化转向。一方面，人性是"道"自然而然生成的一种"德"，在根本上就是一种得自天的"德"；另一方面，人性表现为一种能动性，应该保持和顺应这种自然，不假人为，是一种"德"。就前者而言，"德"呈现了一种亚里士多德式的自然目的论。按照这种观点，自然赋予每一种事物一种目的，这种目的是一种功能，事物实现了这种功能就是一种好、一种德性（aretē）②。在这个意义上，老庄的"德"强调的只是人性作为一种自然生成的东西，具有欲望、推理和意志力等这些自然功能的好，是一种"生之谓性"③。就后者而言，"德"强调人通过自身的能动性或者说修养功夫呈现的社会本性。"德"在这里更多的是一个人把自己置身于社会关系中而呈现的功夫论，或者体现为向外追求达到的某种状态，或者向内体认达到的某种状态。正是在这里，"德"从形而上的层面演化到我们对人的品性和行动进行评价的一般道德层面，道家和儒家、墨家等流派呈现不同的思想旨趣。我们对接下来的两部分进行

---

① 郑开. 道家形而上学研究［M］. 北京：宗教文化出版社，2003：185.
② 亚里士多德. 尼各马可伦理学［M］. 廖申白，译注. 北京：商务印书馆，2003：18-20.
③ 这里的"生之谓性"区别于告子的"生之谓性"。在告子那里，基于他与孟子道德之性的对立立场，"性"在告子这里主要指人的动物性一面。但是我们这里的"生之谓性"，应该是包含人的动物性和道德性的（参见《孟子·告子上》）。这里，可能借用亚里士多德对人的灵魂包含，既包含营养功能、欲望功能，也包括推理功能，这种功能结构更合适。（亚里士多德. 灵魂论及其他［M］. 吴寿彭，译. 北京：商务印书馆，2007.）

展开。

### 三、概念的隐喻："水"

正是因为老庄的道德观念在一开始就紧密地关联形而上学，因此，当他们谈论基于人性的道德时，他们的道德观也仍然具有一种形而上的特点，呈现一种独特的道德形而上学特质。这种道德形而上学最大的特点就在于"道""德"是一种有关道德生成的本源学说。相比于儒家和墨家，道家通过日常生活来谈论道德的有迹可循，道家道德形而上学对道德的看法在根本上是无形无名的，因此，道家谈论道德时总是借助隐喻来进行说明。就道德而言，道家在根本上是以"水"作为元隐喻。那么，道家何以用"水"来比喻道家自己的道德观呢？这在根本上源于"水"作为自然物象与道家有关道德看法相似。

第一，从形而上的本源角度来说，前面我们已经很充分地表明道家的道德观有一种道德形而上的观点，"道"和"德"在根本上是创生宇宙与生养万事万物的源头。与之相似，被认为是《老子》纲领篇的《太一生水》则谈到"水"是天地万物的来源，"太一生水，水反辅太一，是以成天；天反辅太一，是以成地"。在这里，"水"被看成是宇宙中的第一元素，是万事万物的本源。同样的观点表达也出现在道家思想的代表著作《管子·水地》中，"故曰水者何也？万物之本原，诸生之宗室也。……万物莫不以生"。很显然，对于道家而言，"水"和"道""德"一样，指的就是天地万物的本源。

第二，从道家道德观具有的精神气质而言，它和"水"具有同样的外柔内刚特征。在老子看来，"反者道之动，弱者道之用"（《老子·第四十三章》）。道的运用在根本上是柔弱的，反映在人事上，也同样如此。所以老子又说："人之生也柔弱，其死也坚强。草木之生也柔脆，其死也枯槁。故曰坚强者死之徒，柔弱者生之徒。"（《老子·第七十六章》）人的初生是柔弱的，死后才会变得坚硬，人在践行生命的过程中应该以柔弱为根本来成就其人生。人生道德的这一特点与"水"的特征具有本质上的相似性。老子说："天下莫柔弱于水，而攻坚强者莫之能胜，以其无以易之。"（《老子·第七十八章》）这也就是说，水外表看起来柔弱，但其实则坚强无比；天下没有什么比水更加柔弱的东西了，但水却具有冲击坚硬之物的能力，在这个意义上，它是天下无双、不可取代的。因此，水既是天下至柔之物，也是天下至坚之物，即"天下之至柔，驰骋天下之至坚"（《老子·第四十三章》）。

第三，就道家道德的具体行动而言，它表现出一种不争的美德，这和"水"顺势而为的特点如出一辙。老子说："圣人之道，为而不争。"（《老子·第八十一章》）老子并不是说人生在世不要作为，而是要通过"不争"的方式来行动？"不争"是什么意思？就是指顺应自然，不逞强，不张扬。"不争"不是不作为，也不是"示弱"，而是符合天道、有智慧地采取行动。为什么要"不争"？老子说："夫唯不争，故天下莫能与之争。"（《老子·第二十二章》）只有顺应自然不争，才能真正按照自然的方式无所不能。所以老子说："天之道，不争而善胜，不言而善应，不召而自来，繟然而善谋。"（《老子·第七十三章》）在这个意义上，"不争"是最有伦理智慧的"争"，"不争"是基于"道"的辩证法而确立的一种美德，我们恰恰是以"不争"实现"争"的价值目标，是以无为实现有为。这种"不争"正是"水"显现出来的特征。所以老子讲："水善利万物而不争……夫唯不争，故无尤。"（《老子·第八章》）"水"最大的特征就是善于滋养万物而不与它们争。

第四，就道家的道德定位而言，它表现出一种甘居弱位的思想觉悟，这和"水"在本质上总是处于低位的本质相同。水总是甘居低位，"甘居低位"即"甘居弱位"。因为道家强调不争，不鼓励和赞扬人们通过抢占高位来获取道德尊严，所以这也就意味着它鼓励和欣赏一种不争不抢的弱位道德观。这个从前面已经提及的老子对人生和草木柔弱的强调可以窥见一斑。为了进一步说明这种弱位道德观，老子进一步说道："是以兵强则不胜，木强则兵。强大处下，柔弱处上。"（《老子·第七十六章》）这是说，军队逞强以暴图谋天下终究会面临失败、走向灭亡；树木变得刚强，就容易引人砍伐而被折断。真正的强大者总是处于下位的，只有实际上的柔弱者才处在上位。正如木头的根基总是处在下位，而处在上位的是那些柔弱的枝叶花果。这和水的特性是一样的，水在自然本性上就有往低处流的特质，因此它总是会"处众人之所恶"的低地。然而，正是因为水向低处流，江海处于低地，故而可能海纳百川，有容乃大。老子说："江海所以能为百谷王者，以其善下之，故能为百谷王。"（《老子·第七十三章》）在老子看来，人在世就应该像水一样顺应自然顺流而下，才能不断地吸取各种各样的思想活水，接收越来越多的资源，同样，也应该像江海一样虚怀若谷，纳百川而成就大道。

第五，就道家道德的道德品质而言，它表现出一种不求利己，而超越性地利他的特征，这与水呈现出来的滋养万物的特质一样。道家反对利己，鼓励利他。老子说："持而盈之，不如其已；揣而锐之，不可长保。"（《老子·第九章》）所谓"持而盈之"，是指持有名利、权势，并且让它们满溢而出，其实就是指人因为自己的私欲和贪婪而让它不断泛滥出来；所谓"揣而锐之"，是指通过锤击而使自己变得锐利。老子认为这两种做法都不是"上善"之人应该具有的品性，因为前者只会让人累于欲望和私名，最终会导致失败和毁灭，后者只会让人刚而折，不可能长久。因此，老子反对"持而盈之"和"揣而锐之"的做法。在老子看来，"上善若水。水善利万物而不争，处众人之所恶，故几于道"（《老子·第八章》）。水是"上善"之人具有的品质，它滋养万物，不与万物争夺任何东西，处于人们厌恶的低洼之地，但它更加接近大道。很显然，对于老子而言，低洼之地是"善地"，因为具有利他品格的水的汇聚，从而得此美名。

第六，就道家道德的理想人格而言，它表现出一种追求超越的精神境界，这与水超越自身生养滋润万物是一样的。"水"通过不断地流动、变化，参与万事万物的生养过程中，成为万事万物的本源，给万事万物带来活力，这些特质表明"水"是活水，只有活水才能够成为万事万物的源头，才能超越自身生成万物和滋养万物。所以老子讲：

> 上善若水。水善利万物而不争……居善地，心善渊，与善仁，言善信，正善治，事善能，动善时。（《老子·第八章》）

这也就是说，一种理想人格在立身处世上应像水一般低调、谦卑，在心境上要像水一般的渊深、清明，在交友时要像水一般亲切有爱，在说话时要像水一般准确有信，在为政时要像水一样能澄浊理乱，在做事时要像水一样能融合调剂，在采取行动时要像水一样善于把握时机。虽然与老子强调的柔软、不争、谦卑有所差异，但是与老子一样，庄子也同样把理想人格的追求与"水"关联在一起，强调个体的人格追求应该像水一样自由奔放。庄子借助有道之士北海若说出了这种理想人格：

> 今尔出于崖涘，观于大海，乃知尔丑，尔将可与语大理矣。天下之水，莫大于海。万川归之，不知何时止而不盈；尾闾泄之，不知何时已而不虚；春秋不变，水旱不知。此其过江河之流，不可为量数。（《庄子·秋水》）

在这里，庄子借用水和海比喻得道之人应该含蓄深沉、虚怀若谷。在根本上，庄子把水看作真正的道德，所以庄子讲："鱼相造乎水，人相造乎道。相造乎水者，穿池而养给；相造乎道者，无事而生定。故曰：鱼相忘乎江湖，人相忘乎道术。"（《庄子·大宗师》）因此，"相濡以沫，不如相忘于江湖"（《庄子·大宗师》）。这就是说，做有道之人应该像水中游的鱼一样，依照道而自由自足。

类比于水，"水之性，不杂则清，莫动则平；郁闭而不流，亦不能清。天德之象也。故曰：纯粹而不杂，静一而不变，淡而无为，动而以天行，此养神之道也"（《庄子·刻意》）。做人要像水一样，纯粹不杂、致虚守静、内心澄明，以达到"德者，成和之修也"（《庄子·德充符》）。

综上所述，可以看出，道家是以"水"作为万事万物生成和生养的元隐喻。对比儒家，儒家道德以"山"作为元隐喻，突出山所具有的厚重、雄伟、稳重的特点，强调做人如山，应该像山一样具有敦实、稳健、冷静、有定力的特点，人在生活中应该利用成熟稳重的智慧在错综复杂的生活世界中从容自如地应对和处理各种问题。对于道家而言，道家道德以"水"为元隐喻，突出水所具有的流变、灵活、变通，强调做人如水，人应该像水一样具有柔弱、灵动、不争、谦卑的特点，人在生活中应该利用谦柔灵动的智慧在变化莫测的生活世界中顺应自然，应对和处理各种问题。老子说："人法地，地法天，天法道，道法自然。"（《老子·第二十五章》）无非指的就是人应该顺应自然、随机应变，真正做到自然而然、处变不惊和处变不乱。

道家道德推崇水、崇尚水、赞美水，在根本上唯水为重。"水"的隐喻在根基上支撑起了道家道德体系，它决定了道家道德的思想本源、精神气质、行动品质、思想定位、道德品质和精神境界。老子在"水"中求"道"，借水论"道"，凭水弘"道"，开创了以水作为元隐喻的自然主义伦理思想体系，其道德思想被庄子继承和发展。庄子在"水"中自由地徜徉和遨游，借助自由奔放、气势奔放的江河、海洋，表达了对生命自由的向往和超越，将生命归结为自由的"逍遥游"，主张以通达的精神超越现实、以"心斋"和"坐忘"达到"无待"的心境，实现"乘道德而浮游"（《庄子·山木》）、"游心乎德之和"（《庄子·德充符》）。在道家道德中，水是生命自由的象征，其意指人的生命应该像水一样，自由流动，自由变动，洒脱而超然，超然而快乐，快乐而幸福。

古希腊哲学家赫拉克利特曾经说过："智慧就在于说出真理，并且按照自然行事，听自然的话。"[①] 很显然，道家就是这种推崇自然主义道德观的典型学派。道家以"水"作为元隐喻，建构了以"水"这样的自然物象为代表的自然主义道德观，在此基础上，围绕着水建构了一整套自然主义的道德话语体系。道家不像儒家那样试图借助"山"高耸、挺拔、突兀的形象追求稳健、敦实和刚强的品格特征，而是试图借助"水"柔弱、流变、就低的特质，追求谦卑、

---

① 北京大学哲学系外国哲学史教研室编译. 西方哲学原著选读：上卷［M］. 北京：商务印书馆，1981：25.

不争和退隐的品格特征。道家在伦理上自成一家，与儒家、佛家等派别形成鲜明对比。在这个意义上，"道家是中国思想文化史上的重要一家，与儒家和佛家鼎足而立，既相反相斥又相辅相成，共同构成中华民族传统文化的主要内涵"①。

### 四、道德之意

尽管"道""德"概念是道家哲学的重要概念，但是，从观念史的角度而言，老子并没有合用"道德"一词，"道德"作为一个复合词一直到庄子才被明确地使用。然而，即使庄子使用了"道德"这个复合词，它所具有的含义也和我们今天理解的一般道德观念相去甚远。原因何在？这在根本上源自道家哲学对道德所具有的形而上学旨趣。为了理解道家的这种形而上学旨趣，我们最好与儒家做一对比来进行探讨。

我们都知道，在中国哲学中，儒家被认为是关注道德的典型代表。对于儒家而言，"天道远，人道迩"（《左传·昭公十八年》），道德就是通过人们的日用伦常来体现出来的。尽管儒家强调人道和天道的"天人合一"，但儒家认为人道就是天道的反映，我们通过人道的践行就可以实现天道。所以，孟子讲："诚者，天之道也；思诚者，人之道也。"（《孟子·离娄上》）《中庸》中也讲："诚者，天之道也；诚之者，人之道也。"这就是说，天道虽然是那个最真诚的东西，但这种真诚具体的表现却在于人的践行。基于此，对儒家而言，一个根本的人生信条就在于积极入世，"学以成人"。正是在这个意义上，儒家以"志于道，据于德，依于仁，游于艺"（《论语·述而》）为基本原则，推崇在为人处世上的道德之治，基于此，儒家发展出了一套以仁义为核心的儒家道德体系。

与儒家不同，道家从道德本源问题入手，从始至终关注的核心都是形而上学的问题，关注的是宇宙生成和世事变化的形而上的根据，即使有对现实的考量，但也是把世事放置于形而上学的系统中进行考量。如此一来，道家提倡的道德观在根本上就是有关万事万物生成发展的形而上学观点，人事只是作为其中一种而被提及。在这个意义上，落到人事上的"德"其实反映了人内在具有"道"的素质，人的"德"其实就是"道"的具体体现。人通过自身"德"的体现对"道"进行体认，"道本来便在心中，对道的体现，不外是在自己心中重新确认本来便具足的道而已"②。如此一来，道家对道德的看法当然就不是通过外在的人为礼法呈现出来的，而是向内去体证"道"，顺应自然来自由自在地呈

① 王泽应. 自然与道德：道家伦理道德精粹［M］. 长沙：湖南大学出版社，1999：1.
② 吴汝钧. 老庄哲学的现代析论［M］. 台北：文津出版社，1998：206.

现，道德也就自然表现出一种反儒家道德的别样局面。现在，让我们具体分析一下道家的这种道德观。

　　道家道德的第一个特征表现为，道家持有一种非道德的超道德观。在前面我们已经谈及，对于道家而言，"道""德"虽然也指涉人事，但它们主要指涉的却是形而上学的宇宙本源。因此，当道家把"道""德"落到人事上时，他们对关涉人事的道德观持有的是一种超越日用伦常的道德观，具体表现出的是一种顺应自然而否定日用伦常的超道德观。

　　老子讲："上德不德，是以有德；下德不失德，是以无德。上德无为而无以为，下德为之而有以为。"（《老子·第三十八章》）老子认为，拥有真正道德的人，看起来好像没有德，才是真正的有道德；整天把道德挂在嘴边的人，总是表现给别人看，其实没有真正的道德。真正有道德的人顺应自然而无过多作为，有表面道德的人自以为是而用力作为。老子进一步讲："故失道而后德，失德而后仁，失仁而后义，失义而后礼。夫礼者，忠信之薄，而乱之首。"（《老子·第三十八章》）这意思是说，正是因为失去了"道""德"，才有了仁义礼制，但礼制恰恰是忠信不足的产物，是社会动乱的首要表现。因此，在老子看来，"大道废，有仁义"（《老子·第十九章》）。老子批评儒家持有的仁礼道德观其实是表面的道德，不是真正的道德，真正的道德应该"绝仁弃义"（《老子·第十九章》）。

　　庄子承接老子认为，"毁道德以为仁义，圣人之过也"（《庄子·马蹄》）。也就是说，仁义是在"道德"被毁弃之后人为产生出来的外在规范，"圣人"如果基于人的自主作为构建起基于仁义的道德，这种道德是一种错误的道德。庄子在根本上认为："中国之君子，明乎礼义而陋于知人心。"（《庄子·田子方》）就是说，像儒家那样以仁义为原则的那些处在中原的君子，明白了仁义礼制的含义，但一点都不明白真正的人心。很显然，对于庄子而言，真正对人性的理解不是人为强加的外在礼义规范，而是更为基础的人性内在光辉，这才是真正的道德。

　　显然，对于老庄而言，儒家强调的那种仁义礼制是一种人为的外在规范，并不是真正的道德。那么，他们认为的真正道德是什么呢？这就来到了道家道德的第二个特征。

　　道家道德的第二个特征表现为，道德不是人为的外在仁义规范，而是顺应自然的本真性质。如果说人为仁义是外在规范，那么，对于道家而言，什么才是真正的内在规范和道德呢？很显然，真正的道德规范不可能来自某种非人的规范，因为这显然比人为的仁义规范更为外在，所以道家不可能接受某种"神创的"或"先验的"道德，那么唯一可能的解释就是来自人性但不是人为特意强制的规范。所以对于道家来说，唯一合理的解释就是人性与天道合而为一，顺应自然，自然而然。在这个意义上，道家认为的真正道德就只能是来自天道但体现在人性中的本性，基于此，道德就是"人性"。

《老子》全书和《庄子》内篇都没有"性"字，但在《庄子》的外篇和杂篇却有"性"字。在《庄子·天运》中谈道："德者，真性也。"也就是说，"德"就是本真的性质，真性就是"道"的获得和实现。正是在这个意义上，很多学者都认为道家的"德"就是"性"①。老子在谈论万事万物都以"道""德"为最尊贵时也清楚地表明，包括人性在内的所有事物都来自"道""德"的生养，所以才有"道生之，德蓄之"（《老子·第五十一章》）的表达。很显然，"道""德"是作为万事万物的生养根据和内在基础而言的。在这个意义上，道家的"德"和古希腊的 aretē 具有相同的意思，都是指事物固有的特性、用处和功能。郑开在比较这二者时提及，"他们（古希腊人）认为人的本性就是人的才能、优点和特长，这是任何人都一样的。aretē 是从优点和特长方面去看的，所以是'好'和'善'；所谓'坏'和'恶'就是失去 aretē，是 aretē 的反面……aretē 这个词与殷周以来的'德'，特别是道德哲学中的'德'，似曾相识，它们在思想史中的命运也如出一辙"②。所以真正说来，道德无非是就自然而然地实现"道"。

老子和庄子的超越道德观表明，"道家把道德的特征设定为'自然'，保持人的真性就是保持自然性，就是保持解除了约束、强制、做作后的秉真性而直往的人的自由状态。要得到人的真性，必须因应人性，顺其自然"③。无论是老子从否定一面强调人应该顺应自然而无为，还是庄子从肯定一面强调人应该实现自然的本性来凸显本真，他们在本质上并不是反道德或者不道德，而是强调要去掉那些人为强加的强制规范性道德。在这个意义上，道家其实主张的是去掉一切非本真的外在的强加，而强调来自人性的本真自由，"自然人性论不仅不反道德，它反而在人性的深处寻找道德的根基，在道德的原点上建立道德之所以成立的内在根据，提倡更合乎人性本然的道德"④。这是道家道德的第三个

---

① 徐复观. 中国人性论史：先秦篇［M］. 上海：上海三联书店，2001：369；张岱年. 中国古典哲学概念范畴要论［M］. 北京：中国社会科学出版社，1987：157；郑开. 道家形而上学研究［M］. 北京：宗教文化出版社，2003：185.

② 郑开. 道家形而上学研究［M］. 北京：宗教文化出版社，2003：187-188.

③ 陈霞. 论道家道德哲学的几个特点［J］. 宗教学研究，2010（S1）：70.

④ 陈霞. 论道家道德哲学的几个特点［J］. 宗教学研究，2010（S1）：71.

特征。

　　道家道德的第四个特征表现为，道家的道德体现了非目的性。通过前面的论述我们已经可以看到，对于道家而言，真正的道德在于顺应自然来呈现真性。"上德"是真正的道德，但它却并不以"德"为名，而是归于生成万事万物的本源性的"道"。"下德"始终不离"德"之名，为仁义、为礼制，却是人有意为之，是有目的指向的伪装和欺骗，因此并不是真正的道德。按照老庄的看法，真正的道德是自然，是无为。所以老子讲："道之尊，德之贵，夫莫之命，而常自然。"（《老子·第五十一章》）这就是说，"道"创生万事万物，"德"生养万事万物，这并不是强加的命令或职责，而是自然而然的。"道""德"虽然是万事万物的本源，但道德并非有意为之，"并非出于意志，亦不含有目的，只是不知其然而然的创造"①。而且，老子强调，"道"在创生的过程中起到的作用是很弱的，所谓"弱者，道之用"（《老子·第四十章》）强调了"道"是无意志、无目的的缘故。同样，在《庄子·应帝王》中，具有真正道德的中央之帝混沌对儵、忽二帝十分友好，但这种友好却仅仅出于本然，而非刻意为之。

　　因此，对于老庄来说，很明显的是，真正的道德不是人为而伪的外在强制，而是顺应自然的无为。真正的道德不是人按照某种原则进行的推理，不是人按照某种结果进行的判断，也不是人出于某种动机进行的选择。"在古代的道家那里，是和应该之间没有鸿沟。正确的行动就是对情景的反应。……对道家来说，好的生活是自然的生活，没有实用的目标，与意志没有关系，不试图实现任何理想"②。人世生活得好就有来自对自然而然的"道"之"感应"。自然而然的"道"很明显是超越了一般的道德，从"道"的层面来看，"天地不仁，以万物为刍狗"（《老子·第五章》）。王弼解释说："天地任自然，无为无造，万物自相治理，故不仁也。仁者，必造立施化，有恩有为。"这就是说，天地按照自然而然的道运行，没有什么作为，万物自然而然地就呈现出来了。因此，这里的"不仁"说的是不偏爱、无目的。道家的道德在本真意义上指的就是"道"大化流行而呈现的结果，这就是"德"。在这个意义上，道家的道德观显然超越了人事，而是宇宙生生之大德。

### 五、道德形而上学

　　通过这一章前面几节的分析我们已经可以看到，对于道家而言，无论是

---

　　①　徐复观．中国人性论史：先秦篇［M］．上海：上海三联书店，2001：299．
　　②　陈霞．论道家道德哲学的几个特点［J］．宗教学研究，2010（S1）：71-72．

"道""德"，还是"道德"，它们在根本上都是关联于万事万物生成的本源性探讨。即使它们也都可以指涉人事，但对人事的探讨也要放置于宇宙生成的意义上去。在这个意义上，道家的道德观揭示的是道德赋予万事万物以内在属性的形而上学上的呈现，相关人事的道德因此同样呈现这种形而上学的特质。基于此，即使仅仅谈论相关于人事的道德，道家也呈现一种道德形而上学的特征。何谓道家的"道德形而上学"？因为形而上学和道德形而上学作为哲学概念都首先受西方的影响，所以我们有必要通过对比西方的形而上学和道德形而上学来进行比较分析。

《周易》中就有"形而上者谓之道"的用法，但我们今天在中文哲学界中更惯用"形而上学"指称西方哲学中探讨根本理论问题的"第一哲学"，其根源则在于日本近代学者井上哲次郎最早用"形而上学"对英文 metaphysics 进行翻译。① 在西方哲学中，形而上学最早来自古希腊的亚里士多德，他用这个词意指对物理学背后的那些东西的探讨。如果说物理学是研究自然现象及其规律的学问，那么形而上学就是指超越这些自然现象，进而去研究是什么使得这些现象如此这般的学问，我们一般也称为"是者为什么存在"的学问，在西方哲学史上，我们一般称之为"存在论"或"本体论"。那么，存在论或本体论的特征到底是什么呢？

确实是亚里士多德第一个使用"形而上学"这个词，但这个词所指涉的内容却并非亚里士多德第一个指出。事实上，亚里士多德在《形而上学》第一卷就明确指出，在他之前很多哲学家都在进行形而上学的探讨，只不过他们没有用这个名称罢了。例如，当赫拉克利特特别指出"逻各斯"（Logos）这个概念时，他就是试图探讨现象学背后的那个存在；巴门尼德通过"存在者存在，不存在者不存在"探讨真理之路时也牵涉存在论的探讨。同样，无论是苏格拉底对普遍定义进行追寻，还是柏拉图通过理念论和通种论对现象背后的东西进行探讨，他们都是对存在论或本体论进行形而上学的探讨。亚里士多德用"形而上学"这个词命名结集成书，对存在论、实体论等进行了专门的探讨，奠定了西方哲学有关形而上学探讨的基调。

亚里士多德在总结前人有关形而上学研究的基础上指出，形而上学的研究对象是"是者"（being）（也被译为"存在者"）。他说："存在着一种考察作为存在的存在，以及就自身而言依存于它们的东西的科学。"② 这就是形而上

---

① 井上哲次郎. 哲学字勤［M］. 东京：东京大学三学部印行，1881：54.

② 亚里士多德. 形而上学［M］. 苗力田，译. 北京：中国人民大学出版社，2003：58.

学，亚里士多德称为"第一哲学"。在亚里士多德看来，"是者"范围最广、地位最高。"没有什么东西不属于'是者'的范围，但其他科学只研究'是者'的某个部分或性质，只有第一哲学才研究'是者'自身和本质属性。"① 在亚里士多德这里，对"是者"本质的研究有两个理论基础。其一，"是者"是通过"是"这个动词极为普遍的用法展开的逻辑分析，在这个意义上，"是者"的研究和语言的研究密不可分。其二，"是者"是作为实体的意义被揭示出来的。在前者那里，"是者"通过系词"是"表现出三种逻辑功能：（1）判断的连接词；（2）指称主词自身；（3）表示被定义的概念与定义的等同。在后者那里，"是者"相对应地呈现三种实体意义：（1）与作为属性进行描述的谓词相区别，"是者"作为主词表达的是"实体"；（2）指称自身的主词可以分为表示种属的"通名"和指示个别事物的"专名"；（3）实体的定义表现为形式或本质②。无论是逻辑分析，还是实体分析，"是者"都被认为是一种能够通过语言被叙说或被思想的东西。在这个意义上，语言对形而上学都显得十分重要，既包含言说、叙述，又包含理由、根据的逻各斯（logos）概念对形而上学就显得十分重要。西方哲学也正是在这个意义上被称为"逻各斯中心主义"。

与亚里士多德界定的形而上学有所不同，道家的形而上学强调的是通过超越经验世界的"有"来谈论万事万物本源和根据的那个"无"，因而具有超越性的特点。不过需要注意的是，道家虽然谈论的形而上学以"无"为核心，甚至在后续的发展中有虚无化的倾向，但"无"并不是虚无，而是实在。这也就是老子主张的"吾不知其名，强字之曰道"（《老子·第二十五章》），但进而又用"德"来说明物得以成的原因。同样的原因，《庄子》里面也讲："泰初有无，无有无名；一之所起，有一而未形。物得以生，谓之德。"（《庄子·天地》）正是因为"无""无形无名"，所以道家发明了一堆概念来解释"无"，"无名""无为""道""德""自然"等都是形而上学概念丛的核心概念。很显然，正是在这个意义上，包括"道""德"概念在内的形而上学概念都具超越感知及其认识的特点，表现出一种超越性，"我们无法用认识'物'的感官、知觉、理性去辨认之，也不能用表达'物'的普通语言去表述之"③。即使落实到人事上，道德也具有这种超越性。

另外需要注意的一点在于，因为"无"在根本上是所有事物的本源和根据，

① 赵敦华. 西方哲学简史［M］. 北京：北京大学出版社，2001：79
② 赵敦华. 西方哲学简史［M］. 北京：北京大学出版社，2001：78-81.
③ 陈霞. 孔德之容，唯道是从：论道家道德哲学的根基及其特征［J］. 哲学研究，2016（3）：41.

所以它具有普遍的形式性特征。"道""德"概念既然超越了感知而是经验世界的本源和根据，那么它们就不可能是具体的有形之物，而只能是具有普遍抽象性的无形之物。如果"道""德"是某个具体的条目或内容，那么它们就不可能成为所有事物的本源和根据，因此，"道""德"概念必然是具有形式性质的抽象法则。作为抽象法则，"道""德"概念发挥更多的是消极的划界作用，强调的是对人们行动的限制，"防止具体的规范或具体的善，声称自己为至善和普遍的善"①。这也就是道家的道德观看起来更多是一种否定表达的原因。

不过，尽管这种形式性的特征主要是通过否定的形式表现出来，它依然具有积极的价值。第一，"具有形式性而不限于具体德目的'道'占据最高位置，能防止任何德目声称自己为至善，从而避免形成道德专制和道德灾害"②。第二，"道""德"概念作为形式性原则可以维持社会的开放，避免社会走向封闭而失去活力。如果不同人类社群基于不同的经验条件限制而具有不同的生活样式，那么这就意味着人类社会的道德生活现象在最本真的层面其实是多元而复杂的。任何一条实质性的道德法则只要宣称自己是普适的，那么它就必然陷入某种僭越或者导致某种强制，从而使社会走向单一化的封闭。第三，形式性的特点意味着"道""德"概念具有极大的包容性和慷慨性。正是因为"道""德"概念只具有形式的普遍性而没有内容上的具体性，所以使得它们超越了一般的经验道德而可以容纳看起来对立的道德。老子说："善者，吾善之；不善者，吾亦善之；德善。"（《老子·第四十九章》）这就是说，不论是经验意义上的好人还是不好的人，我都可以在自然形而上的意义上善待他，这才是本德的善。这有点类似于无论一个人是好人还是坏人，我都在自然根本的意义上尊重他是一个人③。

综上所述，可以看出，道家的形而上学具有以下几个特点。第一，与西方"逻各斯"概念一样，"道"概念既指涉本源意义上抽象无形的东西，又表示某种"言说"。差别在于，"逻各斯"概念更强调可以通过理性说出这个本源和根据，而"道"概念则更强调超越理性言说的某种自然而"德"。第二，与西方

① 陈霞.孔德之容，唯道是从：论道家道德哲学的根基及其特征［J］.哲学研究，2016（3）：42.
② 陈霞.孔德之容，唯道是从：论道家道德哲学的根基及其特征［J］.哲学研究，2016（3）：42.
③ 这里的三个特征，在一定程度上借鉴了陈霞对"道"作为道德的根基所具有的特点的分析。但我在这里与陈霞最大的不同在于：她认为这些特征只是"道"所具有的，而我认为"道"和"德"一起作为形而上学概念共享这些特征。陈霞.孔德之容，唯道是从：论道家道德哲学的根基及其特征［J］.哲学研究，2016（3）：40-42.

"逻各斯"传统通过理性认识无形存在发展了知识论的哲学取向不同，道家的"道""德"传统"提炼了一种诉诸内在体验的精神哲学，即心性论的哲学取向。"① 第三，与西方"逻各斯"传统分离了抽象本质和具体现象物不同，道家的"道""德"仅仅在思想世界上分立形而上之"道""德"和形而下之"器""物"，从自然超越的角度来看，道、物须臾不可分离，强调天人合一。

概而言之，道家的形而上学虽然不像西方那样依赖语言和逻辑发展出本体论与理性认识论，但它依然用自己超越肯定语言的否定方式和内在体验发展了独特的有关世界与人生本质的探讨。正如叶秀山指出的，"语言上的'限制'（抑或特点），并没有妨碍我们先哲去'思考'那'什么也不是'的'是'的问题，而只是规定了我们的'思考方式'与（古）希腊以来的西方形而上学的'思考方式'有相当大的不同"②。道家的形而上学不但以否定的"无"等概念追究了"什么也不是"的"无形"本体论，发展出了以"无知""无名"等为核心的知识论，"而且更彻底地摆脱了物理学（自然哲学）思维的局限性"③。更重要的是，道家进一步发展出了以"无名""无为"为基础的实践哲学以及"逍遥游"的境界形而上学。我们在后续会细而论之，现在让我们从道德形而上学完成道家道德形而上学的分析。

道德形而上学（Metaphysics of Morals）成为一个被广为接受的概念，主要源于康德。按照康德的观点，"一切哲学，就其依据的是经验的根据而言，人们都可以把它们称为经验性的哲学，而把仅仅从先天原则出发阐明其学说的哲学称为纯粹的哲学，后者如果是纯然形式的，就叫作逻辑学；但如果它被限制在一定的执行对象上，就叫作形而上学"④。基于不同的对象，康德认为我们人类知识会产生不同的形而上学，所以康德紧接着说道："以这样的方式，就产生出一种双重的形而上学，亦即一种自然形而上学和一种道德形而上学的理念。"⑤基于此，道德形而上学就是建立在先天原则上的纯粹哲学，是理论的伦理学。

---

① 郑开. 道家形而上学的理论特质：以"道德之意"为中心的讨论［J］. 中国社会科学，2017（11）：199.

② 叶秀山. 中西关于"形而上"问题方面的沟通［M］//场与有：第1辑. 北京：东方出版社，1994.

③ 郑开. 道家形而上学的理论特质：以"道德之意"为中心的讨论［J］. 中国社会科学，2017（11）：202.

④ 康德. 道德形而上学的奠基［M］//康德著作全集：第4卷. 李秋零，译. 北京：中国人民大学出版社，2005：388.（页码为德国科学院版本页码，即为边码）

⑤ 康德. 道德形而上学的奠基［M］//康德著作全集：第4卷. 李秋零，译. 北京：中国人民大学出版社，2005：388.

既然道德形而上学是理论上的纯粹哲学，所以对于康德而言，道德形而上学就旨在为我们提供一种纯粹的形式原则，又因为康德认为道德哲学是实践哲学，而"一切通过自由而可能的东西都是实践的"①，所以，实践哲学无非就是关于自由的哲学，道德哲学因此就是关于自由的哲学，道德形而上学在这个意义上也就是关于自由的形式原则是什么的哲学。对于康德而言，道德形而上学就是关于自由的先验形式是什么的问题。康德通过把自由和实践理性相关联来表明，自由的先验形式就是具有普遍形式的意志自律（autonomy）。

对于康德而言，"自由概念是一个纯粹的理性概念"②，自由是一切理性存在者的意志"在能够不依赖于外来的规定它的原因而起作用时的那种属性"③。又因为"意志是有生命的存在者就其有理性而言的一种因果性"④，所以自由也是一种依照不变法则的因果性，这种因果性是"意志对于自己来说是一个法则的那种属性"⑤，是一种意志自律。正是在意志自律中，康德发现了人应该遵守的道德原则，即"除了能够也把自己视为一个普遍法则的准则之外，不要按照任何别的准则去行动。"⑥ 正是通过把自由和理性存在者的意志相关联，康德才树立起了以自由为拱顶石的道德原则和纯粹道德哲学。

对比康德，道家的"道""德"显然也是先验的，使得经验得以先验存在。"道""德"是万事万物的根基，当然也是指导人伦关系的根基，但因为"道""德"本身是无形的、不可言的，所以我们不可能从经验感性的角度来认识"道""德"，甚至，我们也不可能通过理性来认识"道""德"。与康德的道德形而上学旨在论证人有自由的观点相似，道家的道德形而上学其实也旨在论证人有自由。不过需要指出的是，道家的自由和康德的自由虽然在先验纯粹性上具有共同性，但它们在根本旨趣上还是存在比较大的差别。在康德那里，自由是一个纯粹概念，与经验世界的自然因果性相对立，它在理论领域是超经验的，

---

①　康德.纯粹理性批判［M］.邓晓芒，译.北京：人民出版社，2004：608.

②　康德.道德形而上学［M］//康德著作全集：第6卷.李秋零，译.北京：中国人民大学出版社，2007：221.

③　康德.道德形而上学的奠基［M］//康德著作全集：第4卷.李秋零，译.北京：中国人民大学出版社，2005：446.

④　康德.道德形而上学的奠基［M］//康德著作全集：第4卷.李秋零，译.北京：中国人民大学出版社，2005：446.

⑤　康德.道德形而上学的奠基［M］//康德著作全集：第4卷.李秋零，译.北京：中国人民大学出版社，2005：446.

⑥　康德.道德形而上学的奠基［M］//康德著作全集：第4卷.李秋零，译.北京：中国人民大学出版社，2005：447.

只在实践领域有其实在性。但是对于道家而言，自由是一种本真的自然状态，是人顺应宇宙孕育万事万物自然而然的本真样子，它不在于通过感性或理性去认知，而在于通过自身的实践智慧去体悟。正是在这个意义上，道家通过自由关联的"道""德"才是宇宙生成论上的自然无为而得。

正是因为道家的"道""德"在根本上是形而上的宇宙论生存论，所以当它们反映到人身上时，它们就只能是顺应自然的无为，而不可能是儒家强调的那种人为仁义礼制。这也就是道家执意要把"仁义"摒弃在"道""德"之外的根本原因。因此，当老子认为"大道废，有仁义"（《老子·第十八章》）、庄子认为"招仁义以挠天下"（《庄子·骈拇》）时，它们并非反对道德，而是反对以人为的仁义礼制为代表的儒家道德。与其说道家反对道德，毋宁说，道家反对的是强调通过人为追求道德的方法和态度。因为就道家的出发点和归宿而言，道家终究强调的是人应该如何获得人生更高远的意义和价值。

# 第四章

## 走向实践的道家知识论

我们前面已经略有提及，道家的根本在于道家更多地被看作超脱于人世去追求万事万物的普遍之"道"。无论是老子还是庄子，他们的思想之所以看起来具有形而上的深邃与宏远，绝不仅仅在于他们去探求万事万物的本源之"道"，更在于他们对这种本源之"道"的探讨是基于对人类自身现实问题的深深关切。与其说道家是因为关切万事万物的本源之"道"而被认为是有深度的形而上学道家，不如说是因为道家从人世出发把有关人世的"道"扩展到宇宙和万事万物的本源之"道"上，更是有深度的形而上学道家。事实上，也正是因为后者，我们才说，道家绝不是没有关于人世的道德观，而是道家的道德观超越了形而下的经验道德观而具有形而上的超越性。如果说上一章我们通过"道""德"概念的分析已经表明道家具有一种道德形而上学，那么在这一章，我们将呈现认识这种道德形而上学的途径。

基于有关人世的道德是承接万事万物本源之"道"的一种具体体现，我们首先将通过形名学的辨析展示人世的道德是如何在"道""物"之际产生出来的，从而表明道家有关人世的道德从一开始就具有形而上的宇宙本源性。因为道家有关人世的道德具有这种形而上的宇宙本源性，所以道家的道德观在本质上就具有超越人为经验的特质。基于这种特质，道家的道德观在旨归上强调顺应万事万物的本源之"道"，拒斥基于人为经验的感觉与认知，主张人应该向内虚心明神的内在体悟。基于此，道家认为我们在有关人世的道德上应该通过反求诸己的实践体验顺应自然，在心性修持的基础上追求自由的精神境界。

### 一、形名辨析

我们在前面谈及道家形而上学时指出，道家通过"无"的概念不但谈论了世界的本源是什么，而且指出这种本源是如何从超越的形式性打通形而上的"无"和形而下的"器"之间的关系，从而发展出了一种独特的区别于西方的道、物不可离的观点。基于这种独特的道、物不可离的观点，道家才能很顺畅地关联起作为万事万物本源的"道""德"和具体呈现的人事道德。不过，为了理解这一点，我们需要从道家有关形名学的观点进行审查。

何谓"形名学"？简而言之，"物固有形，形固有名"（《管子·心术》），形名学就是探究"名"表示的制度语言规范与"形"表示的实际存在之间的关系。从历史发展的角度来说，形名学可能主要源自春秋时期人们对"名学"相关思想的讨论。老子主张的"无名"和孔子主张的"正名"共同反映了春秋时期有关"名"与实在东西的对应关系。在孔子那里，他主要树立起了"名"作为一个伦理价值概念的地位，"名"更多的是从政治、社会制度规范的角度来谈。"正名"是"礼崩乐坏""名实相怨"的产物，后世以"名教"替代"礼制"可以说是抓住了问题的实质。在这个意义上，孔子的"正名"思想主要是在政治社会和伦理意义上的。而在老子那里，他更广义地树立了"名"作为一个求真认识论概念的地位，"无名"的思想不但试图突破社会伦理的规范，而且试图突破语言关联实在的规范。基于此，老子反对以语言工具来进行社会伦理的教化，他认为，"五色令人目盲，五音令人耳聋，五味令人口爽"（《老子·第十二章》），我们应该"绝圣弃智"（《老子·第十九章》）。老子甚至反对用语言对世界的真理进行认识，要求返归天地最本真的"绳绳不可名"（《老子·第十四章》）的状态，复归于无名之朴。正是在老子和孔子有关"名学"思想的影响下，到了战国时期，各种有关"名"的理论盛行一时，成为那个时代共同的学术话语和论辩工具，造就了古代思想世界的共同时代话题。

基于"名学"成为时代之风，道家的形名学在庄子那里才得以定型。按照伍非百的看法，在庄子生活的时代，有关"名学"的主流思想主要有三个："名理""名辨"和"名法"。"名法"就是刑名法术之学，主要以申不害和商鞅为代表，他们强调的是政治刑法上的制度，"循名责实""综核名实"等是其主要关注的问题。"名辩"关注语言作为一种辩论工具的名实之学，主要以墨家后学和惠施、邓析等名家为代表，他们强调的是名与实的关系，强调通过语言来对现实世界进行认识和关注，"名""辩""辞""说"等是其主要关注的问题。"名理"关注语言作为一种认识工具的名实之学，主要以惠施、公孙龙等名家为代表，他们强调的是语言与世界关系的认识问题，强调自然世界中的空间、时间和变化，"至大至小""又穷无穷""坚白同异"等是其主要关注的问题。从这些有关"名学"的主流思想可以看出，"名学"并不是狭义地归于名家的专属，而是战国时期各个主要流派利用语言探讨政治伦理、知识认知的共同时代背景。在这个大背景下，庄子一方面接受用语言探讨政治伦理和知识认知的"名学"背景，另一方面继承老子的观点认为用语言探讨的具体实际并不是我们真正的知识和"大道"。正是基于此，道家的名学"既突破了制度的外壳，又挣脱了语言的藩篱，从而扬弃了'有形有名'的物理学（阴阳家和名家），趋向于'无形无名'的形而上学"①。因此，道家的名学看似谈论语言与实在之间的关系，但其根本旨归在于超越具体的形名而达到对"大道"的认知。而达到对"大道"认知的关键就在于道家有关道物关系的认知。

关于道家有关道物关系的看法，我们可以从以下三个方面来展开论述：有无之间、道物之分和道物无际。我们为什么要谈论"有"和"无"的问题，这在根本上关联道家整个哲学的气质。正如我们在前面已经指出的，无论是有关道德的看法，还是有关知识的看法，道家都试图超越具体的经验世界走向形而上学，而"有"和"无"的区别正是道家形而上学谈论整个哲学的根本特征。正是通过"有"和"无"的界定，道家哲学才区分了"道"和"物"，同时也把道家和其他流派区别开来。道家区别于其他流派的关键就在于，道家通过"有""无"界分"道""物"，最终达到的超越性观点是"道""物"无际。正是通过"道""物"无际这种形而上观点的确立，道家才提出了摈弃人为知识和人为道德的看法，强调通过顺应自然来追求精神自由和逍遥游的人生境界论。

关于有无之间的问题，我们从老子有关道物关系的问题开始谈起。老子关于道物关系的看法看起来存在矛盾对立的看法。一方面，老子似乎认为，"道"也是"物"。老子说："道之为物，惟恍惟惚"（《老子·第二十一章》），"有物混成，先天地生"（《老子·第二十五章》）。但另一方面，老子又很明确地表明，"道"不是"物"，"道"是"物"的根据，"道"是"物"的反面。老子说："道生一，一生二，二生三，三生万物。"（《老子·第四十二章》）在这种看似矛盾的看法中，我们可以看到老子有关有无之间的问题。尽管从表面来看，老子似乎认为"道"也是"物"，但老子认为"道"这种"物"不是一般的"物"，而是先于天地恍惚存在的"物"。何谓"恍惚"？老子说：

> 其上不皦，其下不昧，绳绳不可名，复归于无物。是谓无状之状，无物之象，是谓惚恍。（《老子·第十四章》）

陈碧虚解释说："惚，无也，言无而非无；恍，有也，言有而非有。"② 这就是说，恍惚在根本上就处在一种"有无之间"的状态。如果说它有，它其实既没有形也没有名；如果说它无，它又实实在在地有，而且是天下万事万物的本源。因此，比较合理的解释就是"道"作为恍惚之物并不是通过一般的感知和理解

---

① 郑开. 道家形而上学研究［M］. 北京：宗教文化出版社，2003：71.
② 陈景元. 道德真经藏室纂微篇：卷二［M］. 北京：华夏出版社，2016：55.

可以把握的，它是实际存在之物，作为万事万物的根基普遍存在。

类比于海德格尔对存在与存在者的看法，"存在者的存在本身不'是'一种存在者"①，存在总是先于存在者被领会，而且使得存在者被规定为存在者和被领会。在这个意义上，"道"与存在一样，本身并不是一种具体的存在者，而是使得作为存在者的万事万物得以领会和规定的根据。因此，"道"不仅是先天地生，而且是天地万物的根源，所以老子才会说：

> 有物混成，先天地生。寂兮寥兮，独立而不改，周行而不殆，可以为天地母。吾不知其名，强字之曰道，强为之名曰大。（《老子·第二十五章》）

如果说存在者是具体的"有"，那么存在作为存在者得以规范和领会的存在则是"无"。当然，这种"无"并不是完全的空无，而是某种无法用"纯粹理性"把握的"物自体"（借用康德的术语）。老子显然是以"有"说"物"，以"无"论"道"，"这个'无'不仅意味着'无物'（即"无物"），同时也意味着不能由认识物理的理性来把握（即"无知"）"②，对于老子而言，我们必须跨过物理学的门槛，直面"道"的形而上学，才能获得真知真谛。这一思想被庄子有关道物分际的观点很好地继承和深化了。

在《庄子》那里，它首先从"道"与"物"的属性上探讨了二者之间的差别。在《庄子·大宗师》中比较集中地谈到了有关"道"的看法：

> 夫道，有情有信，无为无形；可传而不可受，可得而不可见；自本自根，未有天地，自古以固存；神鬼神帝，生天生地；在太极之先而不为高，在六极之下而不为深，先天地生而不为久，长于上古而不为老。

这就是说，"道"是真实而确凿可信的，但它又是无为无形的。"道"可以传达但不可以教授，可以悟得却不可以看见；"道"自身就是本源和根本，在还没有出现天地之前，在更为古远的时候，就已经存在了。"道"引出鬼帝，产生天地，"道"在太极之上却并不算高，"道"在六极之下却并不算深，"道"先于

---

① 马丁·海德格尔.存在与时间［M］.修订译本.陈嘉映，王庆节，译.北京：生活·读书·新知三联书店，2006：8.
② 郑开.道家形而上学研究［M］.北京：宗教文化出版社，2003：37.

天地存在还不算久，"道"长于上古还不算老。

不难看出，庄子关于"道"的看法和老子有关"道"的看法一脉相承，无论是庄子有关"道"确凿可信但无为无形的看法，还是他有关"道"自本自根、先天地生的看法都和老子如出一辙。不过，相比于老子把"道"看作宇宙生成的秩序，强调"道生一，一生二，二生三，三生万物"（《老子·第四十二章》）和"人法地，地法天，天法道，道法自然"（《老子·第二十五章》），认为存在一种宇宙创化论，庄子对"道"的看法通过虚化的方式更加紧密地关联人生，所以《庄子·知北游》里面讲："道不可闻，闻而非也；道不可见，见而非也；道不可言，言而非也！"这一点通过庄子对比物的看法则更加明显地表示出来。

在《庄子·秋水》中谈道："夫物，量无穷，时无止，分无常，终始无故。"这就是说，物的数量是无穷尽的，物在时间上也不会停止，物的得失不是恒常不变的，物的终始也并非固定不变。在对比"道"和"物"的分野之际，《庄子》进一步谈道：

> 道无终始，物有死生，不恃其成；一虚一满，不位乎其形。年不可举，时不可止；消息盈虚，终则有始，是所以语大义之方，论万物之理也。物之生也，若骤若驰，无动而不变，无时而不移。何为乎？何不为乎？夫固将自化。（《庄子·秋水》）

在《庄子》看来，大道既没有开始也没有终结，而万物则是有生有死的，它们一时的成功并不足以依赖。对比来看，大道在虚化与充盈之间不断转化，而且没有固定不变的形态。年岁不可能持存，时间不可能停止，天地万物的生息、消亡、充盈和虚化都在不停变化。明白了这些，我们才能够话说大道的法则，谈论万物的道理。因此，在《庄子》看来，相比于"道"在永恒的充盈和虚化中保持自身，万物的生长，如同马儿疾驰车儿疾行，一举一动都在变化，无时无刻不在变化中。什么是该做的，什么是不该做的，万物本来就遵循自己的本性在变化着。那么，物的本性是什么呢？

《庄子·寓言》讲："万物皆种也，以不同形相禅，始终若环，莫得其伦，是谓天均。"正如我们前面解释的，这里所说的是万事万物都有各自的本性，它们从一种形态转化为另一种形态是以不同的形象传续的，从开始到终结不断地循环往复像个圆环，没有任何事物不是按照伦次进行的，这就是自然的分倪和均和。很明显，这里的"天均"也就是自然之"道"。这也就意味着，万物虽然区别于"道"，以形象的不断变化而循环往复，但这种变化的本质其实来自"道"，正如老子有关"道"的性质进行的描述，"独立而不改，周行而不殆"（《老子·第二十五章》）。在这个意义上，郭象甚至认为，物在反映"道"的基础上是自生自化的，进而发展了老庄宇宙创化论的一面。庄子很明确地表明了"道"和物的区别，提出了"物物者非物"的观点，向我们揭示了更深刻的道物分际。

《庄子·天地》讲：

> 泰初有无，无有无名。一之所起，有一而未形。物得以生，谓之德。未形者有分，且然无间，谓之命。留动而生物，物成生理，谓之形。形体保神，各有仪则，谓之性。性修反德，德至同于初。

这就是说，在最开始的时候只有"无"。很显然，"无"不是虚无，而是实有，是"一"，但是它无形无名，这和老子对"道"的看法是一脉相承的。"道可道，非常道。名可名，非常名。无名，天地之始；有名，万物之母。"（《老子·第一章》）而"道常无名"（《老子·第三十二章》），"道隐无名"（《老子·第四十一章》）。"道"也是无形无名的。正是因此，"无"既是"道"，也是"一"，它们是万事万物的本源。万事万物就是"无"和"道"产生出来的，这被称为"德"。物生出来之后最大的特点就是有了依赖于"道"的形体和理路，通过形体保存来自"道"的精神，这是万事万物的本性。所以《庄子·知北游》中讲：

> 夫昭昭生于冥冥，有伦生于无形，精神生于道，形本生于精，而万物以形相生。

这里可以很明确地看到，"有"生于"无"，"无"就是"道"，"道"就是"精神"，"精神"让万物通过形体产生。"道"和"物"的差别在根本上就表现为"无"和"有"。"无"是什么？"无"是无言、无名、无形、无知、无为。"有"是什么？"有"是有言、有名、有形、有知、有为。所以《庄子·在宥》中讲："有大物者，不可以物。物而不物，故能物物。明乎物物者之非物也。"在《庄子·知北游》中也讲："物物者非物，物出不得先物也，犹其有物也，犹其有物也无已。"这在根本上表明"道"和"物"有着根本的差别。

当然，我们需要看到的是，尽管老庄都认为"道""物"有根本的差别，但他们却很明确地告诉我们，我们可以超越这个差别而达到道物无际。前面我们已经援引过老子的话，"道之为物，惟恍惟惚"（《老子·第二十一章》），也就是说，即使"道"和"物"不同，我们也可以说它是"物"，只是一种很不同的"物"罢了。《庄子·知北游》也明确表示，"物物者与物无际，而物有际者，所谓物际者也。不际之际，际之不际者也"。这也充分地表明了"道""物"亲和无间的关系。那么，为什么老庄会认为"道""物"之间有着这样一种亲和无间的关系呢？这在根本上源于道家超越了一般的物理认知，呈现了独特的形而上学。

老子在谈到"道"作为"物"表现为恍惚时明确表明：

> 惚兮恍兮，其中有象，恍兮惚兮，其中有物。窈兮冥兮，其中有精；其精甚真，其中有信。（《老子·第二十一章》）

这就是说，"道"作为万事万物的根本肯定是实存的，但是我们根本不可能通过经验感知认识到它，在这个意义上，它是无名无形的。那么我们如何可能认识"道"呢？我们只能通过"道"创生的万事万物去实践体认，因此，我们不得不借助"道"创生宇宙万物这个过程来认识。在这个过程中，"道""物"不再作为分野的东西，而是作为一个整体连贯的东西和本质上一体的东西呈现出来，正是在这个意义上，"道"勉强地被称为"物"。不过，这种"物"首先不是具体有形有名的"物"，而是处在有无之间的形而上的"象""物""精""信"。其中"象"是指征象，强调"道"在产生万事万物的过程中只会通过表象、现象呈现出来，所以《庄子·在宥》中也讲"至道之极，昏昏默默"。"物"是指构成具体事物的抽象的基本物质，架通起事物从无形到有形的桥梁，所以老子讲"万物负阴而抱阳，冲气以为和"（《老子·第四十二章》）。"精"是指事物产生发展的动力或能量，强调事物产生发展的推动力来自"道"，所以《庄子·在宥》中也讲"至道之精，窈窈冥冥"。"信"是指事物的本质或规律，强调事物的性质是由更本质的"道"来决定的，所以庄子才讲"夫道，有情有信"（《庄子·大宗师》）。正是通过"道"和形而上之"物"的关联，"道"才可能进一步落实到具体的万事万物中去。

因为道家谈论的"道""物"无际不是"大道"和一般具体物的关系，而都是形而上层面的实存，我们可以看到，道家的"道""物"理论或者说形名学超越了经验世界的物理学，呈现了否定表达的超越性特点。因为这种特点，道家的认识论也就不可能用经验感知和概念认知的方式去把握，而只能通过内在体验的精神向度去实践体认。在老子那里，"道"作为万事万物的本源、动力、根据，虽然是实在的，但因为我们没办法从一般的经验感知和概念认知中去认识"道"，所以我们只能利用否定的表达去体认它，"道"即"无"。对于老子而言，他否认我们可以通过感觉经验和概念认知去把握"道"，他认为只能通过一种内在体验的方式去"静观""道"，所以老子讲我们应该"塞其兑，闭其门，挫其锐，解其纷，和其光，同其尘"（《老子·第五十六章》），"致虚极，守静笃"（《老子·第十六章》）。相比较而言，如果说老子虽然用"无"表示"道"，但"道"毕竟是有内容和规定性的实在，那么庄子对"道"的看法则更加虚化，他在根本上就认为"道"是不可以言说的，"大道不称"（《庄子·齐物论》）。"道"的这种不可言说性在庄子看来就是因为它是一个完全虚无的东西。因为"道"的虚无性，我们不可能通过任何具体的实物来认识"道"，我们只能通过精神性的内在体验去体证"道"，所以庄子讲："唯道集虚。虚者，心斋也。"（《庄子·人间世》）那么，老子和庄子具体是如何通过内在体验的精神向度体证"道"的呢？

## 二、老子的无知论

前面我们已经谈及，因为道家形而上学具有超越性的特点，所以"道"在道家那里超越了具体的万事万物，既无形也无名，也就是说，"道"无法用语言去表达和认识。终究来说，我们还是要说不可说之"道"，这就只是一种精神的内在体验。相比于这种内在的精神体验，我们又可以反观基于经验的感知和理性的概念认知，在这个意义上，道家以否定的方式拒斥了我们一般的经验感知和概念认知，老子主张"绝圣弃智"，庄子主张"万物齐一"。现在让我们具体来分析一下，老子何以主张"绝圣弃智"？

要想明白老子"绝圣弃智"的认识论思想，我们需要首先从老子认识论和本体论的关系入手。《老子》开篇就讲道："道可道，非常道；名可名，非常名。无名，天地之始；有名，万物之母。"（《老子·第一章》）这里既反映了有关"道"的本体论思想，同时也反映了我们对"道"的认识论思想，而且这种本体论和认识论的结合反映了道家独特的形而上学的特征。借鉴朱晓鹏的看法，这种结合主要表现在以下三个方面。其一，"老子之'道'的产生是人类认识发展史上的一个重要成果"[①]。从本体论上讲，形而上的"道"作为本体，是万事万物的本源、根本，这种本源、根本不是一般的实在，而是超越经验感官和概

---

[①] 朱晓鹏. 老子哲学研究 [M]. 北京：商务印书馆，2009：157.

念认知的抽象本质。基于此，人的认识必然超越感性和经验的现实，需要上升到形式的、超越的抽象思维高度来把握本体存在。其二，"确立了以本体之道为最高的认识物件"①。老子以自然之"道"既否定了殷周以来传统的天命神学，又发展了春秋以来的自然天道观，使得"道"成为哲学形而上的最高范畴和总体性范畴，同时也使之成为认识的最高对象，从而构建了中国哲学史上的第一个本体论。在此基础上，老子把认识对象从人们日常经验所能感知的范围推到了抽象的形而上层次，既超越了朴素的直观思维，又超越了神秘的神话思维，"极大地解放了人的认识能动性，拓宽了认识活动的领域，对人类的知识提出了更高的目标"②。其三，"提出了以其否定性的形而上学方法为认识论的最基本的、总体性的方法"③。因为最高本体的"道"超越了经验世界，所以我们不能依靠认识经验世界的经验感知和概念认知来认识"道"。我们对"道"总是要有所认识的，否则我们就无法彰显世界的开始。那么我们有什么方法来彰显呢？当"老子把'道'的根本特性规定为'无'时，就意味着赋予了道内在的否定性质"④。因为"道"的否定性质，只有其最高规范性否定一切具体的有限规定性，才能具有超越性和不可言说性。因此，我们对"道"的认识也就只能用否定的表达来进行，这种特殊的语言形式被称为"否定性的形而上学方法"。那么，老子是如何展开这种否定性的形而上学方法的呢？

前已备述，因为"道"的整体性、超越性和不可言说性，我们并不能肯定地说"道"是什么，而只能说它"不是什么"。"是什么"当然是对一个东西的肯定性说明，但任何肯定性的说明同时也意味着具体性、确定性和有限性。在这个意义上，任何的肯定说明都不可能说明"道"具有的普遍性、不确定性和无限性，因为任何肯定性的认知要么是对人类社会政治伦理知识的肯定，要么是对人所生活的自然世界知识的肯定。回到老子的时代，有关人类社会的政治伦理知识从来都是政治权力表达的话语体系，知识与权力是一体的。孔子作为第一个私人讲学的代表，他也只是打破了知识与权力的垄断，"但真正新的、独立的知识系统并未能够很快地建立起来"⑤。因此，这种知识与权力合而为一的肯定性认知不可能是老子对真正知识的看法，更不可能是对"道"的真正认知。同样，通过对具体事物形名的辨析达到的认识也只是对有形之物和有名之事的

① 朱晓鹏．老子哲学研究［M］．北京：商务印书馆，2009：157.
② 朱晓鹏．老子哲学研究［M］．北京：商务印书馆，2009：159.
③ 朱晓鹏．老子哲学研究［M］．北京：商务印书馆，2009：159.
④ 朱晓鹏．老子哲学研究［M］．北京：商务印书馆，2009：110.
⑤ 朱晓鹏．老子哲学研究［M］．北京：商务印书馆，2009：162.

具体的、有限的经验认识。因此，无论是有关人类社会的知识还是有关自然的知识，肯定的表达都不可能是老子追求的有关"道"的真正知识。

真正的知识只能通过否定的形而上学方法获得。在老子这里，它表现在两个方面。一方面，老子很明确地表达了对知识与权力合一的传统知识的批判和否定，这也就是老子有关道德的看法和儒家墨家相对立的根本原因。如果说殷周以来，知识与权力的合一是以政治伦理文化为基本内容的传统知识的共性，那么很显然的是，儒家和墨家是在基本肯定的基础上改造传承，道家则持有一种批判拒斥的立场。所以老子才说："大道废，有仁义；智慧出，有大伪"（《老子·第十八章》），"失道而后德，失德而后仁，失仁而后义，失义而后礼。夫礼者，忠信之薄而乱之首。前识者，道之华而愚之始"（《老子·第三十八章》）。这也就是说，在儒家、墨家看来，政治伦理文化是人类文明的标志，是人类优秀的知识成果。然而，在老子看来，以仁义政制礼教为文明的人类成果则是人类社会对自然之"道"的背离与废弃，意味着人类的退化堕落，所以老子主张否定传统知识，拒斥一般的人为道德。

另一方面，老子在哲学认识论层面否定和批评认识的可能性。前面我们已经谈及，对于老子而言，作为万事万物本源和根本的"道"虽然客观存在，但因为它无形无名，我们不可能通过经验感知和概念认知去进行肯定性的认识。肯定性的认识给出的是具体性、优先性，但"道"是普遍性、无限性，"对于这种具有无限性的可能存在状态，我们只能去体认、体验，却不能作为确切的对象去认识、去言说"①，我们不能说"道"是什么，而只能说"道"不是什么。当然，因为老子的"道"是实实在在的存在，无形无名和不可言说都不意味着"道"的不存在与虚无，而只是说"道"不能通过经验感知和概念认知去进行认识，"道"处于言语所及的范围之外，这也就是老子说有关"道"的认识"玄之又玄"的原因。

老子否定和批评认识可能性的另外一个原因在于，不但"道"的本体自身具有不可知性，作为认识主体的人类自身也存在局限性。遵循朱晓鹏的分析，这种局限性表现在三个方面。第一，人的认识具有相对性。就人的认识而言，"有""无"总是相伴而生，人的认识活动总是具有相对性。老子讲："天下皆知美之为美，斯恶已，皆知善之为善，斯不善已。故有无相生，难易相成，长短相形，高下相倾，音声相和，前后相随。"（《老子·第二章》）"美恶""善不善""有无""难易""长短""高下""前后"等概念都是相对的，这种相对

---

① 朱晓鹏. 老子哲学研究［M］. 北京：商务印书馆，2009：167.

性本来是一体两面的，但人们在认识的过程中往往执着于一面，因此，我们在认识上不如"处无为之事，行不言之教"（《老子·第二章》）。第二，人认识使用的语言本身也具有局限性。老子"道可道，非常道；名可名，非常名"（《老子·第一章》）的表达清楚地表明，可以言说与命名的东西并不是那个东西真正的言说和命名方式。换言之，本体论和认识论之间天然地存在一条不可逾越的鸿沟，人类的语言并不能真正地把握形而上的"道"本体。正是因为语言和本体之间并不可能完全等同，所以任何偏执于用语言去认识形而上之"道"的做法都不可能获得真正的认识。所以老子讲："知者不言，言者不知"（《老子·第五十六章》），"信言不美，美言不信"（《老子·第八十一章》）。第三，作为认知主体的人，其自身存在局限性。这种局限性首先表现出人总是有欲望的人，欲望要求满足，满足需要利用人的认知，认知又会不断催生新的欲望，欲望就在这个过程中不断膨胀，而欲望终究受制于外物，这就会阻碍人们对"道"的真知，所以老子讲："罪莫大于可欲。"（《老子·第四十六章》）如果我们要接近"道"，我们就必须否定和拒斥欲望，做到"无欲""寡欲"，才能"常无欲以观其妙"（《老子·第一章》）。此外，人的局限性还表现在人因为各种差异而具有的主观性差异上。老子说，"自见者不明，自是者不彰"（《老子·第二十四章》），说的就是这个意思。因此，我们必须消除这种主观片面性，真正做到"塞其兑，闭其门，挫其锐，解其纷，和其光，同其尘"（《老子·第五十六章》），这样才能达到对"道"的体认。

通过上述，我们已经可以看出，老子在根本上对我们经验世界的认知持一种否定和批评的态度。我们也清楚，老子并非完全地反对认知，不然《老子》这本书也就不可能出现了。事实上，老子否定的是以政治伦理文化为基本内容的知识与权力为一体的传统知识，否定的是用经验感知和概念认知去把握"道"的认知。只是在这个意义上，老子才说，我们要"绝圣弃智"。然而，老子通过否定的形而上学方法告诉了我们什么才是真知。很显然，我们对"道"的体悟是真正的认知，所以老子讲：

　　执古之道，以御今之有，能知古始，是谓道纪。（《老子·第十四章》）
　　知常荣，容乃公；公乃全，全乃天；天乃道，道乃久，没身不殆。（《老子·第十六章》）
　　孔德之容，惟道是从。（《老子·第二十一章》）

这些都充分表明有关"道"的认知是真知，我们需要注意的是，这种真知并不是我们通过经验感知和概念认知把握的那种"知"，毋宁说，这种"知"是一种"无知"，这与苏格拉底自知其无知有异曲同工之效。因为老子已经清楚地向我们表明，"道"本身就是"无"，无形无名，是不可言说和认知的。因此，对"道"的认知，我们应该尽可能地否定和拒斥向外求知，应该在自己的内心去体悟、去静观玄览。所以老子讲，"其出弥远，其知弥少"（《老子·第四十七章》），"知者不言，言者不知"（《老子·第五十六章》）。可以说，老子是以"无知"为"真知"，冯友兰如是评价说："道家求最高知识及最高境界的方法就是去知，去知的结果是无知。"① 因此，老子所谓的"绝圣弃智"无非就是"去知"，也即否定经验感知和概念认知的人为认知。正是通过这种"去知"，我们才能达到内心的无知与虚空，进而，我们才能通过内心的精神体验达到对"道"的体悟。老子这种去知之后的"无知之知"成了道家的一个基本思想，庄子继承和发展了这种思想。

### 三、庄子的相对主义认识论

与老子通过"道"把本体论和认识论结合在一起的旨趣一样，在庄子这里，"道"同样具有这种双重意义。在本体论上，与老子用无名无形的"无"来描述"道"相似，庄子同样认为无形、无声、无闻是"道"的特点，所以《庄子》讲："视之无形，听之无声，于人之论者，谓之冥冥，所以论道而非道也。"（《庄子·知北游》）与老子认为"道"是万事万物的本源相一致，庄子同样认为"道"是产生万物的本源，所以《庄子》讲："自本自根，自古以固存。神鬼神帝，生天生地。"（《庄子·大宗师》）如果说庄子有关"道"的论述和老子有什么不同，那就是庄子有关"道"的论述更加虚无化和主观化。这一点最为明显地体现在庄子有关"道"的认识论上。

庄子在《庄子·齐物论》中如是说道：

> 夫大道不称，大辩不言，大仁不仁，大廉不嗛，大勇不忮。道昭而不道，言辩而不及，仁常而不成，廉清而不信，勇忮而不成。五者圆而几向方矣！故知止其所不知，至矣。孰知不言之辩，不道之道？（《庄子·齐物论》）

---

① 冯友兰. 贞元六书［M］. 上海：华东师范大学出版社，1996：763.

这就是说，真正的"道"是不可以用语言来命名称扬的，真正的分辨认知也是不可以用语言来表达的。如果说老子针对"道"的超越性、无限性等强调语言的局限性，那么庄子则更进一步强调"道"基于超越性和无限性基础上的虚无性，所以庄子讲：

> 有始也者，有未始有始也者，有未始有夫未始有始也者；有有也者，有无也者，有未始有无也者，有未始有夫未始有无也者。俄而有无矣，而未知有无之果孰有孰无也。今我则已有谓矣，而未知吾所谓之其果有谓乎，其果无谓乎？（《庄子·齐物论》）

这就是说，"道"有它的开始，同样也有它未曾开始的开始，还有它未曾开始的未曾开始的开始。宇宙之初有过这样那样的"有"，但也有个"无"，还有个未曾有过的"无"，同样也有个未曾有过的未曾有过的"无"。突然间产生了"有"和"无"，但并不清楚"有"与"无"谁是真正的"有"、谁是真正的"无"。现在我已经说了这些言论和看法，但不知道我所说的言论和看法是我说过的言论和看法呢，还是没有说过的言论和看法？

老子虽然用"无"来说"道"，但依然强调的是"道"的实在性，所以老子虽然强调语言的局限性，但老子还是用否定的表达对"道"进行认知："吾不知其名，强字之曰道，强为之名曰大。"（《老子·第二十五章》）但在庄子这里，他虽然承认"道"是实在的万事万物的本源，但明确地拒绝把"道"称作"物"，也拒绝用语言来表达"道"。"道"已经成了一个完全虚无的东西，所以庄子讲"唯道集虚"。正是因为"道"成了一个"虚无"的存在，所以"道"成了一种主观的精神，是一种境界，从而，"道"的实在性也就越来越虚化，越来越成为一种主观的精神境界。这种主观的精神境界使得庄子的认识论思想更加明显地凸显出来。

庄子在《庄子·齐物论》开篇以南郭子綦心如死灰的特征引出了一个"吾丧我"的主观精神状态。什么是"吾丧我"？庄子讲："荅焉似丧其耦。"（《庄子·齐物论》）"荅"，郭象、陆德明等解释为解体或解貌①，也就是遗形弃体的意思。"耦"，郭象和成玄英等都注解为"匹"。郭象注："同天人，均彼我，

---

① 郭庆藩．庄子校释（新编诸子集成）［M］．王孝鱼，点校．北京：中华书局，1961：43.

故外无与为欢，而苔焉解体，若失其配匹。"① 成玄英疏云："藕，匹也，谓身与神为匹，物与我为藕也。"② 很显然，在郭象和成玄英这里，他们认为"丧其藕"与遗形弃体的"苔焉"是一致的，如果"苔焉"指的是体貌的解弃，那么"藕"就是与之匹配的东西。基于此，司马彪注"藕，身也，身与神为藕"③，其实质与郭象和成玄英并没有本质区别。这也就可以理解为什么俞越认为"丧其藕，即下文所谓吾丧我也"④。在这个意义上，"吾丧我"就不仅是丧失了自己的形体，而且也丧失了自己的精神。这样，我们也就可以理解庄子稍后谈及的"形固可使为槁木，而心固可使如死灰乎"。正是在这个意义上，郑开认为通过"丧其藕"来解读"吾丧我"有两层意思："一是精神（境界）上的独立无待，即'逍遥于无何有之乡'，或'独与天地精神相往来'；一是'遗物'，而'丧我'意味着除去（忘、外）自身中固然之'物'（包括肉身和感觉、心思），即'至人无己'；反之，便是'丧己于物'。"⑤ 因此，正如王叔岷和王博认为的，"吾丧我"就是"忘我"⑥ 和"无己"⑦，是一种精神状态和境界。那么，这种精神状态是怎么获得的呢？这需要我们深入分析庄子的认识论。

谈论庄子的认识论，我们不得不谈及《庄子·齐物论》。《庄子·齐物论》作为《庄子》书中最具哲学内涵的名篇之一，"其思考及表达有极高的抽象分析能力"⑧，而且，这种分析能力主要集中在有关认识论的"是非""有无"及"物我"三个方面。按照陈少明的看法，庄子谈"是非""不是针对某些具体争端去裁决谁是谁非，也不是给出一个是与非的标准……庄子怀疑存在着客观有效的是非标准"⑨。进而，庄子谈论有无则是要"对是非之争来个釜底抽薪"，

① 郭庆藩. 庄子校释（新编诸子集成）［M］. 王孝鱼，点校. 北京：中华书局，1961：43.
② 郭庆藩. 庄子校释（新编诸子集成）［M］. 王孝鱼，点校. 北京：中华书局，1961：43.
③ 郭庆藩. 庄子校释（新编诸子集成）［M］. 王孝鱼，点校. 北京：中华书局，1961：44.
④ 郭庆藩. 庄子校释（新编诸子集成）［M］. 王孝鱼，点校. 北京：中华书局，1961：44.
⑤ 郑开. 道家形而上学研究［M］. 北京：宗教文化出版社，2003：76.
⑥ 王叔岷在注解"苔焉似丧其藕"时说："'丧其藕'，犹言'丧我'亦即'忘我'。"参见王叔岷. 庄子校诠［M］. 北京：中华书局，2007：41.
⑦ 王博认为"吾丧我"就是《逍遥游》中所讲的"无己"。参见王博. 庄子哲学［M］. 北京：北京大学出版社，2004：76.
⑧ 陈少明.《庄子·齐物论》及其影响［M］. 北京：商务印书馆，2019：2.
⑨ 陈少明.《庄子·齐物论》及其影响［M］. 北京：商务印书馆，2019：21.

因为"是非的讨论是以各种事物的差别的存在为前提的"①，这也就是庄子的"齐物"思想。陈少明说："庄子要通过'齐物'来泯是非，他眼睛不是盯着形形色色的事物，而是抽象的无规定的'物'。"② 如何才能做到这一点呢？这就需要庄子提出的"吾丧我"的境界，也就是"忘我"和"无己"。基于这种思路，陈少明在解读《庄子·齐物论》时认为其主旨有三重含义：齐物论、齐万物和齐物我。"三者层层递进，相互贯通，构成《庄子·齐物论》的完整主题。"③ 更为重要的是，陈少明认为，"这不仅仅是《庄子·齐物论》一文的主体，同时还是《庄子》一书的哲学纲领"④。现在让我们按照这三重含义来具体展开庄子的认识论。

我们首先来分析《齐物论》，在前面已经分析到，《庄子·齐物论》开篇通过"吾丧我"已经开门见山地表明，人认识的最高境界就是要忘记我们的形体，忘记人作为物的存在，然后才能达到对"天籁"的理解。什么是"天籁"？像"道"一样，它不是"什么物"，不能用经验感知和概念认知的语言来表达，它是自然而然的，所以庄子讲："夫吹万不同，而使其自己也，咸其自取，怒者其谁邪？"（《庄子·齐物论》）天籁并不是某个具体的东西，而是无心的孔穴。孔穴是自然而然的空，"有什么样的孔穴，自然就有什么样的声音，它也不得不发出这样而不是那样的声音"⑤。这就是天籁，空心之籁、无心之籁。然而，与"天籁"无言相对比，人自以为有知，从而有言，因而有了是非。如果说天籁是无心，那么是非就产生于人的"成心"，所以庄子讲：

> 夫随其成心而师之，谁独且无师乎？奚必知代而自取者有之？愚者与有焉！未成乎心而有是非，是今日适越而昔至也。是以无有为有。无有为有，虽有神禹且不能知，吾独且奈何哉！（《庄子·齐物论》）

这里呈现了至少三层意思。其一，每个人都有成见；其二，不仅人有成见，而且有成见的人总喜欢用自己的想法取代他人的见解；其三，甚至有些人连自己的主见都没有形成，却有了是非的标准。

"成心"的这些意思通过言语表现为人的知识。在古代，"知"通"智"，

① 陈少明.《庄子·齐物论》及其影响［M］. 北京：商务印书馆，2019：21.
② 陈少明.《庄子·齐物论》及其影响［M］. 北京：商务印书馆，2019：21.
③ 陈少明.《庄子·齐物论》及其影响［M］. 北京：商务印书馆，2019：58.
④ 陈少明.《庄子·齐物论》及其影响［M］. 北京：商务印书馆，2019：58.
⑤ 王博. 庄子哲学［M］. 北京：北京大学出版社，2004：77.

"智也者，知也"（《法言·问神》），所以知识也即智慧，而智慧又系于心，这也就是庄子把知、言和心关联起来的原因。庄子在《庄子·齐物论》开篇讲了"吾丧我"的精神境界之后，立即通过知、言、心和物的关联讲出了"道隐"之后的"是非之是非"。"大知闲闲，小知间间。大言炎炎，小言詹詹。其寐也魂交，其觉也形开。与接为构，日以心斗。"（《庄子·齐物论》）真正的智慧其实应该是闲之又闲、闲至于空的，而其言应该是淡之又淡，淡乎于无。那些自以为有知的人流于琐碎之物，喋喋不休，无论睡觉还是醒着，都是不断用心算计着，夜以继日，心神不宁。因此，真正说来，在庄子看来，"无心"与"成心"的区别就是"大知"与"小知"、顺于"道"与累于"物"的区别。"大知若愚"，应该做到"去知""无知"；"大言无言"，应该做到"大道不称"。"夫言非吹也，言者有言。其所言者特未定也。果有言邪？其未尝有言邪？其以为异于鷇音，亦有辩乎？其无辩乎？"（《庄子·齐物论》），这就是说，言论终究不是自然的吹风，总是累于物而有其特殊旨意的。问题在于，那些说话人的言说并没有特别的准则。是在言说什么吗？还是说并没有言说什么呢？他们自以为说的话并不是鸟的鸣叫，那么到底有什么区别呢？还是说根本就没有区别呢？就在这种累于物的言论中产生出来的，就是大道被遮蔽之后的必然结果。

庄子有言道：

道恶乎隐而有真伪？言恶乎隐而有是非？道恶乎往而不存？言恶乎存而不可？道隐于小成，言隐于荣华。故有儒墨之是非，以是其所非而非其所是。欲是其所非而非其所是，则莫若以明。物无非彼，物无非是。自彼则不见，自知则知之。故曰：彼出于是，是亦因彼。彼是方生之说也。虽然，方生方死，方死方生；方可方不可，方不可方可；因是因非，因非因是。是以圣人不由而照之于天，亦因是也。是亦彼也，彼亦是也。彼亦一是非，此亦一是非，果且有彼是乎哉？果且无彼是乎哉？彼是莫得其偶，谓之道枢。枢始得其环中，以应无穷。是亦一无穷，非亦一无穷也。故曰：莫若以明。（《庄子·齐物论》）

正是因为"大道"和"至言"被"小知"和"华丽言辞"给遮蔽了，所以才产生了是非。这在根本上当然是因为"道"和"物"具有本质区别，言辞只能泽及"物"而无法说清"道"。"夫道未始有封，言未始有常。"（《庄子·齐物论》）以没有确定标准的言辞去言说没有分界的"道"，自然就会让"道"有了裂缝，自然也就有了是非。因为言说只涉及物而无法言说"道"，无论是儒家仁义礼制下的等差之爱，还是墨家强调的"尚同"和"兼爱"，并不能够揭示出真正的道德，同样，无论是公孙龙的"白马非马"还是"以指喻指"，也并没能揭示真正的认知。因此，再华丽的言辞也不可能获得真正的认知，不能真正地辨明是非。所以庄子讲：

> 既使我与若辩矣，若胜我，我不若胜，若果是也？我果非也邪？我胜若，若不吾胜，我果是也？而果非也邪？其或是也？其或非也邪？其俱是也？其俱非也邪？我与若不能相知也。则人固受其黮暗，吾谁使正之？使同乎若者正之，既与若同矣，恶能正之？使同乎我者正之，既同乎我矣，恶能正之？使异乎我与若者正之，既异乎我与若矣，恶能正之？使同乎我与若者正之，既同乎我与若矣，恶能正之？然则我与若与人俱不能相知也，而待彼也邪？（《庄子·齐物论》）

因为言辩只针对物，所以通过言辩而呈现出来的是非之争根本就不可能对掌握大道真知有什么积极的成果。争辩只是来自主观的成见，没有客观的标准，"争辩中对立双方的胜负不可作为确定是非的依据，就是请第三者出场也不能解决问题。因为第三者也有立场，其意见也是主观的。"① 正是因为是非难断，而是非又起于成见，所以解决是非问题的办法就是要杜绝惹是生非，就是要坚持一种有关物的相对性态度，坚持"辩无胜"，坚持"齐是非"。"然而，庄子泯是非究竟是真的不会要任何是非，还是着意于摆脱世间是是非非的大是大非？"② 这就需要我们进一步分析"齐物论"和"齐万物"之间的差别。我们由此进入第二个环节的分析。

陈少明认为，"齐物论"是基于相同的事物在不同人心中产生是非纷争而引发的。但是，"齐万物"则是问题的另一面："不同的事物，在同一个人心目中，也会有不同的看法。"③《庄子·齐物论》中自然也是有其依据的：

> 以指喻指之非指，不若以非指喻指之非指也；以马喻马之非马，不若以非马喻马之非马也。天地一指也，万物一马也。可乎可，不可乎不可。道行之而成，物谓之而然。有自也而可，有自也而不可；有自也而然，有自

① 陈少明.《庄子·齐物论》及其影响［M］. 北京：商务印书馆，2019：30.
② 陈少明.《庄子·齐物论》及其影响［M］. 北京：商务印书馆，2019：33.
③ 陈少明.《庄子·齐物论》及其影响［M］. 北京：商务印书馆，2019：33.

也而不然。恶乎然？然于然。恶乎不然？不然于不然。物固有所然，物固有所可。无物不然，无物不可。故为是举莛与楹，厉与西施，恢恑憰怪，道通为一。其分也，成也；其成也，毁也。凡物无成与毁，复通为一。唯达者知通为一，为是不用而寓诸庸。庸也者，用也；用也者，通也；通也者，得也；适得而几矣，因是已。

在这里，从表面来看，庄子似乎与公孙龙一样，认为用有名有形的实物来认识真知是不可能的，但二者之间其实有着本质的区别。先分析公孙龙的立场，"指之非指"出于《公孙龙子·指物论》，其核心命题是"物莫非指，而指非指"。很显然，按照公孙龙的看法，没有什么实物是不可以通过言语命名得到指称的，然而这"指"并非任何具体形名的实物。基于此，才有后面的"而指非指"，在其中，第一个"指"就是言语意义上的抽象指称功能，第二个"指"则是具体形名的实物。这里，公孙龙表达了有形有实必有名，但有名不必然有形有实的观点，这与旧有的"形名相藕"的观点是有差异的。这从公孙龙有关"白马非马"的观点中更能直接地看出来。

公孙龙讲：

> 马者，所以命形也；白者，所以命色也。命色者非命形也，故曰：白马非马。（《公孙龙子·白马论》）

对于公孙龙而言，形名之间的关系不像旧有的形名理论是匹配的，而是割裂开来的，这在根本上表明公孙龙认识到了经验感知与概念命名之间的差别，"《公孙龙子》是从感觉主义角度揭示了形名理论的内在矛盾和深刻危机"[①]。然而，因为公孙龙并没有一个更高的"以道观物"的观点，他虽然能够指出形名之间的矛盾却不能真正解决这种矛盾，而只能成为流俗的是非言辞之辩。因为有个更高的"道"的形而上学，所以道家才能超越"有形有名"从而达到"无形无名"的认知。

基于"道"的形而上学，庄子认为，真正对"指"和"马"的认识不如以"'无形'（"非马"）和'无名'（"非指"）来说明'形'（比如"马"）和'名'（比如"指"），来说明形名理论（如形名相藕）的内在矛盾和理论困

---

① 郑开.道家形而上学研究［M］.北京：宗教文化出版社，2003：85.

境"①。在庄子看来，很明显的是，公孙龙依然囿于物的层面、拘泥于形名而无法超越。我们只有从"道"的形而上学超越来看，从无形无名的视野看，有形有名的物并无什么分别，更不能拘执于知、言、形、名的分别，我们才能真正地超越是非，齐万物而为一。所以庄子讲，"物固有所然，物固有所可"，但"无物不然，无物不可"。如果说从物的层面看，"物"总是有分、有成、有毁，那么从"道"的层面看，"凡物无成与毁，复通为一"（《庄子·齐物论》），所以从"道"的形而上学来看，"天地一指也，万物一马也"（《庄子·齐物论》）。在这个意义上，陈少明认为，"日常的物都是具体的，有自己的特性，如果只从其同一性来着眼，将其抽象化，所谓'有'，不如说是'无'"②。换言之，庄子超越传统的"形名相耦"和名家"形名学"的做法是"化有为无"，以"道"的形而上学来超越，在这个意义上，我们再次看到了庄子认识论和本体论的深刻结合。

庄子讲：

　　古之人，其知有所至矣。恶乎至？有以为未始有物者，至矣，尽矣，不可以加矣！其次以为有物矣，而未始有封也。其次以为有封焉，而未始有是非也。是非之彰也，道之所以亏也。（《庄子·齐物论》）

借助"道"的形而上学，陈少明认为庄子区分了"知"的四个层次："至知是未有，即无；次知是有而不分，只是一种抽象的'有'；再次是对物做审察区分的功夫，是是非的前提；而最次是对是非得失的计较，这是对'道'或整体价值的损害。"③　正是基于"道"的形而上学，基于"道""物"的不同认识，我们体现出了"真知"和"无知"。真知者在认识上"知通为一，为是不用而寓诸庸"（《庄子·齐物论》），而无知者则是不知道是非的计较、对物的审察、物的分有都不是真正的知。所以庄子讲：

　　道之所以亏，爱之所以成。果且有成与亏乎哉？果且无成与亏乎哉？有成与亏，故昭氏之鼓琴也；无成与亏，故昭氏之不鼓琴也。昭文之鼓琴也，师旷之枝策也，惠子之据梧也，三者之知几乎皆其盛者也，故载之末

---

① 郑开. 道家形而上学研究［M］. 北京：宗教文化出版社，2003：85-86.
② 陈少明.《庄子·齐物论》及其影响［M］. 北京：商务印书馆，2019：34.
③ 陈少明.《庄子·齐物论》及其影响［M］. 北京：商务印书馆，2019：35.

年。唯其好之也，以异于彼，其好之也，欲以明之。彼非所明而明之，故以坚白之昧终。而其子又以文之纶终，终身无成。若是而可谓成乎，虽我亦成也；若是而不可谓成乎，物与我无成也。是故滑疑之耀，圣人之所图也。为是不用而寓诸庸，此之谓"以明"。（《庄子·齐物论》）

这里大道的亏损就是因为前面谈到的人有是非观念，同样，人有是非观念，必然就会有人的偏好成见。然而，从"道"的角度，根本就不存在是非，也不存在成见。从"物"的层面来看，昭文鼓琴、师况击乐和惠施善辩看起来都是基于偏好而有所成。但从"道"的层面来看，他们自以为有偏好的事业，有超出别人的高明之处，但其实他们并不具有真正高明的东西，并没能真正地获得真知，也不能真正地传递真知。真知就是不辨是非、不自夸赞而诉诸事物的常理。因此，真知也就是至知，"至知是知无，要化有为无，是一种思想的功夫"①。这和老子所说的"大智若愚""绝圣弃智"显然是相通的。

如果说庄子的去知是从道物分野指出成见源自人的主观偏见，从而强调要化万物之有为去知之无，那么当庄子更进一步抽象地看待"有"和"无"时，庄子的认识论就彻底地转向了本体论。庄子说道：

有始也者，有未始有始也者，有未始有夫未始有始也者；有有也者，有无也者，有未始有无也者，有未始有夫未始有无也者。俄而有无矣，而未知有无之果孰有孰无也。（《庄子·齐物论》）

就有无的关系来看，从时间上看，宇宙万物有它的开始，同样有它未曾开始的开始，还有它未曾开始的未曾开始的开始。从质性来看，宇宙之初有过这样那样的"有"，但也有个"无"，还有个未曾有过的"无"，同样也有个未曾有过的未曾有过的"无"。无论是从时间上看，还是从质性上看，"有"和"无"都是突然间生出来的，却不知道"有"与"无"谁是真正的"有"、谁是真正的"无"。很显然，庄子像老子一样，认为有无同样是可以相互转化的，以"道"的形而上学观之，我们可以从道物分野到道物无际，这也就是庄子讲的"道通为一"。在这个意义上，"道"是整体，没有分别和界限，也就是庄子所说的"道未始有封"；"道"和"物"也是没有界限的，这也就是庄子所说的"道无所不在"和"物物者与物无际"。万物之间也是相通为一体的，这也就是庄子所

---

① 陈少明.《庄子·齐物论》及其影响 [M]．北京：商务印书馆，2019：35.

说的"天地一指也，万物一马也"。现在，从齐物到齐万物，从道物分野到道物无际，这是值得相信的吗？又是如何可能的呢？庄子说："今我则已有有谓矣，而未知吾所谓之其果有谓乎？其果无谓乎？"（《庄子·齐物论》）借助这样的疑问，庄子把我们带到了他认识论的第三个层面。

通过前面的讨论，庄子已经告诉我们，世间万物的是是非非，都是从物的层面来看的。"物之不齐，是其自然状态，只要你不用势利的眼光来打量它们，就没有此是彼非的问题。"① 换言之，我们应该跳出以物观物的形名阶段，做到"齐是非""齐万物"的以道观物。那么，我们如何才能做到以道观物呢？庄子讲：

> 夫大道不称，大辩不言，大仁不仁，大廉不嗛，大勇不忮。道昭而不道，言辩而不及，仁常而不成，廉清而不信，勇忮而不成。五者圆而几向方矣！故知止其所不知，至矣。孰知不言之辩，不道之道？若有能知，此之谓天府。注焉而不满，酌焉而不竭，而不知其所由来，此之谓葆光。（《庄子·齐物论》）

从"道"的形而上学来看，真正的认知是不需要称扬的，真正的言辩是不必言说的，真正的仁爱是不必向人表现出来的仁爱，真正的廉洁是不必表露锋芒的，真正的勇敢是从不逞血气之勇的。表露于外的道理就不是真道理，言辞过于察辩就达不到真知，仁爱之心经常流露反而成就不了仁爱，廉洁到清白反而不太真实，逞血气之勇就不能成就真正的勇敢。不称、不言、不仁、不嗛和不忮这五种情况本来是圆通混成的，但如果涉及昭、辩、常、清和忮就着意求圆反而成方了。因此，真知是至知，也就是知道在自己不知道的地方停下来，就像苏格拉底一样，要自知自己的无知；就像康德一样，要知道理性认识有其界限。如果谁能够真正地知道不用言语的辩论，不用称扬的大道，那他就有海纳百川的心胸，这样的人也就是圣人。

庄子说：

> 六合之外，圣人存而不论；六合之内，圣人论而不议；春秋经世先王之志，圣人议而不辩。故分也者，有不分也；辩也者，有不辩也。曰："何也？""圣人怀之，众人辩之以相示也。故曰：辩也者，有不见也。（《庄

---

① 陈少明.《庄子·齐物论》及其影响［M］.北京：商务印书馆，2019：39.

子·齐物论》）

人世间以外的事，圣人总是存而不论；人世间以内的事，圣人虽然谈论却不随意评议。对古代历史上治理社会的前代君王们的记载，圣人虽然有所评议却不争辩。因为圣人十分清楚，有能分辨的事理，也就有不能分辨的事理，有能言辩的东西也就有不能言辩的东西。言辩的发生，其实是因为人们没有看见不言辩的大"道"，所以，一般的大众以言辩夸示于世，而圣人却以不言辩怀揣于心。基于此，庄子进一步说道：

> 圣人不从事于务，不就利，不违害，不喜求，不缘道，无谓有谓，有谓无谓，而游乎尘垢之外。（《庄子·齐物论》）

也就是说，圣人会做到不从事经验俗务，不取就利益，不躲避祸害，不喜欢妄求，不攀缘大道，没有说什么但像说了很多，说了很多却又像没说什么，遨游于世俗红尘之外。所以，庄子讲："圣人无名。"（《庄子·逍遥游》）圣人无心于声名，也就是说他已经在"道"的形而上层面去认识世界了，这也就是庄子在《庄子·齐物论》开篇所讲的"吾丧我"。很显然，"吾丧我"不是一种从"物"的层面对世界的认识，而是一种从"道"的层面对世界的体认，是一种精神的境界。

"吾丧我"是一种怎样的境界？从认识的角度来讲，就是一种"天地与我并生，而万物与我为一"的主观精神世界，也就是我们前面讲的"忘我""无我"的境界。在这种境界中，"物不足以为心累，心不至于为物役"[①]，我们以心齐物，能泯灭是非。为了充分说明齐物的这种态度，庄子通过瞿鹊子和长梧子的寓言来表明这两种不同的认识态度：

> 长梧子曰：是皇帝之所听荧也，而丘也何足以知之！且女亦大早计，见卵而求时夜，见弹而求鸮炙。予尝为女妄言之，女以妄听之。奚旁日月，挟宇宙，为其脗合，置其滑涽，以隶相尊？众人役役，圣人愚芚，参万岁而一成纯。万物尽然，而以是相蕴。（《庄子·齐物论》）

在这里，瞿鹊子代表着以物观物的认识，看到鸡蛋便想到报晓的公鸡，见到弹丸

---

① 王博．庄子哲学［M］．北京：北京大学出版社，2004：75.

就想到烤熟的斑鸠肉，这是一种有分有数的细致算计。长梧子则代表着以道观物的齐物认识，认识与日月为伴，与宇宙为伍，这是一种与天地精神相往来，齐万物为一体的超然态度。按照王博的分析，"这两种态度就是'辨'和'怀'，前者是众人的，因为辨，所以终身役役而不得解脱。后者是圣人的，因为怀而若无所知。怀而不辨，则可以合万岁以为一，其中发生的种种的差别都泯灭殆尽，心重归于纯粹和素朴"①。基于"辨"和"怀"这两种不同的态度，庄子在《庄子·齐物论》的最后留下了两个神奇的寓言故事：

> 罔两问景曰："曩子行，今子止；曩子坐，今子起。何其无特操与？"景曰："吾有待而然者邪？吾所待又有待而然者邪？吾待蛇蚹蜩翼邪？恶识所以然？恶识所以不然？"

> 昔者庄周梦为胡蝶，栩栩然胡蝶也。自喻适志与！不知周也。俄然觉，则蘧蘧然周也。不知周之梦为胡蝶与？胡蝶之梦为周与？周与胡蝶则必有分矣。此之谓物化。（《庄子·齐物论》）

在"罔两问景"的故事里，影子的阴影追逐影子，总是被影子牵着走，因而变得焦躁不安，这显然是以物观物心累于物的必然，而"庄周梦蝶"的情形则相反，庄周与蝴蝶浑然不分，心不必逐于物，物我不分且称心如意。

综上所述，我们按照陈少明的观点，大致把庄子认识论通过齐物论、齐万物和齐物我三个层次进行了分析，从人的认识之是非本身的探讨，转向到有无问题的探讨上，最后归约到物我关系的探讨上，经历了从认识论到本体论再到人生境界论的变化。所以，很显然的是，庄子的相对主义认识论并不是一个单一的认识论，而是融本体论和人生态度于一体的综合产物。在这个意义上，齐物论、齐万物和齐物我也许反映了庄子认识论的不同面相，但就庄子认识论而言，"齐物"是一种生活态度和生活方式。王博甚至认为，齐物的相对主义认识论不是知识。在这个意义上，王博认为庄子以一个美梦结束他对齐物思想的探讨反映了庄子的某种无奈。那么，庄子齐物的相对主义认识论到底是不是知识呢？

## 四、虚心明神

前已备述，老子通过"绝圣弃智"表达了无知之知才是真知，而庄子通过

---

① 王博．庄子哲学［M］．北京：北京大学出版社，2004：87．

"齐万物为一"表达了无己才是真知。这意味着，无论是老子还是庄子，都认为真正的知就是无知。很明显的是，无论是通过经验感知，还是概念认知，我们都只是在物的层面获得小知，而不能真正地获得真知。真知是有关"道"的，而"大道不称"，"道可道，非常道"，不可认知是有关"道"之真正的基本定位。基于这个定位，"知止于（有）物……囿于且限于物的范围"①，而真知则是"无知"或"不知"。问题在于，如果我们有关知识的东西只能是基于经验的感知和概念的认知，那么我们如何才能把握无知的真知呢？

如果真知是关于"道"的，那么我们对"道"的认识就不可能通过经验感知和概念认知来认识，而只能通过心灵去证悟。郑开说："我们从《庄子·齐物论》欲言又止、语焉不详的提示来推敲，'（莫若）以明'（"为是不用而寓诸庸"）、'两行'（"圣人和之以是非而休乎天均，是之谓两行。"）、'天倪'、'天府'（能知不言之辩、不道之道）、'葆光'（即神明，而且是"滑疑之耀"的反面）诸语词，意味着某种深刻而独特的智慧（光），包括超于'物'而把握'道'的'认识'——确切地说，证悟——能力，因此它不同于'与接为构'的'知'，是感觉和理智（概念、推理和判断）之外的先天能力。"② 在这个意义上，从"道"的角度来看，"道"其实并不是我们的认识对象，而是我们体验和觉悟的对象。体验和觉悟本身就是一个过程，与其说"道"是体验和觉悟的对象，不如说体验和觉悟本身就是"道"，就是智慧本身。所以郑开说："'道'并非对象性的，它意味着彻底觉悟的精神状态，以及深刻体验天人合一（主客相泯）的心性境界。"③ 在这个意义上，道家的认识论从有关经验世界的一般认知模式转化为证悟的体验性模式。那么，这种模式是如何展开的？它还能算作知识吗？

通过前面的分析，我们已经明晰，无论是老子的"无知"，还是庄子的"丧我"，它们在根本上表明我们对"道"之真知的认识取决于我们的主观精神状态，也就是心的状态，我们把这种状态概括为"虚心明神"的状态。现在，为了理解这种状态，我们首先需要理解"心"和"神"在老庄这里是什么意思。在此基础上，我们才能进一步明白"虚心"和"明神"是什么意思。

在前面分析老子的道德形而上学时，我们已经指出，"道"是包括人在内的万事万物的本源，"德"是"道"这种本源形化到万事万物身上的具体表

---

① 郑开. 道家形而上学研究［M］. 北京：宗教文化出版社，2003：88.

② 郑开. 道家形而上学研究［M］. 北京：宗教文化出版社，2003：90.

③ 郑开. 道家形而上学研究［M］. 北京：宗教文化出版社，2003：90.

现。因此，对于老子而言，我们对具体表现的形质就有了认识，表现在人身上，人在形质表现上就会有接受刺激的眼耳鼻舌身等感官形质，此外，我们还有能够主动认知的形质器官——心。"形质中的心，有'知'的作用，形质中的耳目口鼻等，有'欲'的要求。"① 老子很明确地告诉我们，无论是通过耳目口鼻等感官进行感知，还是通过"心"进行认知，我们都不可能真正地获得对"大道"的认知，因为"大道不言"。在这个意义上，老子既否定经验感知，否定"心"的概念认知，更多的是从否定的角度来谈论"心"。所以老子讲："是以圣人之治，虚其心"（《老子·第三章》），"圣人常无心"（《老子·第四十九章》）。但"战国中期以前，人们尚未对'心'发生兴趣"，"从整体学术旨趣来看，在先秦哲学的讨论中，'心'被作为一个专门的问题加以探讨，是在战国中期以后"②。因此，老子有关"心"的精神旨趣在庄子处阐述得更加详细。

与老子一致，庄子同样认为"心"具有认知功能，但同样认为这种心知在以物观物的层面，因此我们需要否定和拒斥它，达到"常心"。庄子说："以其知，得其心；以其心，得其常心。"（《庄子·德充符》）这里，存在有关"心"的两个层面。一是以"知"说"心"，即认知之心。成玄英有疏云："若以心知之术而得之者，非真得也。"③ 二是以"常心"说"心"。成玄英有疏云："夫得心者，无思无虑，忘知忘觉……不得为得，而得在于无得，斯得之矣。"④ 认知之心也就是前面讲到的"成心"，"成心"追逐着物，囿于主观的偏见，"它按照自己所设计的认知模式来构思'物的知识'"⑤。"常心"显然不诉诸感性和知性，而是一种去知的精神状态，不执着于物而向内心求，所以郭嵩焘注解说："常心者，无妄之本体；以其心得其常心，即体以证道也。"⑥

很显然，在老庄这里，"心"的概念更多的是从否定的角度去除心向外逐物的认知功能，而主张向内心求。那么，何以能够向内心求呢？那就是因为"神

① 徐复观.中国人性论史：先秦篇 [M].上海：上海三联书店，2001：302-303.

② 匡钊，王中江.道家"心"观念的初期形态：《老子》中的"心"发微 [J].天津社会科学，2012（4）：122.

③ 郭庆藩.庄子校释（新编诸子集成） [M].王孝鱼，点校.北京：中华书局，1961：193.

④ 郭庆藩.庄子校释（新编诸子集成） [M].王孝鱼，点校.北京：中华书局，1961：193.

⑤ 郑开.道家形而上学研究 [M].北京：宗教文化出版社，2003：137.

⑥ 郭庆藩.庄子校释（新编诸子集成） [M].王孝鱼，点校.北京：中华书局，1961：193.

宅于心"。这里的"神"是什么意思呢？因为神宅于心内是相对于心向外求而言的，所以"神"在这里主要指的是内心具有的灵感和内省体验，是一种形而上的精神。在老子那里，"神"的使用还不是那么多，而且他的讲述也更多的是从形而上之道的本源角度来讲，更多强调的是"神"的神秘性。老子讲：

> 谷神不死，是谓玄牝。玄牝之门，是谓天地根。（《老子·第六章》）
> 昔之得一者，天得一以清，地得一以宁，神得一以灵……神无以灵，将恐歇。（《老子·第三十九章》）

很显然，在老子这里，"神"还没有和"心"联系起来讲，还只是就"道"的本源进行的描述，"谷神"就是虚无，谷神不死就是说明"道"生万物而会穷尽，这里显然强调"道"的灵动性，所以说"神"有"灵"。如果说"神"和"心"有什么关系，那么它也只能从人作为"道"的具体体现来体现"神"这一特性。不过，这一思想到庄子处就十分突出了，因为庄子对老子最重要的发展之一，就是"将老子客观的道，内在化而为人生的境界，于是把客观性的精、神，也内在化而为心灵活动的性格。心小只是一团血肉，而是'精'；由心之精所发出的活动，则是神；合而言之即是'精神'"①。《庄子》讲：

> 至道之精，窈窈冥冥；至道之极，昏昏默默。无视无听，抱神以静，形将自正。必静必清，无劳汝形，无摇汝精，乃可以长生。目无所见，耳无所闻，心无所知，汝神将守形，形乃长生。（《庄子·在宥》）

郭象注释说："窈冥昏默，皆了无也。"② 这就是说，本源上的"道"其实就是"无"。因此，我们对"道"的认识，只要做到"无视无听"，抱守内心的精神，"则神不扰而形不邪也"③。所以成玄英注疏道："保守精神，境不能乱，心与形合，自冥正道。"④

---

① 徐复观. 中国人性论史：先秦篇［M］. 上海：上海三联书店，2001：345.
② 郭庆藩. 庄子校释（新编诸子集成）［M］. 王孝鱼，点校. 北京：中华书局，1961：381.
③ 郭庆藩. 庄子校释（新编诸子集成）［M］. 王孝鱼，点校. 北京：中华书局，1961：382.
④ 郭庆藩. 庄子校释（新编诸子集成）［M］. 王孝鱼，点校. 北京：中华书局，1961：382.

《庄子》又讲：

> 有机械者必有机事，有机事者必有机心。机心存于胸中则纯白不备。纯白不备则神生不定，神生不定者，道之所不载也。吾非不知，羞而不为也。（《庄子·天地》）

这里，《庄子》通过"机心"和"心"的区别指出，"机心"就是向外求物的"心知"，是"成心"；而"心"在这里其实是前面谈到的"常心"。"纯白"也就是前面谈到的"朴"，意味着不追逐外物的空白，即"无"，是"知"的对立面。庄子讲，如果"常心"不在，而去追逐外物，那么心神就不安定，心神不安定，就不能负载大道。很显然，在《庄子》这里，心神是一体的，如果说"心"是"道"在人身上的具化，那么"神"就是"道""周行不殆"的灵动性在人身上的体现，因为精神依然不可见，所以神就寄居于心。在这个意义上，庄子讲："夫徇耳目内通而外于心知，鬼神将来舍，而况人乎！"（《庄子·人间世》），"若正汝形，一汝视，天和将至；摄汝知，一汝度，神将来舍"（《庄子·知北游》）。很显然，在《庄子》这里，"神"就是作为外于"心知"的"不知"，作为统摄"心知"的"道"而内化于人的。

现在，我们已经明白了"心"和"神"在老庄那里的意思，我们也就可以进一步探讨"虚心"和"明神"的内涵了。

在老子那里，他认为人是秉承虚无的"道"而生的，而"道"只能通过否定的方法来体证，所以把握"道"的根本功夫就是"无为"、就是"虚静"。老子讲，"为道日损，损之又损，以至于无为"（《老子·第四十八章》），就是说要损去知识，损去欲望。老子又讲，"致虚极，守静笃"（《老子·第十六章》），就是说要消解心知的作用到无知、无心的地步，复归到根本的"大道无声"处。

"无为""虚静"也就是"无心"。老子说："圣人恒无心，以百姓之心为心。……圣人之在天下，歙歙焉，为天下浑其心。"（《老子·第四十九章》）这是说，圣人"无心"并非没有"心"，而是以百姓的心为自己的心。很显然，老子并不是否定人所具有的形质之心，因为从"心"作为形质得自于"道"而言，这本身是天地之大德，因此，老子主张"无心"并不是要反对形质的经验世界，反对生命自身的价值。在这个意义上，"老子所主张的无欲，并不是否定人生理自然的欲望（本能），而是反对把心知作用加到自然欲望里面去"①。在这里，"心知"乃指以外物为活动对象的分别之知。事实上，正是因为分别之知才有了前面我们谈论的是非、好恶、对立等，所以老子才说，我们应该持有一颗"愚人之心"，"独昏昏""独闷闷"（《老子·第二十章》），也就是这里所说的无知无欲，也即"无心"。很显然，这样一种无知无欲的"无心"不仅是去心知，而且是去心知之后达到的一种精神状态。那么，"无心"作为一种精神状态是一种怎样的精神状态呢？

通过前面的分析，我们已经可以清楚地看到，老子反对"心知"的原因在根本上源于他认为"心知"是针对具体形质而言的，但具体形质分别导致了人的是非、好恶，人基于"心知"会追逐个人的主观欲望，形成个人的主观成见，这就会丧失与"道"相合的"常德"。"常德"是什么？老子讲：

> 为天下谿，常德不离，复归于婴儿。知其白，守其黑，为天下式。为天下式，常德不忒，复归于无极。知其荣，守其辱，为天下谷。为天下谷，常德乃足，复归于朴。（《老子·第二十八章》）

这里的"常德"是直通于"道"的，"指涉与生俱来人人皆有的天生本真"②，是人最初婴儿般的纯真，是形质尚未具体化的朴质无华。为什么要强调"心知"与"常德"的这种对立呢？因为"无心"与"心知"正是基于不同的"德"而呈现出来的两种精神状态。

老子讲：

> 上德不德，是以有德；下德不失德，是以无德，上德无为而无以为；下德无为而有以为。（《老子·第三十八章》）

"无以为"与"有以为"正是基于"心"的不同状态而呈现出来的两种样子，"故所谓无为，不是什么都不为，而是无心自然地为；所谓有为，乃是有心造作地为，藏有其他的原因目的"③。正是在这种对比中，"无知"作为"常德"的

① 徐复观. 中国人性论史：先秦篇［M］. 上海：上海三联书店，2001：302.
② 王邦雄. 老子《道德经》的现代解读［M］. 长春：吉林出版集团有限责任公司，2011：105.
③ 王邦雄. 老子《道德经》的现代解读［M］. 长春：吉林出版集团有限责任公司，2011：144.

一种精神状态就呈现了出来。老子讲："知常曰明。"（《老子·第十六章》）什么叫作"明"？老子讲："不自见故明。"（《老子·第二十二章》）圣人"无心"，不显现自身，所以可以看到"道"无为的真相。老子又说："知人者智，自知者明。"（《老子·第三十二章》）相比于有分别的"心知"，"'明'是心的虚静观照，无执着亦无遮蔽，直接看到天下的真相与人间的真情"①。综上所述，"无心"作为一种精神状态就是秉承"道"而有"常德"之"明"，这种状态"是泯除物我、泯除是非的平等性的观照"②。这也就是我们这里在功夫论上归之道家的"虚心明神"。

如果说"虚心明神"的思想在老子那里还只是隐而不显，那么在庄子处，这种隐而不显就因为庄子对"道"的内在虚化而十分明显地呈现出来了。《庄子·天道》讲：

> 圣人之静也，非曰静也善，故静也；万物无足以铙心者，故静也。水静则明烛须眉，平中准，大匠取法焉。水静犹明，而况精神！圣人之心静乎！天地之鉴也；万物之镜也。夫虚静恬淡寂漠无为者，天地之平而道德之至，故帝王圣人休焉。休则虚，虚则实，实则伦矣。虚则静，静则动，动则得矣。静则无为，无为也则任事者责矣。无为则俞俞，俞俞者忧患不能处，年寿长矣。夫虚静恬淡寂漠无为者，万物之本也。

很显然，《庄子》这里谈论的"圣人之静"正是"虚心明神"的功夫论。"圣人之静"就是"圣人之心静"，也是"圣人之神静"。"心静"和"神静"是相对于"心知"而言的，如果说"心知"追逐外物，"沉湎乃至沦丧于物而又不能自知"③，那么"心静"和"神静"就是前面谈到的"常心"，也就是不执着于物而向内心求的精神境界。圣人说的"静"，不是认为"静"是好的，所以就说"静"，而是认为万物不能扰乱他的内心，这种"静"是处于虚寂而宁静的一种境界。《庄子》以水为喻，水平静时像镜子一样可以明澈地观映万物，他认为"圣人之静"像水平静时一样，是能够观映万事万物的。这里以水为喻有三个要点：其一，水在道家这里具有形而上的本源地位；其二，水本身是流动的，是一种灵动的代表；其三，流动的水要达到一种静止的状态。基于此，庄子用

① 王邦雄.老子《道德经》的现代解读［M］.长春：吉林出版集团有限责任公司，2011：123.

② 徐复观.中国人性论史：先秦篇［M］.上海：上海三联书店，2001：305.

③ 郑开.道家形而上学研究［M］.北京：宗教文化出版社，2003：151.

"水"的比喻来说明既包含本体论，又包含认识论和功夫论的"常心"。

庄子讲："人莫鉴于流水而鉴于止水。唯止能止众止。"（《庄子·德充符》）成玄英注疏说："唯止是水本凝湛，能止是留停鉴人，众止是物来临照。"① 人为什么不是在流水而是在静水中映照自己，因为唯独只有静止的水才是深湛清明的，只有静止的水才能停留下来映照人，众人才能在映照中展示为具体的存在者。很显然，这里的止水因为深湛清明而能够映照万物，正像"常心"之虚静而能够照知万物是一样的。庄子讲："唯道集虚。虚者，心斋也。"（《庄子·人间世》）"常心"之虚之所以能够照知万物，正是因为"虚"就是"心斋"。这如何解释？

庄子讲：

> 若一志，无听之以耳而听之以心，无听之以心而听之以气。听止于耳，心止于符。气也者，虚而待物者也。（《庄子·人间世》）

就是说要虚静自己的心，不要用耳朵之类的感官去听，而要用心去听，用心听不是要用自己的主观认知去倾听，而是要用与自然相合的气去听悟。因为只有气才是虚空自己来对待万事万物的。所以说，"心的本性是虚是静，与道、德合体的"②。很显然，虚静的"心斋"不仅是一种认识论和功夫论，而且是一种精神境界。

庄子讲：

> "……一心定而天地正……一心定而万物服。"言以虚静推于天地，通于万物，此之谓天乐。天乐者，圣人之心，以畜天下也。（《庄子·天道》）

郭象注释说："我心常静，则万物之心通矣。"③ 成玄英疏解说："所以一心定而万物服者，只言用虚静之智……通达万物之情。"④ 这就是说，把虚静推广到天

---

① 郭庆藩．庄子校释（新编诸子集成）［M］．王孝鱼，点校．北京：中华书局，1961：194.

② 徐复观．中国人性论史：先秦篇［M］．上海：上海三联书店，2001：341.

③ 郭庆藩．庄子校释（新编诸子集成）［M］．王孝鱼，点校．北京：中华书局，1961：464.

④ 郭庆藩．庄子校释（新编诸子集成）［M］．王孝鱼，点校．北京：中华书局，1961：464.

地，与万物相沟通，这就叫作"天乐"。所谓"天乐"，也就是圣人的心性，可以以此来养育天下。在这个意义上，"常心"之虚静在根本上会表现为人心的澄明，也就是达到明神境界。所以《庄子》讲：

> 通于一而万事毕，无心得而鬼神服。……夫王德之人，素逝而耻通于事，立之本原而知通于神，……视乎冥冥，听乎无声。冥冥之中，独见晓焉；无声之中，独闻和焉。故深之又深而能物焉；神之又神而能精焉。（《庄子·天地》）

这就是说，"常心"之虚静就达到了对万事万物的通达，这也就是"无心"，"无心"获取就会让神秘的鬼神服从，所以真正从"道"而有"德"之人，就是"常心"虚怀而以沉溺于俗务为耻辱，这才是在本原上智慧通达神灵之境的人。处在这种状态的人，也就是我们提到的"神将来舍"的人，也就是庄子所说的"澹然独与神明居"的境界。郑开解释说，"如果我们追究其来源的话，他脱胎于原始宗教中'通于神明'的精神体验和实践知识"[①]。如此一来，我们有关老庄知识论的分析就自然而然在境界论中走向了实践知识。

### 五、走向实践知识

通过前面的分析，我们已经可以清楚地看到，无论是对经验感觉还是对概念认知的批判，在根本上都源于老庄对知识"无知"或"不知"的强调。很显然，对于道家而言，"无知"或"不知"是其知识论中最明显的特点，而这种特点的呈现在根本上归因于道家本体论、知识论、功夫论和境界论的合一。正是在这种四论合一的思维结构中，道家的知识论才在本原上依托"道"的"虚""无"本体论，必然从理论认识走向关乎心性的实践体认，强调通过功夫论的体认达到实践层面的境界论。本书接下来的主要工作，就是要具体展现这个过程。为了达到这一目的，在本章的最后一小节，我们有必要清晰地展示道家是如何从理论知识走向实践知识的。我们将通过道家有关知识的三种不同分类来表明，道家超越经验感觉和概念认知，走向实践知识，这是一种必然。换个角度来说，我们对道家有关知识的认知最好放在一种实践体认的立场上，在这个意义上，深刻理解道家的实践智慧就是极为重要的。

从知识论的角度出发，任何知识的形成都有赖于认识主体和认识对象的相

---

① 郑开. 道家形而上学研究［M］. 北京：宗教文化出版社，2003：141.

互关系。就常识而言，我们都承认，认识起源于认知主体的感知，"感性知识是任何一种知识观念的逻辑起点"①。无论中国，还是西方，作为认识主体的人首先是因为感官与感官对象的接触才开启了人的认识，所以庄子讲"与接为构"（《庄子·齐物论》）。再之后，我们的精神思维才会进一步对感官接受的刺激进行加工，进入西方所谓的"知性"或"理性认识"阶段，或者中国所谓的"心知"阶段。因此，无论中西，人们对知识的认识一般都至少会区分感性认识和理性认识这两个不同的阶段，认为感官和感官对象之间存在着一种对应耦合的关系，而理性与理性对象之间存着一种对应耦合的关系。在西方，尤其是自近代笛卡尔以来，这种感性与理性的二分是探讨知识论的共同预设。同样，在中国古代，尤其是在先秦诸子处，这种感性与理性的二分也共同通过感官和"心知"的对比表现出来②，这也就是庄子强调"听之以耳"与"听之以心"的区别。道家知识论最不同的地方在于，除了强调一般的感官之知与"心知"之外，还有一个超越的"明神"之知。

正如郑开所言："从能、所或智、境相藕的角度看，感性知识诉诸感官，知性知识诉诸心，那么道家何以把握形而上学知识（即道的真理）？"③ 从前面的分析我们可以得知，无论是老子，还是庄子，他们都不认为经验的感性之知和理性的概念之知可以把握本源意义上的"道"，我们只有通过人作为"道"的具体表现来直接去体证"道"，因此，对"道"的认知需要我们既摒弃感性之知，也需要我们摒弃概念之知，直接以一种"无心"或"吾丧我"的心境去体悟。基于此，我们可以看到，道家知识论超越了一般的感性和理性的二分，而是区分出了三个层次。援引庄子解释心斋的话：

> 若一志。无听之以耳而听之以心，无听之以心而听之以气。听止于耳，心止于符。气也者，虚而待物者也。唯道集虚。虚者，心斋也。（《庄子·人间世》）

---

① 郑开. 道家形而上学研究［M］. 北京：宗教文化出版社，2003：101.

② 孟子把舌头对应于味觉，眼睛对应于视觉，耳朵对应于听觉，而将"心"的感知对应于"理"。所以孟子讲："口之于味也，有同耆焉；耳之于声也，有同听焉；目之于色也，有同美焉。至于心，独无所同然乎？心之所同然者何也？谓理也，义也。"（见《孟子·告子上》）荀子用目好色对应"见知"，耳好声对应"闻知"，而用"心"来解释统合感官的统摄功能，认为"心有征知"。所以荀子讲："心有征知。征知则缘耳而知声可也，缘目而知形可也，然而征知必将待天官之当簿其类然后可也。五官簿之而不知，心征知而无说，则人莫不然谓之不知。"（见《荀子·正名》）

③ 郑开. 道家形而上学研究［M］. 北京：宗教文化出版社，2003：166.

庄子区分的"听之以耳""听之以心"和"听之以气"其实体现了知识的三个层次。"听之以耳"指的是基于感官的感性之知,这种知识限制在感官之上;"听之以心"指的是基于心的概念之知,这种知识限制在"心知"之上;"听之以气"指的是基于"虚心"的"明神"之知,这种知识超越了经验的物和实在的理,真正达到了对"道"的体悟。因此,正如郑开所言,"道家知识理论隐含着这样一种知识分类,即把知识分为感性、知性和神明三个部分"①。很显然,"心斋"不再是一种基于认识主体对认识对象的具体认识,而是一种与"道"为一体的精神体验,是一种体悟的境界。与其说"心斋"是一种认识,不如说它是一种功夫,一种实践。在这里,我们可以看到,对于道家而言,真正的认识并不是物我二分的一般知识论,而是超越物我的道物无际,"'道的真理'并非'认识对象',而是依赖自身内在光照呈现自己,在这个意义上,我们说'道即神明'。'道即神明'意味着主客混冥的智慧状态和知识形式,而不依赖基于主客两分的对象性认知"②。

毫无疑问,道家的知识论在根本旨趣上并不在于通过认识主体对对象的认识,而在于通过对认识主体自身精神状态的把握体认蕴含真知的"道"。在这个意义上,与其说道家有一种对对象的认知,不如说道家有一种对人生在世的体悟。因此,与以自然对象为认知目标的科学理论知识不同,道家更在乎以人生在世为实践目标的人文实践精神。如果说科学理论知识的本质特质是主客二分,在于保持认知主体的中立性去认识客观的世界,便于获得有关世界知识的客观性,那么人文实践精神的本质特征在于认识主体与世界的关联,在于行动主体以什么样的行动融入其所生活的世界中,以便获得人与世界的某种精神价值和人生意义。在这个意义上,有关真理的认识不是有关主客体相符与否的真假符合论,而是有关人生在世价值的意义澄明理论。在这一点上,道家的真知与海德格尔的真理观具有相同的立场。

按照海德格尔的观点,西方传统的真理观无非表达了以下三个命题:"1. 真理的'处所'是命题(判断)。2. 真理的本质在于判断同它的对象的'符合'。3. 亚里士多德这位逻辑之父既把判断看成是真理的原始处所,又率先把真理定义为'符合'。"③但海德格尔认为这种把真理看作认识同它的对象相符合的真

---

① 郑开. 道家形而上学研究 [M]. 北京:宗教文化出版社,2003:167.
② 郑开. 道家形而上学研究 [M]. 北京:宗教文化出版社,2003:176.
③ 马丁·海德格尔. 存在与时间 [M]. 修订译本. 陈嘉映,王庆节,译. 北京:生活·读书·新知三联书店,2006:247.

理观是空洞的。在海德格尔看来，"一切符合都是关系。因而真理也是一种关系。但并非一切关系都是符合"①。当我们把真理看作一种认识时，我们就是在判断，也就是"把判断活动这种实在的心理过程和判断之所云这种观念上的内容加以区分。就后者而言可以说它是'真的'。……因此，是观念上的判断内容处于符合关系中。这种符合关系于是就涉及观念上的判断内容和判断所及的东西即实在事物之间的联系"②。海德格尔认为，正是因为这种联系导致了符合本身是实在还是观念的模糊不清，因此，传统的这种把实在和观念二分的符合论并不能真正地认识到真理。那么我们如何才能认识到真理呢？

海德格尔认为，虽然我们在判断实在和观念的符合关系时模糊不清，但"认识本身的存在方式的解释已经无法避免。为此所必须的分析同时也不得不试着把真理现象一道收入眼帘，因为真理现象被标画为认识的特征，而在认识的活动中，真理什么时候从现象上突出来？当认识证明自己为真认识时，自我证明保证了认识的真理性，从而符合关系就一定得在现象上同证明活动联系起来才映入眼帘"③。海德格尔认为，任何认识首先都要进行阐释，而"任何阐释，只要它主张：于仅仅表象着道出命题之际还有什么别的东西被意指着，那它就歪曲了命题说出的那种东西的现象实情。道出命题就是向着存在着的物本身的一种存在"④。所以，认识就是道出命题，"认识始终同存在者本身相关"⑤。在这个意义上，我们的认识只是证明了命题中曾指的东西就是存在者本身，证明涉及的既不是认识和对象的相符，也不是心理的东西和物理的东西的符合，当然也不是意识内容之间的符合，"证明涉及的只是存在者本身的被揭示的存在，只是那个'如何'被揭示的存在者"⑥。基于此，命题的真就在于存在者对自身的揭示，而根本不是认识和对象之间的符合关系。那么，这种命题的真如何在存在者自身中揭示出来呢？

---

① 马丁·海德格尔. 存在与时间 ［M］. 修订译本. 陈嘉映，王庆节，译. 北京：生活·读书·新知三联书店，2006：248.
② 马丁·海德格尔. 存在与时间 ［M］. 修订译本. 陈嘉映，王庆节，译. 北京：生活·读书·新知三联书店，2006：249.
③ 马丁·海德格尔. 存在与时间 ［M］. 修订译本. 陈嘉映，王庆节，译. 北京：生活·读书·新知三联书店，2006：250.
④ 马丁·海德格尔. 存在与时间 ［M］. 修订译本. 陈嘉映，王庆节，译. 北京：生活·读书·新知三联书店，2006：250.
⑤ 马丁·海德格尔. 存在与时间 ［M］. 修订译本. 陈嘉映，王庆节，译. 北京：生活·读书·新知三联书店，2006：251.
⑥ 马丁·海德格尔. 存在与时间 ［M］. 修订译本. 陈嘉映，王庆节，译. 北京：生活·读书·新知三联书店，2006：251.

海德格尔认为，在古希腊的传统里就可以找到答案。"λογοξ［说，逻各斯］这种αποφανσιξ［让人看］的'是真'乃是一种αποφαινεσθαι［揭示］方式的αληθευειν［真在］：把存在者从晦蔽状态中取出来而让人在其无蔽（揭示状态）中来看。"① 也就是说，真理就是"揭示状态和进行揭示的存在"②，真理就是"去蔽"。作为此在的人，因为是能够对存在发问的存在者而具有特殊的优先性，正是在这个意义上，有关真理的问题总是通过作为此在的人对自己的生存发问而被揭示出来。通过此在的发问，无蔽的揭示活动本身的生存论、存在论基础凸显出来，无蔽就是去蔽，无蔽就是让存在如其所是地自我呈现出来，就是有所敞开的澄明。正是在去蔽中，在澄明中，存在者才得以"显示"自身，去蔽或澄明构成了存在者显示自身的基础。

很显然，道家与海德格尔的思想旨趣殊途同归，都在知识论的问题上从对象性的认识走向了人生意义的实践体悟。和海德格尔一样，道家明确拒绝有关真理的符合论，拒绝认识和对象的二分思维，或者说拒斥主客二分的思维，而主张有关真理的意义理论。如果说海德格尔是通过实在和观念符合关系的模糊不清拒绝符合论，那么道家就是通过感性认识和经验认识的局限性与相对性来拒斥符合论。在拒斥符合论的基础上，与海德格尔主张"无蔽"和"澄明"异曲同工，道家主张"无知"和"明神"。"无蔽"从作为此在的人的角度而言，是其在发问过程中对自己在世存在的揭示、解蔽；"无蔽"也可以从更为本原的本质真理的角度来说，就是让存在如其所是地自我呈现，也就是"澄明"，而作为此在的人只是存在一种特殊的表现形式。与"无蔽"相似，"无知"从人的角度而言，就是为了体证"道"而超越经验感知和概念认知；"无知"从更为本原的"道"的角度而言，就是"绝圣弃智"和"去知"来顺应形而上的自然之道，虚心明神与自然为一，体悟事物自然而然的样子。因此，尽管海德格尔并没有明确地表明他谈论的是相关于人事的伦理学，但当他通过此在"在—世界—之中—存在"中谈论有关真理的认知时，其实和道家基于人与自然的天人合一谈论人生一样，都可以认为是在实践的意义上谈论一种人生境。由此可知，无论海德格尔，还是道家，他们有关知识论的理论探讨其实都是一种有关人生价值的实践知识。

如果说道家的知识论最终走向了实践知识，那么这种实践知识是什么呢？

① 马丁·海德格尔. 存在与时间［M］. 修订译本. 陈嘉映，王庆节，译. 北京：生活·读书·新知三联书店，2006：252.

② 马丁·海德格尔. 存在与时间［M］. 修订译本. 陈嘉映，王庆节，译. 北京：生活·读书·新知三联书店，2006：253.

通过前面的分析，我们已经得知，这种实践知识是有关"道"的"神明"之知，不过，这种"神明"之知完全不同于经验感官之知和概念理性之知。正如郑开所言："我们并不能简单地借用能、所这样的概念说明'神明'和'道'，就像说明感觉和理性那样；确切地说，'神明'认识对象不是'道'，也不是别的什么，因为它根本就没有对象，它认识的就是自己本身，就是道本身，一言以蔽之，'道'即'神明'，'神明'即'道'。"① 这种"神明"之知不是基于认识主体和认识对象之间相符与否的感官认知或理性认知，而是一种具有自反性特征的内在精神体验。在这一点上，老子说"反者道之动"（《老子·第四十章》），"道""独立而不改，周行而不殆"（《老子·第二十五章》）真切体现了"神明"之知的这种特点。基于此，我们可以说，"神明"之知就是对道的体悟。它并没有所谓的"认识对象"，而是以自身为对象，是一种"舍诸物而反诸己"的实践修养功夫。

那么，这种体悟"道"的"神明"之知能够成为普遍且可传达的知识吗？毫无疑问，在道家的话语体系中，这是不成问题的。因为在道家看来，"道"总是会通过具体的"德"呈现出来，所以老子讲"道生之，德畜之，物形之，势成之"（《老子·第五十一章》），而《庄子》也讲"物得之以生谓之德"，"性修反德，德至同于初"（《庄子·天地》），很显然，这种"德"也就是秉承"道"而来的普遍之理。正如我们前面已经分析过的，"德"表现在人身上也就是"性"。在这个意义上，郑开说："人可以通过'性'（即心性）的修养返回本源的德、原初的道，达到与天地为合（即与天地合德）的'玄德'境界。既然'神明'依于性、寓于德，那么，'道即神明'的自反性照知表明了德固有一种自反性的'能知'，即德可以通过反求诸己来体证道的真理，获得体验性的形而上学的知识；我们恰如其分地称之为'自明知识'。"② 因此，人是可以通过"神明"来获得普遍的"神明"之知的。只是这种"神明"之知不是通过有关认识主体和认识对象的相符与否的理论去进行的经验感知或理性概念认知，而是要通过实践智慧去体证悟"道"的行知。

事实上，不只在道家的话语体系中，在西方哲学的源头上，也有关于通过实践修养去体证"真知"的观点。在《尼各马可伦理学》中，亚里士多德告诉我们："我们假定灵魂肯定和否定真的方式在数目上是五种，即技艺、科学、明

---

① 郑开. 道家形而上学研究［M］. 北京：宗教文化出版社，2003：161.
② 郑开. 道家形而上学研究［M］. 北京：宗教文化出版社，2003：170.

智，智慧和努斯。"① 在其中，技艺考虑具有可变性质的制作事务；科学考察不变的事务；明智考虑具体可变的实践事务，也就是实践智慧；智慧则是努斯与科学的结合，不仅属人，而且是关于永恒事物的；努斯则是对不变始点的求真。在这里，我们只关注作为实践智慧的明智，李义天解读说："在最基础的意义上，'实践智慧'是行动者实践理性的一种特殊的表现形式或呈现状态，它只与人的活动相关，而与那些永恒不变的自然事物或神圣事物无关。更具体地说，它只与人类活动中的实践事务相关，而与人类活动中的制作事务无关。"② 正是因为实践智慧只与人的实践事务相关，所以实践智慧更多地在于面对多样变动的实践生活随机应变地处理具体的实践情境，呈现一种目的论式的实践推理。然而，我们需要特别注意的是，亚里士多德认为实践智慧是有美德之人通过实践获得的知识。这种知识并不是认识主体和认识对象相符合的知识，而是行动者通过实践而实现的德性。亚里士多德在定义德性时说道："人的活动是灵魂的一种合乎逻各斯的实现活动与实践。"③ 在这个意义上，体现实践智慧的人的实践活动其实意味着知识和德性的统一，所以苏格拉底才说，"德性即知识"。

尽管亚里士多德在《尼各马可伦理学》中更多地强调实践智慧一种实践能力在日常生活中的实践推理，但是从他终究把实践活动和灵魂与逻各斯放在一起可以看出，德性仍具有某种超越维度，这在亚里士多德早期作品中还是比较明显的。按照耶格尔的看法，在亚里士多德早期作品《劝勉篇》中，实践智慧"被解释为通过灵魂内在的直觉进行的对纯粹的善的创造性的理解，同时也作为对纯粹存在的理解，也作为从灵魂的同一个基本能力中产生的有价值的活动和真正的知识"④。在这个意义上，实践智慧不但是真正的知识，而且也是一种纯粹的理论知识。不过，我们需要注意的是，按照古希腊的理念，理论知识并不是近代以来的对外在确定对象的理论认知，而恰恰是有关灵魂或心灵本身的认识。哈多解读说，理论（theoria）是"一种完全献身于心灵活动的生活"⑤。这恰恰意味着原初的理论概念首先是一种知行合一的生活方式，是一种带有神性的生活方式。这也就是亚里士多德认为沉思的生活方式是最幸福生活方式的原

① 亚里士多德. 尼各马可伦理学 [M]. 廖申白，译注. 北京：商务印书馆，2003：169.
② 李义天. 美德之心 [M]. 北京：商务印书馆，2021：82.
③ 亚里士多德. 尼各马可伦理学 [M]. 廖申白，译注. 北京：商务印书馆，2003：20.
④ 维尔纳·耶格尔. 亚里士多德：发展史纲要 [M]. 朱清华，译. 北京：人民出版社，2013：66-67.
⑤ HADOT P. What is Ancient Philosophy [M]. Translated by Michael Chase. Massachusetts：Harvard University Press，2004：78.

因，这也是柏拉图认为真正的德性其实是一种净化，而实践智慧则是净化工具的原因①。正是基于此，原初的理论概念恰恰是一种实践，"因为自身的原因而渴求知识，而不追求任何其他特殊的，可能异于知识的以自我为中心的利益"②。很显然，这种把理论看作一种生活的实践活动，正是老子所谓的反求诸己的"神明"之知。如果说这种理论生活在古希腊那里更多的是指一种神性生活的话，那么在道家这里则是把这种神性生活通过天人合一的思想表现为一种"神明来舍"的内在精神。在这个意义上，就实践智慧的超越维度而言，无论在古希腊，还是在道家，它们都保留或者说反映了一种神性的维度。正是因为超越性的实践智慧具有神性维度，所以"虚心明神"的道家修养功夫才不是一种主客体相符与否的一般认识论，而是一种只能借助内在精神体验才能达到的人生境界，一般的知识论才会必然迈向有关人生意义和价值的道德哲学。

---

① 柏拉图. 柏拉图全集：第 1 卷 ［M］. 王晓朝，译. 北京：人民出版社，2002：67.
② HADOT P. What is Ancient Philosophy ［M］. Translated by Michael Chase. Massachusetts：Harvard University Press, 2004：81.

第五章

# 道家道德话语与自然人性论

自从清末民初中西文化全方位碰撞以来，如何在世界文化丛林中定位中国文化就成了一个迫切需要解决的问题。尽管不同的思想家对此有不同的看法，但是当时的中国学人对中国文化的基本定位是，中国文化最突出的特点是在人生哲学问题上的丰富性。梁漱溟讲，相比于西方文化和印度文化，中国文化最大的特点在于人生哲学"最盛且微妙，与其形而上学相连，占中国哲学之全部"①。在人生哲学中，人性论无疑占据重要的位置。徐复观说："人性论不仅是作为一种思想，而居于中国哲学思想史中的主干地位，并且也是中华民族精神形成的原理、动力。要通过历史文化以了解中华民族之所以为中华民族，这是一个起点，也是一个终点。"② 人性论的思想在中国思想中占据着中国人文精神核心的位置。中国人性论思想是中国文化从宗教走向人文的反省。如果说中国文化是人文精神的文化，那么最重要的就是先秦时期发展了以人自身为核心的丰富人性论思想，正是中国人性论思想的发展，奠定了中国文化强调人文精神的特点。

然而，我们需要注意的是，中国人性论思想并不是一个简单谈论人性如何的思想。按照徐复观的看法，"人性论是以命（道）、性（德）、心、情、才（材）等名词所代表的观念、思想，为其内容的"③。尤其是在先秦时期，人性论"是由自己的功夫所把握到的，在自身生命之内的某种最根源的作用。……这种作用，从概念上分界地说，可称为命（道）、性（德）、心、情、才；概括地说，可只称之为性，或心。此种作用，用语言、文字，陈述出来，便成为一种思想。但就开创者及其影响所及者而言，则非仅止于是普通所谓之思想；而系对于一个人在其精神的形成中，成为一种原理与内发的动力或要求。……人的精神，会渗透于人的活动所关涉的各方面；所以他们的人性论，也会影响他们的一切思想、活动"④。这就是说，人性论思想在根本上是关于人内在精神活

---

① 梁漱溟. 东西文化及其哲学［M］. 上海：上海人民出版社，2006：56-68.

② 徐复观. 中国人性论史：先秦篇［M］. 上海：上海三联书店，2001：2.

③ 徐复观. 中国人性论史：先秦篇［M］. 上海：上海三联书店，2001：2.

④ 徐复观. 中国人性论史：先秦篇［M］. 上海：上海三联书店，2001：408-409.

动的总称。现在，我们来具体分析道家的这种有关内在精神活动的人性论思想。

## 一、道家人性论的界定

我们已经清楚地知道，中国哲学最突出的特点就是有关于人生哲学的精妙论述，而先秦人性论更是在其中扮演着核心角色。那么毫无疑问，道家哲学作为中国哲学最重要的思想流派之一，显然也具有实质性的人性论思想。无论是在《老子》一书中，还是在《庄子》内篇上，"性"字并没有直接出现。不过，《庄子》外、杂篇却是有关于"性"的直接论述，而且按照钱穆的看法，"杂篇义多近庄，外篇义多近老"①。这意味着我们可以通过分析《庄子》外、杂篇有关"性"的讨论来整体地了解道家有关"性"的思想。因此，对道家人性论思想的分析，我们首先可以直接考察《庄子》外、杂篇中有关"性"的思想。通过分析，我们会发现，道家有关"性"的分析其实与道家有关命、道、德、心、情、才等概念的分析是割离不开的，它们一起充实着道家人性论思想。

按照钱穆的分析，"《庄子》外杂诸篇言性，重要者，大率不出如上举。其间有会通之于儒义而言者，如《庚桑楚》《则阳》《达生》之所说是也。有演绎发挥老子之说而立论者，如《天地》《缮性》两篇之所言是也。其他外篇言性诸条，则又大率是《天地》《缮性》两篇之旨耳"②。我们现在参照钱穆的分析对这些文本进行分析。

在《庚桑楚》中有两处写到"性"，第一处云：

> 女亡人哉，惘惘乎！汝欲反汝性情而无由入，可怜哉！

成玄英对此注疏云："荣趎践于圣迹，溺于仁义，纵欲还原反本，复归于实(生)〔性〕真情。"③ 这里描述的是老聃和南荣趎在谈论养生之道时前者对后者的评价，老聃认为南荣趎在思考智慧、仁爱和信义时失神而又迷惘，认为他想返归真情与本性，却找不到路，实在是可怜。在这里，"性"自是本性的意思，颇有告子"生之谓性"的意思。

《庚桑楚》第二处云：

---

① 钱穆．庄老通辨［M］．北京：生活·读书·新知 三联书店，2002：255.
② 钱穆．庄老通辨［M］．北京：生活·读书·新知 三联书店，2002：262-263.
③ 郭庆藩．庄子校释（新编诸子集成）［M］．王孝鱼，点校．北京：中华书局，1961：782.

> 道者，德之钦也；生者，德之光也；性者，生之质也。性之动，谓之
> 为；为之伪，谓之失。

在这里，"性"被认为是天生的资质、本质。成玄英注疏云："质，本也。自然之性者，是禀生之本也。"① 而且，"性"和"道""德"是联系起来一起说的。天生的东西就是"德"，"德"其实是"道"的具体陈列，这和老子谈论的"道生之，德蓄之"的观点是一致的。也就是说，人性作为天生的资质其实是得自自然大道。在这个意义上，本性是按照本性自然而然而动的，而非人为的，这和老子的"无为"也是一脉相承的。郭象注："以性自动，故称为耳；此乃真为，非有为也。"② 成玄英疏云："率性而动，分内而为，为而无为，非有为也。"③ 在钱穆看来，《庄子》这里谈论的"性"和《中庸》里面谈论的"天命之谓性"是一样的，都把"性"看作来自天的"德"，认为天地之大德就是那个"性"。区别在于，道家强调"性"落于人身上应该无为而自然，而儒家则认为应该人为而诚，上达于天。

我们再来看《则阳》中有关"性"的描写：

> 圣人达绸缪，周尽一体矣，而不知其然，性也。复命摇作而以天为师，人则从而命之也。忧乎知，而所行恒无几时，其有止也，若之何！生而美者，人与之鉴，不告则不知其美于人也。若知之，若不知之，若闻之，若不闻之，其可喜也终无已，人之好之亦无已，性也。圣人之爱人也，人与之名，不告则不知其爱人也，若知之，若不知之，若闻之，若不闻之，其爱人也终无已，人之安之亦无已，性也。

这里区别了圣人和常人的性，认为"每个人的性天生有别，不一而同"④。圣人通达奥妙，透彻地了解万物浑然一体的状态，却不知道为什么会是这样，这完全是其本性。复归本命动静皆依乎自然，与之不同，常人的本性则是从而信之，

---

① 郭庆藩．庄子校释（新编诸子集成）［M］．王孝鱼，点校．北京：中华书局，1961：811.

② 郭庆藩．庄子校释（新编诸子集成）［M］．王孝鱼，点校．北京：中华书局，1961：811.

③ 郭庆藩．庄子校释（新编诸子集成）［M］．王孝鱼，点校．北京：中华书局，1961：811.

④ 章启群．渊默而雷声：《庄子》的哲学论证［M］．北京：商务印书馆，2019：217.

既为认知所忧愁，又不断认知而不能停止。以天生美貌者的认知和圣人具有的仁爱为例，美貌与否、仁爱与否其实都把别人当作镜子，如果没人谈论，也就不会说美貌者美于人、圣人仁爱他人。但只要谈论，无论知不知道美貌、仁爱，或是听没听到美貌、仁爱，对美貌的欣喜、圣人仁爱他人就没有终止，而人们对美貌的喜好、他人对圣人仁爱的心安理得也就不会终止。因为这些都是人的本性。这里我们可以看到，虽然圣人和常人具有不一样的本性，但他们的本性都是自然的。钱穆认为这里的圣人常人之辨与儒家谈论人性具有相似性，他说："此即孟子行仁义与由仁义行之辨也。故圣人之仁，圣人之爱人，乃本出于圣人之性，于是人之受其爱者亦安之。……《中庸》言性，特举诚字，悠久字，不息不已字，正与《则阳》篇此条持论相通。"①

在《则阳》另外一处，《庄子》写道：

> 今人之治其形，理其心，多有似封人之所谓：遁其天，离其性，灭其情，亡其神，以众为。故卤莽其性者，欲恶之孽，为性萑苇蒹葭，始萌以扶吾形，寻擢吾性。

这里是庄子对世人的评价，认为当世之人在修养心性时逃遁了天命，疏离了本性，灭绝了真情，丧失了精神，流俗于大众。成玄英疏云："逃离自然之理，散淳和之性，灭真实之情，失养神之道者，皆以徇逐分外，多滞有为故也。"② 这些都是在本性上粗鲁不用心的，以喜好厌恶之情伤害本性的，就如同芦苇对庄稼的危害一样，在蒹葭初生时，在表面上扶苗同长，但实际上却是以表面的形扶拔擢了本性，伤了内在的神气。很显然，这里的"性"更多的是强调来自自然的好的本性，或者说自然的本性就是好的，这与儒家的思想是契合的。钱穆说："此即孟子所谓牛山之木尝美矣，苟得其养，无物不长，苟失其养，无物不消也。故《中庸》有未发之中及发而中节为和之说，《乐记》有物交物则好恶无节而天理灭之说，《易系》有成性存存，道义之门之说。"③

在《庄子》杂篇中，除了《庚桑楚》和《则阳》之外，另外还有两处有关"性"的论述出现在《徐无鬼》中，其说如下：

① 钱穆. 庄老通辨［M］. 北京：生活·读书·新知 三联书店，2002：257.
② 郭庆藩. 庄子校释（新编诸子集成）［M］. 王孝鱼，点校. 北京：中华书局，1961：899.
③ 钱穆. 庄老通辨［M］. 北京：生活·读书·新知 三联书店，2002：257-258.

君将盈耆欲，长好恶，则性命之情病矣。

驰其形性，潜之万物，终身不反。

很显然，第一句中的"性"指的是禀受自然而来的真性，与嗜好和欲望、好恶之情相对立。第二句中的"性"虽然指的也是禀受自然而来的心性，却是一般中性的表达。

总结《庄子》杂篇中有关"性"的思想，我们可以看到：其一，"性"最根本的特征指的是禀受自然或者"道"而来的本性；其二，这种本性可以通过包括人在内的万事万物表现出来；其三，这些具体的表现既有可能被看作具有好的价值属性，也有可能被看作具有坏的价值属性。

不过，《庄子》中谈论"性"最多的，还是在外篇中，我们现在进一步通过外篇中有关"性"的思想来揭示《庄子》人性论思想的全貌。因为外篇谈及"性"的地方有数十处，我们只选择具有代表性的几处来谈。我们先按照前引钱穆的话来看《达生》中如何谈"性"。《达生》中云：

则物之造乎不形而止乎无所化，夫得是而穷之者，物焉得而止焉！彼将处乎不淫之度，而藏乎无端之纪，游乎万物之所终始，一其性，养其气，合其德，以通乎物之所造。

这里是在描述至人时给出的观点。至人是能够认识到物是由无形之"道"创生出来又复归于虚静无为之道体的人。得此万物生化之理而又能穷尽之人将不会被世俗之物限定。他能够处在无过无不及的恰到好处的限度中，而又冥合于循环无穷推陈出新之大"道"纲纪中，逍遥于万物之终始。能够这样做的根本原因就在于至人能够专一持守他的本性，存养他的精神，合于天道之德性，所以至人能与创生万物的自然之"道"相通。很显然，"性"在这里是自然之本性，但又是那种具有形而上之善的真性。

《达生》中另一处又说：

孔子观于吕梁，悬水三十仞，流沫四十里，……见一丈夫游之……问蹈水有道乎？曰："亡，吾无道。吾始乎故，长乎性，成乎命。……从水之道而不为私焉。此吾所以蹈之也。"……"吾生于陵而安于陵，故也；长于水而安于水，性也；不知吾所以然而然，命也。"

这里孔子与善泳者谈到了"性"的问题。这里的"性"是相对于"从水之道"而谈的。很显然，这里的善泳者达到了老庄所说的圣人境界，因为他"无知"，既不知道自己游泳有道，也不知道自己怎么就会游的。就他自己的体悟而言，他游泳开始于故然，生长于本性，成全于天命。这里的故然指的是生于陵地就安于陵地的状态，本性指的是生长于水边就安心于水边的状态，而天命指的是不知道为什么这样做但自然而然的状态。在这里，就圣人境界来谈论性，而谈论的，"性"就是自然的本真之性，因此，本性就是故然，也就是自然。这和老子认为的"道法自然"是一致的。

很有意思的是，钱穆认为《庄子》这里谈论的"性""故"与《孟子·离娄》谈论"性"和"故"的关系是一致的。按照钱穆的看法，孟子其实区分了不同层面的"性"。在一般人的层面，"性"就是"故"，指的是后天的习性；在圣人层面，"性无有不善"，就像"水无有不下"，"性"在这个意义上也是形而上之善的真性①。不过，在我看来，儒家强调人为的功夫和道家强调无为的功夫还是有本质区别的。毕竟，孟子强调的是通过人事"尽性可以知天"，而《庄子》强调的是"不知吾所以然而然"。

为了突出道家有失"性"的这种自然而然的观点，我们可以再看《天地》篇。《天地》篇中有言曰：

> 泰初有无，无有无名。一之所起，有一而未形。物得以生谓之德；未形者有分，且然无间谓之命；留动而生物，物成生理谓之形；形体保神，各有仪则谓之性；性修反德，德至同于初。同乃虚，虚乃大。合喙鸣。喙鸣合，与天地为合。其合缗缗，若愚若昏，是谓玄德，同乎大顺。

宇宙最初的那个"无"不能进行任何的命名与言说。这个"无"在开始创生时其实是没有形态的，只是一个混沌的"一"，这个"一"其实就是"道"。万物得"道"而生就是"德"，"德"也还没有具体的形质。不过，它已经在浑然一体的状态中有了分际，分际的东西都是秉承"道"而有所得的，这个"德"就是"道"自然而然的"德"，也就是"命"。道在流动的过程中开始生成万物，物产生之后就具有了生理形态，这就是形体。形体通过具体的质料保守精神，有各自的法则，这就是"性"。"性"是与生俱来的东西，加强"性"的修养就可以返归自然之"德"，自然之"德"混同于宇宙开始唯一的"道"。混同宇宙

---

① 钱穆. 庄老通辨［M］. 北京：生活·读书·新知三联书店，2002：258-260.

开始也就是归于虚静，虚静才能广大而包罗万象。这种境界就像鸟嘴鸣叫一样，是与天地相合的。这种相合浑然无际，好像愚迷，又好像昏聩，是玄妙的"德"之至，也就是顺同宇宙开始唯一的"道"。

从上述文字可以看出，《庄子》和老子的思想如出一辙，都认为宇宙开始是无名的"无"，是勉强命名的"道"，是"道""德"生养了天地万物。唯一不同的是，《庄子》这里进一步用"性"来具体表述了"德"，"德""性"连言，毫无疑问，这里的观点再次强有力地表明，在道家那里，"性"即"德"，是秉承自然之"道"而与生俱来的东西。因此，人之性命是自然大道赋予的，人性的根本就是"道"之生德。这一点，在《知北游》中被更为透彻地表现了出来：

> 舜问乎丞："道可得而有乎？"曰："汝身非汝有也，汝何得有夫道！"舜曰："吾身非吾有也，孰有之哉？"曰："是天地之委形也；生非汝有，是天地之委和也；性命非汝有，是天地之委顺也；子孙非汝有，是天地之委蜕也。故行不知所往，处不知所持，食不知所味。天地之强阳气也，又胡可得而有邪！"

在舜向丞请教关于"道"如何获得时，丞明确表明，天地赋予人以身形，无论是人的出生、性命还是子孙繁衍，都是天地赋予的，甚至人的行住食味，都是天地自然的气动。

事实上，正如钱穆所言，"外篇义多近老"①。比如，在外篇《缮性》篇中这样谈论"性"：

> 缮性于俗学，以求复其初……谓之蔽蒙之民。古之治道者，……知与恬交相养，而和理出其性。……彼正而蒙己德，德则不冒，冒则物必失其性也。……德又下衰，及唐虞始为天下，兴治化之流，浇淳散朴，离道以善，险德以行，然后去性而从于心。心与心识，知而不足以定天下，然后附之以文，益之以博。文灭质，博溺心，然后民始惑乱，无以反其性情而复其初。……古之行身者，不以辩饰知，不以知穷天下，不以知穷德，危然处其所而反其性，己又何为哉！……丧己于物、失性于俗者，谓之倒置之民。

---

① 钱穆. 庄老通辨［M］. 北京：生活·读书·新知三联书店，2002：255.

按照钱穆的看法,《庄子》在这里谈论的养性与儒家是相对的,他概括为以下四个方面:"一则分心与性而对说之,以性属天,以心属人。……二则蔑文与博,此乃老子绝学无忧之旨尔。……三则主反本复初。……四则鄙薄治化,谓其浇淳散朴,是亦主张反本复初之说之引申所必至也。"① 很显然,这里谈论如何涵养本性的观点与老子的思想是一脉相承的,强调"性"是道之自然本性,具有形而上之善。因此,涵养本性主要是要顺应自然本性,无为、无知才是顺应自然,反本复初。

正如钱穆认为的,不仅在《缮性》篇中,而且在外篇中其他很多地方有关"性"的表述都和老子有关"道""德"的观点十分相似。比如,《骈拇》的主旨就是宣扬人的行动当合于自然,顺人情之常,在这个意义上,"性"自然指的是"道"之自然本性。所以,《庄子》讲:"彼正正者,不失其性命之情","吾所谓臧者,非所谓仁义之谓也,任其性命之情而已矣"。比如,《马蹄》的主旨在于抨击政治权力所造成的灾害,并描绘自然放任生活之适性,强调人的真性。同样,"性"字在这里面也指的是道之自然本性、素朴本性。所以,《庄子》讲:"同乎无知,其德不离;同乎无欲,是谓素朴。素朴而民性得矣。"同样,《胠箧》中说的"莫不失其性",《在宥》中说的"无为也而后安其性命之情",《天道》中说的"夫子乱人之性也",《天运》中说的"莫得安其性命之情者",等等,莫不是在老子道之自然本性上谈论"性"的。

通过《庄子》外、杂篇有关"性"的直接文本的分析,我们可以概括出《庄子》有关"性"的思想的几个特点。第一,"性"在根本上是一个形而上的概念,意味着秉承"道"而"德"的本来样子。第二,"性"从形而上落实到具体的物,虽然有着共同的形而上的"道"的来源,但是因为不同的形质而各有差别。第三,"性"落在人性上,意指人性是天生的。第四,人性虽然是天生的,但各有差别,所以存在着圣人之性和常人之性、真性和伪性的区别。第五,因为人性必须关联于形而上之"道"和形而下之"物",所以人性总是和命、道、德、心、情、才等概念一起呈现出来。第六,道家人性论因为在根本上紧密关联形而上的本体论,所以他们总体的基调是强调"道"之"无为"的自然本性,这区别于儒家、墨家等通过人为塑造人性。

---

① 钱穆.庄老通辨 [M].北京:生活·读书·新知三联书店,2002:262.

## 二、"自然"的概念

因为我们已经指出，道家的人性论思想在根本上关联道家形而上的本体论，所以我们对道家人性论的本质把握有赖于对道家形而上的本体论核心的把握。有关道家本体论的思想，我们已经在前面的分析中明确指出，现在我们分析"自然"。概又因为"自然"与儒墨等"人为"观念相对，道家的人性论思想一般又被称为"自然人性论"。然而，吊诡的是，在老庄文本中，"自然"一词其实并不多见。《老子》一书中只有五处；而《庄子》一书中也只有七处，其中内篇有两处，外、杂篇有五处。因此，我们用自然人性论来概括道家人性论，就有必要对"自然"概念进行进一步说明，如若不然，就存在概括偏颇之嫌。当然，在中国思想史上，后人有诸多有关老庄的注疏解释，这在很大程度上支持了我们对道家人性论是自然人性论观点的说明。我们将在下面予以呈现。

鉴于中国哲学传统是一种诠释传统，后续的诠释无法在既有框架上为"自然"提供充分说明，我们可以借助西方文化中的相关思想来增进理解，理由有三。其一，从文化类型上来说，西方文化和中国文化同是本源性的文化。本源文化之间具有互参性。其二，西方文化有关"自然"的说明在其文化长河中一直占据一个重要的地位，在其文化发展的历史上一直扮演着重要角色。其三，西方文化中的"自然"概念与"本性"概念是一致的，这从"本性"和"自然"同属一个词（希腊文 Φυσις、拉丁文 Natura、英语 Nature、德语 Natur、法语 Nature）中就可以看出。如果说道家把人的本性看作是自然的，那么，西方文化中"本性"和"自然"同词就对我们理解道家"自然"与"人性"的关系提供了重要参考价值。因此，在这里，我们首先可以对西方文化中有关"自然"的观点做一番本源性的探讨。

柯林武德说："在我们［拥有的］希腊文献的更早期文本中，Φυσις 总是被我们认为是英语单词'Nature'之原始含义的含义。它总是意味着某种在一件事物之内或非常密切地属于它，作为其行动之根源的东西。这是它在早期希腊作者们那里的唯一含义，并且是贯穿整个希腊文献史的标准含义。"① 这就是说，在西方文明的源头希腊文明中，"自然"一词最根本的意思是一个东西的本质和本性。基于这个核心思想，亚里士多德在《形而上学》第五卷第四章比较系统地总结了这个概念在希腊传统中的内涵。它主要包括以下六种含义：（1）生长物的生长；（2）生长物的种子；（3）自然物的运动根源；（4）质料；

---

① 柯林武德. 自然的观念［M］. 吴国盛，译. 北京：北京大学出版社，2006：53.

（5）自然物的本质；（6）任何事物的本质①。虽然这些含义会有一些具体的差别，但正如吴国盛所言，从本质上看，"physis（"自然"）一词的基本用法是事物的本性、本质、本原，是事物之所以如此这般的内在原因，而不是指自然物或作为自然物的集合的自然界"②。进而，吴国盛认为，亚里士多德对"自然"的概括完成并定型了古希腊文化中有关自然相互联系的两个方面："第一，把'自然'理解成'本质'（前述第六种含义），并以追问'本质'作为把握存在者之存在的基本方式，从而确定了西方思想的基本走向；第二，一个被称为'自然物'的存在者领域被划定出来，'自然'从而被规定成'自然物'的本质（前述第五种含义）。"③ 吴国盛把亚里士多德有关"自然"的概括称为"自然的发现"。

对于古希腊人而言，以"本质"（"本性"）的方式去理解"自然"是再自然不过的事情，柯林武德就说："在爱奥尼亚哲学家那里，physis……总是指内在于这些事物之中、使得它们像它们所表现的那样表现的某种东西。"④ 在这里，"本性"就是使得一个东西之为那个东西的"根据"，是事物之所以存在或可理解的根据。在这个意义上，老子所说的"道法自然"（《老子·第二十五章》）讲的就是"道"作为一切事物的根据。

然而，按照吴国盛的解读，在西方哲学发展的历史过程中，作为存在根据的"自然"在人们试图去追问和认识它的过程中发生了跌落。按照他对古希腊哲学的解读，人们要理解事物存在的"根据"就需要通过语言去追问。在追问的过程中，古希腊哲学的"自然"概念发生了跌落。原因在于，寻找"根据"的思想方式建立在古希腊人两个相悖的直觉之上："一是'一切皆变、无物常住'……即存在者通常首先是处在变化和运动之中的。……二是'存在者存在，不存在者不存在'，……表达了对表象世界运动和变化的不信任，而要求把握那不变化的东西。"存在的"根据"要么在变化和运动的东西中进行把握，要么在不变化的东西中进行把握。正如庄子对我们的认识持有的相对主义观点，海德格尔告诉我们，人们无论持有哪种观点，如果不首先包含一种对存在者整体的解释，即从内在的角度来看待存在者整体，我们就不可能真正地把握存在的本质，也就不可能把握"自然"作为"本质"的观点。因此，对海德格尔而言，

---

① 亚里士多德. 形而上学 [M]. 苗力田，译. 北京：中国人民大学出版社，2003：88-89.
② 吴国盛. 自然的发现 [J]. 北京大学学报（哲学社会科学版），2008（2）：58.
③ 吴国盛. 自然的发现 [J]. 北京大学学报（哲学社会科学版），2008（2）：58.
④ 柯林武德. 自然的观念 [M]. 吴国盛，译. 北京：北京大学出版社，2006：53-54.

当亚里士多德把"自然"理解为"本质"时,"自然"就已经从其作为存在者整体的在先领悟中跌落了。

"自然"跌落为"本质"只是"自然的发现"的一个方面,"自然的发现"的另一个方面是自然物作为一个领域的划定。在这个划定的过程中,"'自然'不再是一切存在者的本质,而只是'自然物'这种特殊存在者的本质"①。在亚里士多德那里,他很明确地区分了"自然物"和"制作物","凡存在的事物有的是由于自然而存在,有的则是由于别的原因而存在。'由于自然'而存在的有动物各部分、植物,还有简单的物体(土、火、气、水),因为这些事物以及诸如此类的事物,我们说它们的存在是由于自然的。所有上述事物都明显地和那些不是自然构成的事物有分别"②。很显然,与"自然物"相对的就是人工"制作物"。"自然物"的本质是内在的,来自自然的生长;"制作物"的本质则是外在的,来自人工的技艺。正是在"自然物"与人工"制作物"的比较中,"自然"再次跌落在特定的"自然物"领域,成了与人工"制作物"相对的"自然界",不但失去了内在性,而且失去了作为普遍根据的特征。

由上我们可以看到,古希腊的"自然"概念在发展过程中,从自然生长的内在存在领悟跌落为事物存在的根据,又跌落为失去根据的自然物。在自然生长的存在领悟中,"自然作为存在的自行运作、自行生长,揭示了一个本质上内在性的领域。……'自然的发现'的意义首先并不在于开辟了一个被称为"自然"的事物领域,而在于指定了一个学术发展的方向,即对于内在性的探求"③。然而,在对事物存在根据的追问中,内在性转化成了根据,"作为'自然物'之根据的'自然'并不一定就是'自然物'"④,这就导致"自然物"被逐出内在性的领域,"'自然物'就不再是一个自主生长、自行运作的内在性领域了"⑤。"自然"跌落在一个包含"自然物"的特定领域,成了经验感觉的质料。真正的根据从"自然物"转移到了人内在精神的理念世界,超越的形式世界开始出现,成了感性"自然物"的根据。"自然"经历了从内在性,到根据,再到自然物的跌落。那么,古希腊有关"自然"的理解可以为我们理解道家的自然人性论提供怎样的帮助呢?

吴国盛认为,在古代汉语中,"自然"并不是一个独立的词,"'自'作

---

① 吴国盛. 自然的发现 [J]. 北京大学学报(哲学社会科学版),2008(2): 60-61.
② 亚里士多德. 物理学 [M]. 张竹明,译. 北京:商务印书馆,1982: 43.
③ 吴国盛. 自然的发现 [J]. 北京大学学报(哲学社会科学版),2008(2): 62.
④ 吴国盛. 自然的发现 [J]. 北京大学学报(哲学社会科学版),2008(2): 62.
⑤ 吴国盛. 自然的发现 [J]. 北京大学学报(哲学社会科学版),2008(2): 62.

'自己','然'作'样子''如此','自然'二词并列,意思是'自己如此'。作为动词,意思是'成为自己目前的样子',其反义词是'使然'。作为名词,意思是'自己''自己的样子'"①。毫无疑问,这种观点符合中国古汉语的解读原则。然而,吴国盛就此认为在中国古代没有能够以追究"本性""本质""根据"的方式对存在者的存在进行把握的发现,也没能开辟出一个特定的被称为"自然界"(自然物的世界)的存在者领域,这是正确的吗?为此,我们需要回到中国文化的传统当中去进行分析。

《老子》一书,"自然"出现了五次,在其中,有"自然的发现"吗?我们来一一分析。

在《老子·第十七章》中说道:"悠兮其贵言,功成事遂,百姓皆谓我自然。"这也就是说,悠闲无为,少说话,事功顺遂完成,人们认为这是我们本来如此这般。王弼注释说:"自然,其端兆不可得而见也,其意趣不可得而睹也。居无为之事,行不言之教,不以形立物,故功成事遂,而百姓不知其所以然也。"② 很明显,无论是老子,还是王弼,都很明确地表明,这里的"自然"是"自己如此"的意思。不过,值得注意的一点是,这里的"皆"字表明这种"自己如此"的"自然"是对所有人都普遍有效的。在这个意义上,"自然"显然具有古希腊对"自然"理解的普遍根据的意味。

《老子·第二十三章》说道:"希言自然。"关于"希",《老子·第十四章》说道:"听之不闻,名曰希。"在这里,"希"是对"道"的描述,和视之不见的"夷"、搏之不得的"微"一起,都是对"道"不能通过具体感官进行把握的描述。因此,在这里,毫无疑问,用"希"描述的"自然"就是"道"。值得注意的是,在这里,即使"自然"同样被解读为"自己如此",但因为"自然"即"道",那么按照我们前面关于"道"的解释,"自然"显然就具有了"道""自本自根"的特征,具有"道"作为万事万物根据的特征,具有"道"创生"自然物"的特征,即具有了古希腊对"自然"具有在先领悟的内在性,作为根据、作为自然物的三重特征。这一点在"道法自然"的表达中十分明显。

《老子·第二十五章》如是说道:"人法地,地法天,天法道,道法自然。"在这里,"自然"诚然是"自己如此"的意思。但重要的在于,这个"自己"是"道"。这里除了上面我们谈到的对"道"的本源性理解,老子还很明确地对人、地、天、道进行了排序。正是在这个意义上,刘笑敢认为,对老子"自

---

① 吴国盛. 自然的发现 [J]. 北京大学学报(哲学社会科学版),2008(2):64.
② 老子道德经注校释 [M]. 王弼,注. 楼宇烈,校释. 北京:中华书局,2008:41.

然"的理解其实蕴含了最高义、整体义和价值义①。因为按照老子的看法,人、地、天其实就是"道",都是"大",所以他说:"有物混成,先天地生。……吾不知其名,强字之曰道,强为之名曰大。大曰逝,逝曰远,远曰反。故道大,天大,地大,王亦大。"(《老子·第二十五章》)很显然,这里的"道"和"大"都是整体性的概念,而且是现实世界中最大最高的概念。最为明显的是,尽管人、地、天和道一起都是"大",但从人到地、从地到天、从天到道,却很明显地存在着后者比前者更为根本的价值排序。从现实世界来看,人、地、天各有具象,即使它们都可以作为抽象的整体性概念来凸显"道",但是各自的具性还是存在差异的,从王弼的注里可以看到这种差别。他说:"人不违地,乃得全安,法地也。地不违天,乃得全载,法天也。天不违道,乃得全覆,法道也。道不违自然,乃得其性,〔法自然也〕。"② 这就是说,地为人提供了安身立命之所,天为地提供了负载万物之能,道为天提供了倾覆万物之能,所有这些,其实都是"道"之本性的体现。这种本性在"道"生成天地万物的表现上也就是"命"。

《老子·第五十一章》讲:

> 道生之,德畜之,物形之,势成之。是以万物莫不尊道而贵德。道之尊,德之贵,夫莫之命而常自然。

在这里,"自然"就是"自然而然"的意思。关键在于,"自然而然"所描述的对象是"道""德"的尊贵。"道""德"何以尊贵?王弼注释说:"道者,物之所由也;德者,物之所得也。"③ 因此,这里的"自然"其实在根本上指涉的是"道"生成万物、"德"蓄养万物的这种本性、这种命定,这种本性和命定是最高的本源,是"道""德"生养万物的整体描述,也是价值的源头。这种"道""德"与万物关系的表达在第六十四章谈"自然"处表现了出来。

在《老子·第六十四章》中,老子讲道:

> 是以圣人欲不欲,不贵难得之货;学不学,复众人之所过,以辅万物之自然而不敢为。

---

① 刘笑敢.“自然”的蜕变:从《老子》到《论衡》[J].哲学研究,2020(10):50.
② 老子道德经注校释[M].王弼,注.楼宇烈,校释.北京:中华书局,2008:64.
③ 老子道德经注校释[M].王弼,注.楼宇烈,校释.北京:中华书局,2008:137.

这里的"自然"是万物"自己如此",却是在与圣人的做法中比较来谈的。显然,在老子看来,"'万物之自然'是最好的状态,圣人只能帮助和维护这种'自然'状态,不应该试图改进或破坏它"①。这意味着"自然"所呈现的状态在价值呈现上是最好的状态,任何人为,甚至包括圣人的行动,也不能对"万物自然"有所增益。

综上所述,可以看出,老子直接提及的"自然"都是"自然而然""自己如此"的意思,强调事物的不受干涉,强调事物的自发性和本然性。然而,我们需要注意的是,老子的"自然"都是在"道"的形而上层面进行谈论的,是本体论层面上的概念。在这个意义上,我们需要牢记刘笑敢告诉我们的,"自然"包含最高义、整体义和价值义。这种理解和西方有关"自然"的理解一样,老子的"自然"是对存在总体的内在本性的在先领悟,是事物如此这般的根据,但绝少拥有"自然物"的意味。

《庄子》作为思想和年代最接近《老子》的道家代表,有关"自然"的思想和《老子》保持了极大的相似性,比较大的一个变化在于《庄子》更强调"自然"作为一种内在的精神。

在《庄子》内篇中,"自然"表达的都是人的内心要摒弃好恶情感,要顺应事物本来的样子。《庄子·德充符》中说:"吾所谓无情者,言人之不以好恶内伤其身,常因自然而不益生也。"《庄子·应帝王》中说:"汝游心于淡,合气于漠,顺物自然而无容私焉,而天下治矣。"很显然,"常因自然"在这里讲的是反对人为追求长生而进行的努力,而要遵循事物本来的样子。当然,这里的事物既可以指外在自然事物本来的样子,也可以指人本来应该的样子。"顺物自然"则很明显地指涉外在自然事物的自然生成和变化,所以,在内篇中,"自然"要么是顺应外在事物本来的样子,要么是把人自身也看作自然的一部分,强调顺应人内在的本性。但何以如此?其实在根本上源于"自然"所具有的形而上之本体意,这从外、杂篇中可以比较明显地看到。

在《庄子·天运》篇,两次提到"自然"。其中一处写道:

> 夫至乐者,先应之以人事,顺之以天理,行之以五德,应之以自然,然后调理四时,太和万物。

这里谈论的是最好的音乐,对"自然"可以做两种解释,一种是弹奏最好的音

---

① 刘笑敢. 老子之自然与无为概念新诠 [J]. 中国社会科学, 1996 (6): 139.

乐应该顺应它本来的样子；另一种是把"自然"做名词解，认为"自然"是"自然界"。从对应的角度而言，个人倾向于自然与五德、天理、人事等对应，可以被看作一个词，表示的是"自然界"①。在另外一处，庄子写道："吾又奏之以无怠之声，调之以自然之命。"这里与"无怠"相对应，"自然"指的是本来如此的样子，但这里的自然同样是具有最高义的"道"，所以郭象注："命之所有者，非为也，皆自然耳。"② 而成玄英也有疏云："凡百苍生，皆以自然为其性命。"③ 按照我这里的解释，一方面"自然"有了"自然界"的总体意，但另一方面"自然"紧密地和人的内在精神状态联系在一起。

《庄子·缮性》中讲："阴阳和静，鬼神不扰……人虽有知，无所用之……当是时也，莫之为而常自然。"这里的"自然"指的是人不采取行动而让自己顺应本性。那如何才叫作顺应本性呢？《庄子·田子方》中讲："夫水之于汋也，无为而才自然矣。"也就是说，顺应本性就是不要刻意作为，就像水的涌动是本性自发如此的，非有意为之。这也就是说，"无为"即"自然"。很显然，庄子也把"无为"的"自然"看作一种本真的状态，所以《庄子·渔父》中又讲："真者，精诚之至也……礼者，世俗之所为也；真者，所以受于天也，自然不可易也。"在这里，"自然"强调的是人本来具有的本真状态，这个状态就是人秉承天道而来的，本来如此不可更易。叶树勋认为，在上述这些表述中，"'自然'的一方往往是指某种行动表现，而相对的一方则是指内心的某种意志。倘若做事别有用心，出于某种目的有意矫控自己，这时的表现便不得其本然；反之，若没有矫饰自己的意志，所作所为便是出于本然、自然而然"④。当然，庄子在这里使用"自然"是否像叶树勋认为的那样体现了意志缺失的情况，这也许

---

① 张岱年认为："阮籍《达庄论》以'自然'为包含天地万物的总体他说：'天地生于自然，万物生于天地。自然者无外，故天地在焉。天地者有内，故万物生焉。当其无外，谁谓异乎？当其有内，谁谓殊乎？'自然是至大无外的整体，天地万物俱在自然之中。阮籍以'自然'表示天地万物的总体，可以说赋予'自然'新的含义。近代汉语中所谓'自然'表示广大的客观世界，'自然'的此一意义可谓开始于阮籍。"参见张岱年. 中国古典哲学概念范畴要论 [M]. 北京：中国社会科学出版社，1987：81-82. 徐复观说："魏晋时代则对人文而言，自然即指非出于人为的自然界而言。后世即以此为自然界之通义。这可以说是语意的发展。"徐复观. 中国艺术精神 [M]. 沈阳：春风文艺出版社，1987：213.
② 郭庆藩. 庄子校释（新编诸子集成）[M]. 王孝鱼，点校. 北京：中华书局，1961：508.
③ 郭庆藩. 庄子校释（新编诸子集成）[M]. 王孝鱼，点校. 北京：中华书局，1961：508.
④ 叶树勋. 早期道家"自然"观念的两种形态 [J]. 哲学研究，2017（8）：24.

可以再深究。但毫无疑问的是，这种用法表明了"自然"所具有的内在精神维度。

综合上述庄子有关"自然"的表述，我们可以看出，如果说庄子和老子有关"自然"的思想有什么相似的地方，那么就在于他们都强调自由作为事物的内在本性和根据，这种相似性因为庄子在整个思想中的内在化倾向而拉大了距离。老子更强调从整体客观之"道"的角度来强调"自然"作为万事万物的存在领悟和根据，庄子则更强调从内化于人心的价值态度来强调"自然"作为人对万事万物的存在领悟。虽然在总体上我们可以说，"道家"强调"自然"作为内在根据的"自然而然"，无论是老子还是庄子，都具有关于世界存在基础的本体论意义和人生内在态度的价值论意义。"道"从老子到庄子体现出一种虚化和内在化的趋势，我们在这里更倾向于，老子的"自然而然"更强调在本体存在论意义上让万事万物顺应自己内在的根据，而庄子的"自然而然"则更强调在人生态度上，人应该主动顺应事物本来的面貌。正是在这个意义上，我们可以说，老子在人性论上由自然而无为，而庄子则由自然而自由。这个差异我们在后续的分析中会慢慢呈现出来，但就目前的分析而言，我们先来总体把握一下道家人性论的具体内涵。

### 三、自然人性的隐喻："朴"与"婴儿"

我们在前面的谈论中已经表明，因为道家认为人的认识无法把握整体的抽象的"道"，所以习惯于用否定的方式来勉强表达自己对"道"的认识，道家更强调从实践知识的角度去体证"道"的存在。从实践的角度而言，我们能够意识到自己生活在世界之中，但这个世界不是我们能够借助感性和理性可以认识的对象，而是我们体验出来的世界。体验的世界并不存在从认识论的意义上呈现出来的正确与错误，而存在与经验主体相关的价值和意义。因此，我们要想真正体认世界、体认自己以及自己与世界的关系，我们就必须从人性的角度去把握。既然体认人性并不是一种认识论，那么我们也就不可能用认识论的方法进行，与之相匹配，我们只能使用类比和比喻之类的方法来表达自己的体认。幸运的是，人也是"道"演化出来的世界的一部分，在这个意义上，本真的人性和源出的"道"具有一致性。因此，伴随"道"之源出的"自然"，提倡的一种自然人性论可以让我们体认到本真的自己、本真的世界，以及二者之间的关系。道家既然认为不能用一般的认识论来认识这一点，那么我们就只能用类比和隐喻的方式来体认这一点。在这一节，我们将通过这些类比和隐喻来解释道家自然人性论的本质特征。

通过前面的分析我们已经知道，老子和庄子所谓的"德"其实就是"性"，因此，老庄有关人性的思想有许多正是通过"德"被揭示出来的。在《老子》第二十八章中说道："知其荣，守其辱，为天下谷。为天下谷，常德乃足，复归于朴。"这里的意思是说，顺应自然而体道的人深知什么是荣耀，却能安守卑辱，心甘情愿做天下的川谷。因为作为天下的川谷，其本性就是用自己的虚空容纳万物，让天下万物都在此处落地生根，这是人与生俱来的本性，是一种自足的本来状态。这种状态其实是人行走于世间而应该超越达到的质朴状态。这种质朴状态就是"道"自然而然的那个状态。

什么叫朴？老子讲："故圣人云：我无为，而民自化；我好静，而民自正；我无事，而民自富；我无欲，而民自朴。"（《老子·第五十七章》）在这里，"朴"指的是老百姓自然而然的质朴状态，是相对圣人所说的"无欲"的状态而言的。"自朴"和"自富"、"自正"和"自化"构成一组概念，相对于"无欲""无事""好静"和"无为"构成的另外一组概念，前一组概念指涉的是老百姓，后一组概念指涉的是圣人。"圣人无为、无事、无欲，皆由无心无知而来，总说是'好静'，既无忌讳法令，天下人民也不起智巧利器，上下平静无事。"① 与圣人的四种状态相对应，百姓就会自然而然地自我开化、自我富足、自我质朴和自我正义。很显然，这里的"朴"就是在体证"道"的层面来讲的。这意味着，"朴"既属于"道"本身，也属于体道之人应该达到的境界。

老子在第三十二章中讲："道常无名，朴虽小，天下莫能臣。"这里是联系形而上的本体论谈论"朴"的。形而上的"道"作为万事万物的根源和价值的源头，在根本上是没有名称、不可言说的，似乎什么也不是。但"道"确确实实存在，是实有的，只是因为没有名称、不可言说，只能勉强从否定的角度来言说。正是因为"道"似乎什么也不是，所以我们可以说它"小"，这个"小"就是"朴"。在这里，"朴"是一种比喻的说法，老子其实是借助原木未经雕饰来说"道"的样子。与用"朴"说"道"相呼应，老子用"朴散"说"器"，从而形成一组比较。在第二十八章讲到圣人应该"复归于朴"之后，老子紧接着讲："朴散则为器。"正如王邦雄所说，"'朴'有如道体的'无'，似一块未经雕琢的原木，停留在什么都不是的淳朴；而朴质一散开，打造成各有所用的众器"②。"朴"描述的是"道"本来的样子，一种无形无名却是自然而然的状

---

① 王邦雄. 老子《道德经》的现代解读［M］. 长春：吉林出版集团有限责任公司，2011：216.

② 王邦雄. 老子《道德经》的现代解读［M］. 长春：吉林出版集团有限责任公司，2011：106.

态;"朴散"描述的是"器"呈现出来的样子,一种有形有名却是人工非自然的状态。这两种状态通过人的体"道"功夫表现出不同的人性。

能够体认到"道"即"朴"这种状态的人,在老子那里也就具有"朴"的人性。老子说:"古之善为士者,微妙玄通,深不可识。夫唯不可识,故强为之容。……敦兮其若朴。"(《老子·第十五章》)这就是说,一个善于体证"道"的士人,他的本性就像"道"一样虚无灵妙,玄通有无,深厚而不可认知。体"道"之人是通过内在的精神去体证无名无形的"道"的,这其实是不可描述的,但体"道"之人终究是有形有名的个体生命,所以我们好像又可以去形容他。我们要注意的在于,个体生命的具体形容终究不是其内在的性格,二者之间还是有差距的。但不管怎样,通过对体"道"之人的描述,我们能够通过类比和比喻的说法勉强呈现其状态:敦厚得像未经雕琢的质朴木头,旷远得像虚空神妙的虚无山谷,浑然得像含混不清的浑浊之水。在这个意义上,体"道"具有"朴"之人性就是没有经过人工改造而具有来自"道"之自然而然的本性的人。

与体"道"具有"朴"之人性的人不同,以用"器"为人性的人已经失去了自然的质朴之性,它是遭受残害之物,是背离大道、丧失本性、已经残缺不全的东西。老子讲:"民多利器,国家滋昏。人多伎巧,奇物滋起。法令滋彰,盗贼多有。"(《老子·第五十七章》)在这里,"利器"和"伎巧""法令"一起,都是属于人为的东西。苏辙讲:"利器,权谋也。"权谋则是智巧的人间运作。王弼在注释"人多伎巧,奇物滋起"时说,"民多智慧则巧伪生,巧伪生则邪事起"①。王邦雄解释说,"'伎巧'即智巧,而'奇物'则是邪事。智巧本是奔竞争逐的利器,此人为造作妨害了天生自然,就是所谓的邪事了"②。因此,通过用"器"展现人性,这与体证"道"之自然而然背道而驰,是一种人为的破坏和伤害,不但伤己,还伤人损道。

正是因为用"器"展现人性并非我们的自然人性,我们必须用质朴之性来对抗用"器"之性。所以老子讲:

> 道常无为,而无不为。侯王若能守之,万物将自化。化而欲作,吾将镇之以无名之朴。镇之以无名之朴,夫将不欲。不欲以静,天下将自

① 老子道德经注校释 [M]. 王弼,注. 楼宇烈,校释. 北京:中华书局,2008:150.
② 王邦雄. 老子《道德经》的现代解读 [M]. 长春:吉林出版集团有限责任公司,2011:216.

正。(《老子·第三十七章》)

这就是说，"道"正是通过顺应自然无为而治才能够无所不为。人性也应当如此。王侯治理天下如果能够守住天道之常，万事万物就会在依循"道"自然无为中而自我生长。当然，在"道"生成万物的过程中，人的欲望总会生成作用，所以这个时候守"道"之人就要用"无名之朴"来镇住它，只有这样，才能无心无知无欲，无欲才会平静无事，让天下太平。

怎么做才能真正地做到用质朴之性来对抗用"器"之性呢？老子讲：

> 绝圣弃智，民利百倍；绝仁弃义，民复孝慈；绝巧弃利，盗贼无有；此三者以为文不足。故令有所属，见素抱朴，少私寡欲，绝学无忧。(《老子·第十九章》)

这就是说，只要抛却聪明和智巧，人们就可以得到百倍的好处；只要杜绝仁慈，抛弃道义，人们就会回复到孝慈的本性；只要抛弃技巧和获利，就不会有盗贼产生。"圣智""仁义""巧利"这三者全是巧饰，不足以治理天下。我们要让人民的思想认识有所归属，只要保持纯洁质朴的本性，减少私欲杂念，抛弃"圣智礼法"的学问，就没有忧患了。在这里，几组对应关系值得特别提及一下："绝学无忧"对应的是"绝圣弃智"，"少私寡欲"对应的是"绝巧弃利"，"见素抱朴"对应的是"绝仁弃义"。这充分表明，素朴的自然之性是反对人为道德的，这和儒家对"仁义"的强调形成鲜明对比。我们稍后会更加详细地提及。

老子有关自然人性的素朴之说被庄子完全继承，这从以下的文本中就可以看出。庄子首先认为，只有那些能够听任自然、顺乎民情、行不言之教的人才能够体证"道"的存在。这样的人在本性上是能够超越人为而坚守素朴的人，能够成为真正的圣人和帝王。这从庄子如下表述中可见一斑：

> 雕琢复朴，块然独以其形立。纷而封哉，一以是终。(《庄子·应帝王》)
> 静而圣，动而王，无为也而尊，朴素而天下莫能与之争美。(《庄子·天道》)

就《庄子·应帝王》的表述而言，庄子借助列子对"道"的体证表明，能够成为帝王的人应该去除内心被世俗的权位、名利、财富等修饰侵染的东西，恢复到质朴的本性，像槁木死灰一样无知无情，在纷乱的世界中封闭心窍、固守质朴，终身保守着纯一之"道"。与之相似，在《庄子·天道》中，庄子告诉我们，质朴素净才是天下万物的根本，它在根本上就是自然无为的，是天下最为尊贵的源头、最为美妙的呈现。在这个基础上，秉承自然无为之性的人虚静养心可以成为圣人，通过外在行动也可以成为帝王。在解释"朴素"时，郭象注说："夫美配天者，唯朴素也。"① 成玄英疏云："夫淳朴素质，无为虚静者，实万物之根本也。故所尊贵，孰能与之争美也！"②

能够成为帝王的人要想在纷乱的世界中始终坚守质朴的本性，就要拒绝对人性的人为改造，这样才能在秉承天道中达到人与自然的浑然一体。《庄子·马蹄》中如是说道：

> 吾意善治天下者不然。彼民有常性……夫至德之世，同与禽兽居，族与万物并。恶乎知君子小人哉！同乎无知，其德不离；同乎无欲，是谓素朴，素朴而民性得矣。及至圣人，蹩躠为仁，踶跂为义，而天下始疑矣。澶漫为乐，摘僻为礼，而天下始分矣。故纯朴不残，孰为牺尊！白玉不毁，孰为珪璋！道德不废，安取仁义！……夫残朴以为器，工匠之罪也；毁道德以为仁义，圣人之过也。

在庄子的描述里，一个真正体证"道"而善于治理天下的人就可以让天下成为一个完美道德的世界。在其中，人有自然浑一的本性，人同动物一起和谐生活，人与万物聚集共处，根本就不需要知道君子和小人有什么区别。在这样的世界里，人们因为不用智巧看起来无知，自然的本性也就不会离失，人们因为没有贪欲看起来无欲，所以都纯真质朴，纯真质朴就能保持人们的本性。等到出了圣人，苦心经营仁义，天下开始迷惑了。放纵作乐，扭捏制礼，天下开始分崩离析。纯真原始的质朴木头不被破开，怎么会造出祭祀的酒樽来呢？洁白的玉石不被雕琢，怎么会造出珍贵的珪璋来？道德不被废弃，哪用得着仁义呢？损坏质朴的木头用来制造器具，那是工匠人为的罪过；毁弃道德来制定仁义，那是圣人的罪过。很显然，对于庄子而言，人为强行改造本性是戕害自己的本性，背离了自然天道，只有保守纯真质朴本性的人才能真正达到人与自然的天人

---

① 郭庆藩. 庄子校释（新编诸子集成）［M］. 王孝鱼，点校. 北京：中华书局，1961：462.

② 郭庆藩. 庄子校释（新编诸子集成）［M］. 王孝鱼，点校. 北京：中华书局，1961：462.

合一。

那么，保守纯真质朴本性的人自身会呈现一种怎样的状态呢？《庄子·天地》中讲：

> 孔子曰：彼假修浑沌氏之术者也。识其一，不识其二；治其内而不治其外，夫明白入素，无为复朴，体性抱神，以游世俗之间者，汝将固惊邪？

在这里，庄子借用孔子之口以卮言的方式告诉我们，保守纯真质朴本性的人会达到这样的一种状态：保守纯真质朴本性的人是假借浑沌氏来修养内心的人。浑沌氏之术是什么？就是浑全无亏、纯然一体之术。把握浑沌氏之术的人知道的是浑然的整体，而并不知道还有什么不一样的分别。这样的人修治的是自己的内在本性，而不是去治理外在的东西。这样的人其心智空明可与洁白的生绢相比，真正做到了无为虚淡而复归于质朴，能够体悟本真之性守住精神，能够自由地遨游于世俗之中。

通过以上的分析我们可以看出，在老庄这里，他们借用"朴"表示"道"自然而然浑然一体的本来面目，用来表示一个事物未经人为加工自然而然的状态。放置在人身上，"朴"则是用来表示人顺应自然而保持自身纯真质朴本性的内在精神状态，既指人性应该有的本质，也指人性应该达到的状态或目的。为了更形象地表示这个观点，老庄直接用人类最初的意象"婴儿"来表达人性与天道的合一。

在谈论人如何体证"道"时，老子说："知其雄，守其雌，为天下谿。为天下谿，常德不离，复归于婴儿。"（《老子·第二十八章》）这里的意思是说，体证"道"之人知道如何展现雄健有力的运动刚强，知道如何保持雌弱伏守的安静柔顺。这样的人有如天下谿谷一样，以其虚空容纳万物，体现了由"道"而得的德性。这样的人虽然行走世间，但超越人为造作，是保持纯真婴儿状态的人。很显然，"复归于婴儿"在这里强调的是，体"道"之人不应被人为的社会性隔绝自然而然的纯真状态。

婴儿的纯真状态是一种怎样的状态呢？老子说：

> 含德之厚，比于赤子。毒虫不螫，猛兽不据，攫鸟不搏。骨弱筋柔而握固，未知牝牡之合而朘作，精之至也。终日号而不嗄，和之至也。（《老子·第五十五章》）

这里的"赤子"也就是婴儿,他具有淳厚的生命力,毒虫、野兽、猛禽都不能伤害他。他筋骨柔弱却握拳牢固,不知男女之事却自然勃动,整天号哭却不致沙哑,这都是因为婴儿的精神境界整全而不偏颇,生命精纯自足而不外求。王弼在这里对婴儿状态的注释说:"赤子,无求无欲,不犯众物……故无物以损其全也。"① 婴儿德厚天真,与"道"同行,与自然同行,无心无为,不自外于万物,不会侵犯万物,万物自然也不会损害他,所以婴儿是与天地万物和谐一体的。

为了突出婴儿这种状态的美好,老子相比于人的其他状态表明,婴儿状态是沉静而整全的。老子说:"众人熙熙,如享太牢,如春登台。我独泊兮其未兆,如婴儿之未孩,儽儽兮若无所归。"(《老子·第二十章》)这就是说,世俗中的众人熙熙攘攘,好比享受牛羊猪的三牲祭祀,好比在美好的春日登台赏景。王弼所注,这其实是"迷于美进,惑于荣利,欲进心竞"②,这是一种非自然的违背"道"的人性状态。自然人性应该像婴儿一样,淡泊到没有任何有心为之的征兆,甚至还不知道流露笑意,应该是一种心无主见,空旷无所定的状态,正如王弼所注:"言我廓然,无形之可名,无兆之可举。"③ 一切都应该如婴儿般浑然一体于自然而不知。

那么,如何才能达到婴儿的这种状态呢?老子说:"载营魄抱一,能无离乎?专气致柔,能如婴儿乎?"(《老子·第十章》)在这里,老子就人的生命而言,认为人的身体是与精神性的魂魄合而为一的,这是人来自"道"最本真的状态,我们要做的就是达到这种气魄、精魂和身体合而为一的状态,但我们能做到吗?同样,气是"道"生化万物的东西,如果我们能够任凭自然之气走到极致的柔和,就会让生命顺自然而和谐,婴儿就是任凭自然之气游走自身,而未曾有任何人为造作的典范,但我们能做到吗?老子在这里通过修身载魂魄合于生命,通过顺自然之气呈现生命的整体饱满指出,达到婴儿的状态就是要顺应自然,抱朴守一。

正如前面所言,作为老子思想的继承者和发扬者,庄子在有关人性这种根本问题上与老子是一致的。庄子不仅像老子一样用质朴之性来比喻自然人性,也同样认可这种质朴之性在人身上的表现就是婴儿之性。《庄子·庚桑楚》中有关"儿子"的表述其实就是老子有关"婴儿"的论述。其文如下:

① 老子道德经注校释[M]. 王弼,注. 楼宇烈,校释. 北京:中华书局,2008:145.
② 老子道德经注校释[M]. 王弼,注. 楼宇烈,校释. 北京:中华书局,2008:46.
③ 老子道德经注校释[M]. 王弼,注. 楼宇烈,校释. 北京:中华书局,2008:47.

> 能儿子乎？儿子终日嗥而嗌不嗄，和之至也；终日握而手不掜，共其
> 德也；终日视而目不瞚，偏不在外也。……能儿子乎？儿子动不知所为，行
> 不知所之，身若槁木之枝而心若死灰。若是者，祸亦不至，福亦不来。祸
> 福无有，恶有人灾也？

成玄英对这里的"儿子"一词疏云："同于赤子也。"① 而且，就其内容而言，
《庄子》是直接借用老子之口来描述婴儿的一些行动特征。婴儿整天哭叫，咽喉
却不嘶哑，这是顺应自然的本能发声的缘故；婴儿整天握拳，而不拘挛，这是
合于其自然本性的缘故；婴儿整天瞪着小眼睛不眨眼，这是婴儿只看不想，目
光不偏执在外物身上的缘故。婴儿行动时不知道要做什么，走起路来也不知道
往哪里去，身形像枯树枝而内心有如死灰。在婴儿的身上，没有利害、成败、
始终和祸福等的对立，他浑然一体，顺应自然而无为，因此，婴儿是最尊贵的。
在《庄子·山木》中，庄子借一则寓言故事对比"千金之璧"和"赤子"来表
明，"千金之璧"的贵重只是基于人向外求的利益，而"赤子"则是与天性相
合的，这才是根本上的尊贵。

　　综合上述老庄通过"朴"和"婴儿"对人性的隐喻，我们可以看到，对于
老庄而言，首先，他们强调的人性重在强调人秉承天道自然而然具有的质朴之
性，这种"朴"之性或者说"婴儿"之性是与人为相对立的，是一种浑然一体
的整全之性，是顺应天道自然而然所得之性，这在根本上区别于儒家和墨家通
过发挥人的主观能动性而努力去爱人的人为之性。其次，老庄强调的"朴"之
性或者说"婴儿"之性也是一种主观的价值追求，它们体现了我们人应该达到
的一种本真状态，而这也是人最初秉承天道而应该具有的"常德"。

## 四、真性反对自然人性的扭曲

　　既然在老庄看来，"朴"之性或者说"婴儿"之性反映了通过人性秉承天
道而应该的本然样子，这是我们应该达到的状态。那么对于老庄而言，持有这
样一种自然人性论就是人最本真的样子，我们可以称为"真性"。真性自然是相
对人为之性而言的。按照郑开的看法，因为"道家所说的'自然'也包含'自
然而然''本性使然'和'自然界'三层涵义，从而与'人工制造''人为约

---

① 郭庆藩. 庄子校释（新编诸子集成）［M］. 王孝鱼, 点校. 北京: 中华书局, 1961:
　　787.

定’和‘社会文化’（制度）相反”①。这也就是说，老庄持有的自然人性论和人工制造、人为约定以及社会文化（制度）相对。很显然，前面对“朴”的分析已经充分展示了自然与人工制造的对立，但是就自然与人为约定与社会文化（制度）的对立还只是略微提及。为了更充分地展示后面这种对立，我们需要揭示老庄的真性和以儒家为代表的人为约定和社会文化（制度）。

真性是什么？其实对于道家而言，它在本质上依然只是自然人性论。鉴于自然人性论具有我们上面所说的三重含义，我们前面的谈论又主要集中于谈“朴”之性或者说“婴儿”之性，因此，我们可以在真性和“朴”之性或者说“婴儿”之性之间再做一个进一步的划分，当然，这个划分也有着充分的学理依据。按照何光辉的看法，“先秦道家对于‘人性’内涵的规定有两个层面：一个是人性的‘事实层面’，即人性之‘朴’，这是体现人性的‘自然性’一面；一个是人性的‘价值层面’，即人性之‘真’，这是反映人性的‘社会性’一面”②。再结合郑开的看法，我们可以说，道家的自然人性论有两个维度：其一，是人性秉承天道自然而然与生俱来的客观本然层面；其二，是人性与人工和人为相对的本真价值层面。我们接下来对道家的真性展开一个充分的分析说明。

在老子这里，“真”其实比较少见，仅有三处③，即第二十一章的“其精甚真”、第四十一章的“质真若渝”和第五十四章的“其德乃真”。在“其精甚真”的表述中，“真”即真实的意思，用来表示“道”的实存性。在“质真若渝”与“其德乃真”的表述中，“真”都是纯真的意思，表示的是“德”的纯真性。很显然，在老子的表述中，“真”与“朴”“婴儿”一样，其实都是对“道”和“德”本性的揭示，是一种纯真自然的样子。在这个意义上，老子的“真”落到人性上强调的就是自然素朴或如婴儿的那个样子。然而，在老子那里，因为他更强调从本体论的意义揭示“道”“德”等概念，而不是从人内在精神的角度出发，所以，“真”作为人的一种内在修养功夫还没有充分地发展出来。这一工作的完善是庄子完成的。

如果说在老子那里，“真”还是一个比较少用的概念，那么，到了庄子这里，“真”已经被大量使用，并且成了一个独立使用的哲学范畴。我们在前面的

---

① 郑开. 道家形而上学研究［M］. 北京：宗教文化出版社，2003：196.
② 何光辉. 存在与朴真：先秦道家人文观研究［D］. 南京：南京大学，2011：129-130.
③ 作者在本文中使用的《老子》是今天的通行版本，其中“真”字三见。但在更古老的楚简本里，今本第二十一章的“其精甚真”其实并没有出现，而出现在第四十一章的“质真若渝”和第五十四章的“其德乃真”都写作为“贞”。

论述中已经表明，庄子继承了老子自然人性论中的"朴"之性或者说"婴儿"之性，在这个意义上，老子使用的"真"和"朴""婴儿"在内涵上都是一样的，指涉的是人性秉承天道而来自然而然具有的纯真本性。正如庄子在老子"道"的基础上进行了内在精神化一样，庄子对老子自然人性之"朴"和"真"进行了内在精神化，庄子已经十分明确地用"真"和"伪"相对，这具有了超越真实的真诚意义，呈现十分明显的价值属性。

关于"真"丰富的哲学内涵，《庄子·渔父》中有一段专门的讨论：

> 孔子愀然曰："请问何谓真？"客曰："真者，精诚之至也。不精不诚，不能动人。故强哭者，虽悲不哀，强怒者，虽严不屯，强亲者，虽笑不和。真悲无声而哀，真怒未发而威，真亲未笑而和。真在内者，神动于外，是所以贵真也。其用于人理也，事亲则慈孝，事君则忠贞，饮酒则欢乐，处丧则悲哀。忠贞以功为主，饮酒以乐为主，处丧以哀为主，事亲以适为主。功成之美，无一其迹矣；事亲以适，不论所以矣；饮酒以乐，不选其具矣；处丧以哀，无问其礼矣。礼者，世俗之所为也；真者，所以受于天也，自然不可易也。故圣人法天贵真，不拘于俗。愚者反此。不能法天而恤于人，不知贵真，禄禄而受变于俗，故不足。惜哉，子之蚤湛于伪而晚闻大道也！

在这里，庄子借用渔父之口全方位地展示了"真"的界定、表现、本质以及来源。从"真"的界定来讲，"真"就是"精诚之至"，是心性精纯诚实的最高境界。从"真"的表现来讲，"真"与"强"相对，强哭、强怒和强亲，都是人为伪装出来的，只有悲痛而没有哀伤，只有严厉而没有威严，只有笑容而并不和善。发自真心的哭、怒和亲并不是表面听到的声音、表面装腔作势的发作与表面看到的微笑，而是带有哀伤的悲痛，是带有威严的发怒，是带有和善的亲热。这就是说，"真"是和"伪"相对应的。从"真"的本质来讲，"真"是内在的本性使然，通过精神表露出来。我们如果用真本性作用于事亲、事君、饮酒等具体活动上，自然就会产生孝顺、忠贞和快乐的结果。这意味着，从客观的自然本性出发，自然而然地会产生好的行动效果，"真"也就具有了价值属性。从"真"的来源来讲，"真"是来自天的，是天地的自然赋予，因此，人们要效法天地，顺应自然，贵重纯真，不受世俗礼法的约束。

从上可以看出，对于《庄子》而言，"真"不但具有秉承天道自然而然具有的天生本性，而且特别强调内在的精神贵重这种纯真，贵重这种纯真就要自觉地拒绝人为伪装的礼仪教化和社会文化（制度）。因此，从老子到《庄子》，道家完成了从主要强调保守素朴的自然之性到基于素朴之性而强调内在追求真性的发展。这种发展最大的好处在于，在前者那里，人的"朴"之性或"婴儿之性"十分容易被人工和外在的事物戕害，而到了后者这里，人的真性更强调通过自己的内在精神诚实地取法自然，贵重纯真。自然人性论从主要强调对"道"的体证转变到了把"道"内化于心而主动拒绝人为。正是在这个意义上，《庄子》更加强调保持纯真之"真"与人为造作之"伪"的区别。所以《庄子·齐物论》中说："道恶乎隐而有真伪，言恶乎隐而有是非。"正是基于此，保持真性与人为扭曲自然之性的对比就在《庄子》这里凸显出来。

首先，《庄子》通过人对动物的戕害表达了人为之伪为非。《庄子·马蹄》中说道：

> 马，蹄可以践霜雪，毛可以御风寒。龁草饮水，翘足而陆，此马之真性也。虽有义台路寝，无所用之。及至伯乐，曰："我善治马。"烧之，剔之，刻之，雒之。连之以羁絷，编之以皂栈，马之死者十二三矣！饥之渴之，驰之骤之，整之齐之，前有橛饰之患，而后有鞭筴之威，而马之死者已过半矣！

本来，马本是纯真之性，蹄子可以踏霜踩雪，皮毛可以挡风蔽寒，吃草喝水，撒腿跳跃，都是自然而然的本性使然。基于这种本性，虽然有人为打造的仪台正室，对它也实在没有什么用处。然而，当所谓的"伯乐"人为干预之后，开始给马加烙印，给马剪毛，给马添钉蹄，给马戴笼讨，用络头和缰绳绑着它，用马槽和马棚围着它，很多马因为天性的戕害死掉了，十有二三。当伯乐更加强有力地人为介入，让马饥饿口渴，让马奔驰快跑，让马整饰齐一，用马嚼马缨进一步束缚它们，用马鞭马棒进一步威压它们时，更多的马因为天性被束缚而死亡。很显然，正是人为的这种干预，不但戕害了马的纯真本性，而且伤害了马的生命。

同样的观点在《庄子·秋水》中表现得更加明显：

> 曰："何谓天？何谓人？"北海若曰："牛马四足，是谓天；落马首，穿牛鼻，是谓人。故曰：'无以人灭天，无以故灭命，无以得殉名。谨守而勿失，是谓反其真。'"

什么叫作天性，什么叫作人为？牛马长有四足，就是天性；给马带上笼套，给牛穿上鼻绳，就是人为。因此，天性就是如前面所说的"马之真性"，与之相对，一切人为强加的都是"伪"。很显然，保持真性是好的，而人为之伪则是不好的。这要求我们不要以人为来破坏天性，不要用造作来损害性命，不要为追求名声而戕害本性。执守本性而不丧失，就是复归天真的本性。"反其性情而复其初"（《庄子·缮性》），也就是"复性"或"复命"，这也就是回到顺应自然无为的"道"之本源。

如果说上面对纯真之性与人为之性的对比只是揭示了人对动物的戕害，那么，当《庄子》把这种对比放到人身上时，它就更进一步揭示了人对人性自身的戕害和扭曲。我们马上会看到，《庄子》的论述不但通过寓言展示了保持真性与人为造作之间的差别，而且向我们展示了道家和儒家的分歧。《庄子·天道》中写道：

> 老聃曰："请问，仁义，人之性邪？"孔子曰："然。君子不仁则不成，不义则不生。仁义，真人之性也，又将奚为矣？"老聃曰："请问，何谓仁义？"孔子曰："中心物恺，兼爱无私，此仁义之情也。"老聃曰："意，几乎后言！夫兼爱，不亦迂乎！无私焉，乃私也。夫子若欲使天下无失其牧乎？则天地固有常矣，日月固有明矣，星辰固有列矣，禽兽固有群矣，树木固有立矣。夫子亦放德而行，循道而趋，已至矣；又何偈偈乎揭仁义意，夫子乱人之性也！"

在庄子看来，以孔子为代表的儒家认为仁义是人的真性，君子不仁就不能成长，不义就不能生存。庄子借老子之口表明，仁义根本就不是人的真性。当然，这里的真性是指自然的本性，是人之真性。在庄子看来，仁义不但不是人的自然真性，而且有害于人的自然真性。在老庄看来，天地本来就有常规，日月本来就是光明的，禽兽本来就是群居的，草木本就是直立生长的，这些都是天道自然而然具有的样子，因此，人秉承天道而生，只要效仿天道行事，遵循天道前进，就是最好的样子了。我们如果把仁义当作人的自然真性，那就是在扰乱人的本性了。

这种对比在《庄子·在宥》中得到了更加淋漓尽致的表达：

> 彼何暇安其性命之情哉！而且说明邪，是淫于色也；说聪邪，是淫于声也；说仁邪，是乱于德也；说义邪，是悖于理也；说礼邪，是相于技也；说乐邪，是相于淫也；说圣邪，是相于艺也；说知邪，是相于疵也。天下

> 将安其性命之情，之八者，存可也，亡可也；天下将不安其性命之情，之八者，乃始脔卷犗囊而乱天下也。

庄子在这里表达了虚静安定人的自然真性和扰乱人性之间的差别，就像说眼睛明亮是迷乱于色彩、耳朵聪慧是迷乱于声音一样，说人喜欢仁义其实是扰乱了德性和常理，同样，说人喜欢礼乐其实是说人助长了技巧和淫乐，而说人喜欢圣才与智慧其实是说人助长了技艺和琐细。很显然，仁义和明、聪、礼、乐、圣、知一起，都是人为泛滥人之真性带来的多余的东西。在庄子看来，真正道德的做法是虚静安定人的真性，顺应自然而然。不然，上述这些多余的东西不但不会让人的本性体现真正的道德，而且有可能会损害自然而然的真性。所以《庄子》讲："益之而不加益，损之而不加损。"（《庄子·知北游》）最重要的是顺应自然而无为，不要人为而伪。

正是基于仁义非人之本性和人之本性应该是顺应自然之真性的对比，庄子进一步说道：

> 夫道，于大不终，于小不遗，故万物备。广广乎其无不容也，渊乎其不可测也。形德仁义，神之末也，……极物之真，能守其本，故外天地，遗万物，而神未尝有所困也。通乎道，合乎德，退仁义，宾礼乐，至人之心有所定矣。（《庄子·天道》）

在这里，《庄子》借助老子之口指出，"道"体现在大大小小的万事万物中，人性自然也不例外。穷究万物的本性，在根本上就是要能够纯任虚静而守住"道"这个根本。只有这样，即使忘却了天地，遗弃了万物，根本的精神也不会受到困扰。像刑赏仁义这些属于精神的细枝末节的东西，其实是扰乱精神根本的东西，是我们需要摒弃拒斥的东西。因此，人性的根本精神就是要贯通"道"，合于"德"，而拒斥人为的仁义礼乐，虚静无为。

从庄子强调要虚静无为保持自然真性和反对人为戕害自然之性的观点可以

看出，庄子对真性的强调其实针对的是强调人为的儒家而言的①。因为儒家认为人居于其中的世界是一个具有超越性的伦理世界，而人可以与之相通，人们在根本目的上应该追求对天理、天道的实现，表现在人性中，儒家认为应该展现这种整体关联思想的人性发展。这种人性发展以能动的伦理主体为核心，伦理主体在人伦社会关系中内省自觉，人性目的的实现总是表现在群本位的社会关系中，人们总是通过礼仪教化来完善各自的人性，最终达到社会人伦关系的和谐和天人关系的和谐。在儒家看来，人基于血亲关系构建人伦，在人伦关系中，人们依赖和他人的关系在血亲与社会关系中寻找自己的位置，实现自己的人生价值，发现属于自己的好的伦理生活。人以血亲为基础，确立其血亲基础上的宗法关系，然后再把宗法关系渗透到社会生活和国家生活中，从而呈现人类社会的伦理道德。所以才有孔子所讲："君子务本，本立而道生。孝弟也者，其为仁之本与!"（《论语·学而》）也才有孟子所讲："父子有亲、君臣有义、夫妇有别、长幼有序、朋友有信。"（《孟子·滕文公上》）

### 五、自然人性论作为超越的形而上道德观

结合上面有关"自然"和"性"对自然人性的谈论以及更前面有关"德"的谈论，我们可以看到，对于老庄而言，自然人性论在根本上是一种超越经验人为道德观的形而上道德观。在这个意义上，自然人性论首先是一种形而上的存在论观点，超越了经验世界一般的善恶之分，是一种存在即善的观点。对于老庄而言，经验世界的道德来自更根本的宇宙，人性在经验上的善恶来自更为根本的宇宙起源。在宇宙起源的地方，由"道"而"德"的宇宙生成论在形而上之存在论的意义上奠定了自然人性论的起点、人之所以为人的本质，超越经验性的善恶的人性，就在由"道"而"德"的宇宙起源处。虽然从发生学的角度而言，宇宙起源的"道"更为根本，但这个根本之所以被提出，其实是为了

---

① 当然就道德人为的角度而言，庄子在这里其实反对当时的显学墨家。前面《庄子·天道》中借老子之口反对孔子所说："中心物恺，兼爱无私，此仁义之情也。"其实，我们都知道，"兼爱"是墨家的代表性思想，很显然，庄子在这里不但反对儒家，也反对墨家。其根本在于，无论是儒家的"仁义"之说，还是墨家的"兼爱"之说，在《庄子》这里，无非都是人为的道德，在这个意义上，它们都是对自然真性的戕害。所以《庄子·天下》中评价墨子说："反天下之心，天下不堪，墨子虽独能任，奈天下何?"借用郑开的解读，在《庄子》看来，"如果说儒家企图把仁义内置于自然之性是'淫其性'的话，那么墨家信奉的'兼爱'则无异于'削其性'，二者皆是对自然之性的扭曲和损害"。郑开. 道家形而上学研究［M］. 北京：宗教文化出版社，2003：203-204.

给人性一个超越的起点，"所以道德的宇宙论，实即道家的人性论"①。

如果说人性在根本上是来自宇宙起源的由"道"而"德"，那么我们要想明白人性何以在经验意义上有道德善恶的问题，我们首先就要在形而上之存在论意义上搞清楚自然人性论的本质。在我们前面阐释宇宙万物创生的过程时，我们已经援引老子所说的经典话语——"道生之，德畜之"（《老子·第五十一章》）来进行阐释。"道"是包括人性在内的万事万物所由之产生的最高存在，它们通过"道"分化的"德"而具体呈现出来。万物一旦呈现出来，就从无形而变为有形，借助自然环境而成长完善起来，这也就是老子说的"物形之，势成之"（《老子·第五十一章》）。按照这里的观点，包括人性在内的万事万物都是宇宙生成意义上的"道"和"德"。"就其'全'者'一'者而言，则谓之道；就其分者多者而言，则谓之德。道与德，仅有全与分之别，而没有本质上之别。……道创生万物，即须分化而为德；德由道之分化而来。"② 如果说"道"是最高的、整全的无限性，那么"德"就是有限性的存在。万物由"道""德"而来，就是天命之流行，所以老子讲"道之尊，德之贵，夫莫之命"。（《老子·第五十一章》）这样的天命是一种怎样的性质呢？老子认为，这就是一种"自然"。我们前面已经说明，在最根本的意义上，"自然"就是自然而然、自己如此。那么，在宇宙生成论的意义上，我们该如何理解"道"的这种自然而然、自己如此？进而如何理解自然人性的自然而然、自己如此呢？老子在第二十五章中对"道"本质特征的揭示可以回答这个问题。

按照老子在第二十五章中对"道"的看法，"道""独立而不改，周行而不殆，可以为天下母"。"道"之所以可以成为天下万事万物的来源之母，就是因为它是自我挺立，不依赖任何其他的东西，永远如此，而且这种自我挺立行遍天下万事万物，永远不停止。这一点在郭象用"独化"概念来解释自然时体现得淋漓尽致。

郭象在解释《庄子·齐物论》中的"天籁"时比较明晰地阐释了自然"独化"的思想。郭象注解云："无既无矣，则不能生有。有之未生，又不能为生，然则生生者谁哉？块然而自生耳。自生耳，非我生也。我既不能生物，物亦不能生我，则我自然矣。自己而然，则谓之天然。天然耳，非为也。故以天言之，

---

① 徐复观. 中国人性论史：先秦篇［M］. 上海：上海三联书店，2001：288.
② 徐复观. 中国人性论史：先秦篇［M］. 上海：上海三联书店，2001：298.

所以明其自然也。……故物各自生而无所出焉，此天道也。"① 在这里，郭象用自然来强调万事万物的起源，并且表明这种自然是万物各自如此，自己而然。成玄英在疏解时十分赞成郭象的注解，他说道："故夫天籁者，岂别有一物邪？即比竹众窍接乎有生之类是尔。寻夫生生者谁乎，盖无物也。故外不待乎物，内不资乎我，块然而生，独化者也。"② 成玄英已经十分直白地用"独化"来疏解郭象谈到的这种自然而然。这很符合郭象的观点。

在郭象这里，他不但很明确地用自然来强调万事万物都是独自依自然之性自然而然地生发出来的，而且更进一步强调生发出来的万事万物会依循自然不断变化。所以郭象在注解"日夜相代乎前而莫知其所萌"（《庄子·齐物论》）时说道："夫天地万物，变化日新，与时俱往，何物萌之哉？自然而然耳。"③也就是说，自然而然的变化还伴随着生发出来的万事万物的变化，从生发到死亡。在注解《庄子·知北游》中的"不以生生死，不以死死生，死生有待耶。皆有所一体"时，郭象说："夫死者独化而死耳，非夫生者生此死也。生者亦独化而生耳。独化而足。死与生各自成体。"④ 成玄英在疏解中说："夫聚散死生，皆独化日新，未尝假赖，岂相因待！故不用生生此死，不用死死此生。……死，独化也，岂更成一物哉！死既不待于生，故知生亦不待于四。死生聚散，各自成一体耳，故无所因待也。"⑤

综上可以看出，对于郭象而言，"道"的本质就是"自然"，而自然的本质就是"独化"。郭象以"独化"来解读老庄的"道"和"自然"，在积极的意义上，抓住了"道法自然"不依赖任何外在的东西自然而然的本质特征，这在根本上确立起了万事万物生成于"道"之"自然"的形而上本体论。然而，在处理"道""自然""无"和"万物"关系的时候，郭象的"独化"理论则颇有偏离传统解老庄之嫌⑥。在传统解老庄的观点中，"道"和"无"的等同是十分

---

① 郭庆藩．庄子校释（新编诸子集成）[M]．王孝鱼，点校．北京：中华书局，1961：50.

② 郭庆藩．庄子校释（新编诸子集成）[M]．王孝鱼，点校．北京：中华书局，1961：50.

③ 郭庆藩．庄子校释（新编诸子集成）[M]．王孝鱼，点校．北京：中华书局，1961：55.

④ 郭庆藩．庄子校释（新编诸子集成）[M]．王孝鱼，点校．北京：中华书局，1961：763-764.

⑤ 郭庆藩．庄子校释（新编诸子集成）[M]．王孝鱼，点校．北京：中华书局，1961：763-764.

⑥ 这里的传统解老庄指的是在郭象之前的王弼、何晏、夏侯玄、向秀、张湛等人的解释。

确立的，但"万物"显然是在它们之下的，由它们生成。"自然"作为自然而然，自己如此，我们可以看作其是一条最高的原则，它既可以用来描述"道"和"无"，也可以用来指代万事万物遵循"道"的那条规律。因此，对于传统解老庄的观点而言，比较明确的是，"道"生万物，"无"生"有"。然而，在郭象那里，"自然"就是"独化"，"独化"成了一条普遍贯穿"道"和"万物"的根本规律，在这个意义上，不是作为实在的"道"或"无"是宇宙的本源，而是发挥"独化"作用的"自然"是宇宙本源。这里的差别在于，对于传统解老庄的观点而言，这些观点无论如何肯认有一个最高的实在作为宇宙的本源；而对于郭象而言，他肯认的是一种"独化"的能力作为宇宙的本源。

就我们的观点而言，虽然郭象的"独化"说确实把握到了"道"独立于外物自然而然而具有的自由之精神，但当郭象把这种精神当作宇宙的本源而消泯了，作为最高实在的"道"或"无"与具体"万物"或"有"的差别时，郭象还是走得太远了。钱穆援引唐权载之和宗密的观点说："郭氏注《庄》，失于吻合万物，物无不适。然则桀骜饕餮，无非遂性。使后学懵然不知所奉。……万物皆是自然生化，则石应生草，草或生人。且天地之气，本无知也。人禀天地之气，安得欻起而有知乎？草木亦皆禀气，何无知乎？此从其说之无当于解释自然界者言。"① 很显然，按照郭象的解释，最大的问题就在于没办法在形而上之"道"或"无"与具形的"万事万物"或"有"之间构建起一个有差别的序列。事实上，郭象最大的问题在于他把那种"独化"的精神既当作宇宙的最高实在，又当作宇宙发挥作用的动力因。我们要注意的是，在老子那里，这二者是截然分明的，尽管"道"或者"无"其实同时具有上述二义，但是借用吴国盛的说法，在"自然的发现"的过程中，"道"或"无"总是会基于"自然"而不断地跌落下来，呈现为"德""万事万物"或者"无知""无欲""无为""无心"等。即使在《庄子》那里，它强调"道"或者"无"内在虚化为一种精神，但终究也还是存在这种差别的。如果我们明白了这种差别，那么我们就可以合理地吸收郭象使用"独化"说凸显的自由精神，而不迷失于"道"或"无"到具体"万事万物"或"有"的差别消泯中。

基于"独化"的自由精神，我们可以看到，对于老庄而言，自然人性论既在存在论上有其最高实在性的宇宙生成来源，但更重要的是，也有其通过内在精神呈现出来的独立化生的精神动力。正是在这一点上，我们也就可以理解，为什么我们会从老子朴素的自然人性论过渡到庄子强调内在精神的自然真性论。

---

① 钱穆. 庄老通辨［M］. 北京：生活·读书·新知三联书店，2002：390.

如果说在老子那里，自然人性论更注重从存在论的角度谈论人性秉承于"道"的实在来源的话，那么在《庄子》这里，自然真性论就从内在动力的角度强调一个人独立化生的自由精神。

我们该如何理解这种自由精神？康德有关自由的思想为我们提供了最好的模板。在康德那里，自由既有形而上宇宙论层面的意思，也有实践层面的意思，恰好与道家的思想十分契合。按照康德的看法，为了理解世界的起源，我们必然需要一个最初的开端，这个开端不应该再以任何其他的东西作为其原因，它应该是自己的原因，而不再有别的原因，它因而是自由的。如果没有这个自由的开端，我们就永远需要为了解释一个现象而需要一个进一步的原因，这会导致解释的无穷尽，违背充足理由律①。在这个意义上，康德给我们提供了一个形而上宇宙论层面的自由理念，这个自由的理念"不依赖于感性世界的一切决定性原因，在这个意义上似乎与自然规律相对立，因此与一切可能的经验相对立"②。很显然，这样一个自由的开端不可能在我们经验的世界中找到，因为经验世界中的一切都仅仅按照自然规律发生，只有超越经验，一个东西才有可能独立发生。所以在康德看来，自由的理念严格说来应该是"本体"界的东西，是先验自由，我们不能够在现象界认识它。很显然，自由的理念与道家的"道"一样，它们都并非具体有形可见的东西，却是使得经验世界和万事万物可以理解的东西。

康德借助自由的理念从宇宙论层面走向了实践层面。康德告诉我们，"但由于这样一来毕竟这种在时间中完全自发地开始一个序列的能力得到了一次证明（虽然不是得到了洞察），所以我们现在也就斗胆在世界进程当中让各种不同序列按照原因性自发地开始，并赋予这些序列的诸实体以一种自由行动的能力"③。但因为"世界进程"是现象界的东西，它不可能超出自然规律而有自由，因此，自发的自由就只能通过一个自由行动的意志而成为我们人实践的真正根据。人之所以能够具有自由，是因为人虽然是现象界中的存在，但是人能够凭借自身力量超越现象，是特殊存在。与道家的思想相关联，就人和万物都是秉承天道而来的具体存在而言，人与万物都可以说是因为来自天道而可以各自独立地生成发展，在这个意义上，人与万物都是各依自然而自己如此，但因

---

① 这里的观点其实就是康德有关"二律背反"的第三个背反正题的说明，即存在自由因果性的说明。康德．纯粹理性批判［M］．邓晓芒，译．北京：人民出版社，2004：A444–447/B472–475.（康德原著的页码引用采用的是德国科学院版本的标准页码）

② 康德．纯粹理性批判［M］．邓晓芒，译．北京：人民出版社，2004：A803/B831.

③ 康德．纯粹理性批判［M］．邓晓芒，译．北京：人民出版社，2004：A449/B478.

为现象界根本就无法摆脱自然规律来认识自发的自由，具体的万物其实只能说有依照各自本性的内在根据，但谈不上拥有独立开启序列的自由。真正能够表明自己可以像"道"一样开启一个独立序列的只有人。人通过自己的精神能动性，可以超越身形的束缚而具有真正的自由，这正是康德通过人的自由意志凸显人的实践自由的观点。基于这种理解，我们也就可以看出，为什么道家对人性的强调会呈现从老子的自然人性论到庄子自由真性论的发展。因为严格来说，在老子那里，人性虽然依托于"道"之自然具有独立自发性，但根本上是一种无意志的自由；在庄子那里，人性虽然仍是依托于"道"之自然而具有的独立自发性，却是具有了自我意识的意志自由①。

综合以上有关道家人性论的探讨，我们可以看到，道家在根本上主张人性来自自然，但就自然在根本上关联于"道"而言，自然其实表现为任何一个东西对于自己自然而然具有的最高义、整体义和价值义。在这个意义上，自然人性论和万事万物一样具有形而上宇宙论意义的自然而然，强调朴素，反对人为。这一思想也主要体现在老子身上，当庄子在自然人性论的基础上强调我们要追求真性时，庄子其实就更多地通过把"道"内化于心凸显了人积极主动的精神作用，从而具有了更加自觉地追求自由精神的意识。因此，老子的自然人性论尽管包含了属于自由的要素，但这种要素看起来更像是无意志的任意。到了庄子这里，他提出的真性论则包含了更加积极主动的意志自由，这也就是为什么老子那里更多强调的是顺应自然而无为，但庄子却更强调自由而逍遥游。当然，这里并不是说老子就只具有无意志的任意，庄子完全是强调意志的自由，相比较而言，老子和庄子在倾向上有各自的特点。我们始终不要忘记，老庄的共性远比差异要大，因此，我们后续的分析仍主要是基于共性的角度对道家思想进行进一步说明。

---

① 邓晓芒认为，老庄虽然已经意识到人的自由本性，但他们都是在自然的层次上来理解这个自由，也就是认为他们都只是持有一种无意志的自由。邓晓芒. 什么是自由 [J]. 哲学研究，2012（7）：67. 个人认为这是他忽视了庄子对内在精神的强调。事实上，我们有理由认为庄子通过强调"道"的内在化在根本上就是要超越那种无意志的自由的思想。

# 第六章

# 道家功夫论的无为主义道德话语

我们在前面分析道家自然人性论时已经指出，从老子强调顺应自然而无为到庄子强调顺应自然而自由，他们都是在一种形而上的存在论层面寻求超越人类经验世界的超越性道德。在这个意义上，正如我们在前面通过刘笑敢的分析指出的，自然人性论其实具有形而上的最高义、整体义和价值义。因为"自然"在本质上关联于"道"，或者说对"自然"的描述也就是对"道"的描述，所以，老庄关于"道"的观点的差异也表现在自然人性上。对于老子而言，"道"的形而上存在论是实实在在的本源义，是万事万物浑然一体的根据。基于此，自然人性论也就是顺应自然而无为，是一种整体呈现出来的状态，而并不存在是否有人为意识主观分裂的问题。到了庄子这里，"道"虽然也还是实在的本源义，是万事万物的根据，但"道"已经被分化为内外两个层面：一方面，"道"虽然具有最高义、整体义和价值义，但已经被当作成了一种外在根据，被认为是包括人性在内的万事万物的根据；另一方面，"道"已经虚化为人的内在精神，是人体认到的主观精神状态和境界。基于此，自然人性论在庄子这里就呈现无意识地顺应自然和有意识地顺应自然而无为的差别。很显然，从形而上的存在论层面来看，"道"和"自然"从老子走到《庄子》其实是最高义、整体义与价值义的跌落和消失。但是从凸显人的实践的角度而言，这种走向则澄清了"道"和"自然"丰富的内涵，尤其重要的是，这种走向极大地提高了人自身的价值和意义。鉴于我们在这里谈论的是人的道德实践的问题，我们倾向于认为，从老子到《庄子》的变化其实反映了人从自然无为到自然而自由的发展过程。要想达到自然而自由的境界，我们还需要充分揭示道家在实践修养中展现的功夫论，这正是本章试图揭示的。

## 一、无为

正如我们已经表明的，在老子这里，自然人性秉承"道"而来，"道"自本自根、自己如此，那么人性自然也就是顺应"道"，强调的是不受干涉、自己如此的意思。不过，在这里，我们可以合理发问，虽然人性秉"道"而来，可以顺应"道"自然而然，然而人性终究是人自身主观能动性的体现，自然人性顺应"道"之自然而然，是有意志的还是无意志的，这就是一个问题。人性如果是有意志的，那么自然人性论就不是"无为"而自然，而是有意"无为"而自然，在这个意义上，道家说人要"无为"，但其本质却是一种有为。人性如果是无意志的，那么自然人性论确乎就是自然而"无为"的，"无为"是内涵在自然中的，在这个意义上，道家就无须额外强调无为是属于人的行动，因而把"无为"归结为圣人的行动则是多余的。上述双重悖论要求我们进一步厘清自然人性论的实质。

因为自然人性论在形而上的存在论意义上和"道"紧密相连，所以我们首先需要厘清的就是"自然"与"道"的关系。通过前面的分析我们已经得到，"自然"无论是用来描述"道"，还是人和万物，它都指的是描述的主体不受干涉，自己如此的情况。然而问题在于，"自然"呈现的是一种功能、一种状态，它可以是"道"的具体表达，但并非"道"的全部，因此，是"自然"的也就是关于"道"的，甚至"道"也是依法于"自然"的，但"道"并非"自然"。无论是在老子那里，还是在庄子那里，"道"都不仅只是自己如此的自发性，而且也是最高的整全的实在、是万物的根本。相比较而言，"自然"地做自己更多的像一条抽象的动力原则或者说价值原则，它并没有具体的实质主语的指向。正如叶树勋所说，"在不同的理解中'自己而然'的'自己'是不一样的，这会影响对'自然'和'道'之关系的理解"①。

在形而上的存在论上，"道"以自身为根据，"道"自己如此，"道"就是"自然"，"自然"也就是"道"，"自然"在这个意义上既是动力原则和价值原则，又具有整体的最高义。当我们谈到"道"与万物关系的时候，"自然"自己如此就主要意指动力原则和价值原则了。比如在《老子·第五十一章》中谈道："是以万物莫不尊道而贵德，道之尊，德之贵，夫莫之命而常自然。"这里的自然指的就是万物自己如此，同样，在《老子·第二十五章》谈道："人法地，地法天，天法道，道法自然。"虽然这里说的是"道"自己如此，但按照前面人对地的参照，地对天的参照，天对"道"的参照，那么"道"也应该是对

① 叶树勋. 早期道家"自然"观念的两种形态［J］. 哲学研究，2017（8）：21.

"自然"的参照①。我们虽然说"自然"就是"道"以自己为参照，凸显自身的特殊性，但无论如何，"道"与"自然"一定是不同的东西，"道"应该是一个实在的整全的概念，而"自然"则是强调"自己如此"的这种动力原则或价值原则。

更为重要的是，对于老子而言，"道"与"自然"体现在人身上的差异十分明显。当老子强调圣人体"道"而去采取行动时，"自然"虽然还是自己如此，但这个自己会因不同的情形而表现出不同的变化。以下几段文字正是反映了这个差别：

> 道常无名，朴，虽小，天下莫能臣也。侯王若能守之，万物将自宾。（《老子·第三十二章》）
>
> 道常无为，而无不为。侯王若能守之，万物将自化。（《老子·第三十七章》）
>
> 故圣人云："我无为而民自化，我好静而民自正，我无事而民自富，我无欲而民自朴。"（《老子·第五十七章》）

在上述这些引文中，"自宾""自化""自正""自富""自朴"等都可以看作"自然"的自己如此。但很显然，这个自己如此落实到具体的日常生活中，不同的东西会各依其性而有各种不同的自己，虽然都是依照"道"自然而然，但呈现出来的样子则是完全不同的。在这个过程中，人效法"道"的做法就是"无为"。但在这里，我们需要注意的是，"无为"只是放在人身上才合适，因为除了人之外，"道"和"万物"都是自己如此，它们都没有意志，谈不上为不为的问题。当然，在拟人的用法上，我们可以勉强说，"无为"其实就是"自然"。正如我们前面谈到的，自然而然因为意志的引入而变得麻烦，现在，"无为"的问题也因为关涉意志而变得麻烦，我们需要深入其中。

在比喻的意义上，我们可以说"道"因为无意志而不造作，因而"无为"。

---

① 在这里，很多研究者认为"自然"是指万物的状态，认为"道法自然"说的是"道"顺任万物"自然"。王中江. 道与事物的自然：老子"道法自然"实义考论 [J]. 哲学研究，2010（10）；池田知久. 道家思想的新研究：以《庄子》为中心 [M]. 王启发，曹峰，译. 郑州：中州古籍出版社，2009：540；王博. 权力的自我节制：对老子哲学的一种解读 [J]. 哲学研究，2010（8）；伍晓明. "道"何以"法自然" [J]. 中国学术，2010（27）；曹峰.《老子》的幸福观与"玄德"思想之间的关系 [J]. 中原文化研究，2014（4）. 作者对此持怀疑态度，因为按照一个由低往高走的层级序列，"道"不可能依法"万物"。作者更倾向于"道"以自身作为根据。

在这个意义上,"无为"就是"道",就是"自然"。"道"依法"自然"就是"道"自然而然、自己如此,而这无非就是无心无意去作为,正如老子所言,"天之道,不争而善胜,不言而善应,不召而自来"(《老子·第七十三章》)。很显然,"道"之"自然"也就是"道"之"无为"。因此,在注解"道常无为"(《老子·第三十七章》)时,王弼说:"顺自然也。"① 在"自然"和"无为"等同的意义上,"'无为'也就是'无违',即无违自然、因任自然而无所作为或不强作为之义"②。从这里可以看出,就"道"之"无为"就是"道"之"自然"而言,"无为"是形而上的"道"之本质特征,"无为"也具有"道""德"生成天地万物的宇宙生成论意义。

既然"无为"是"道"之本质特征,那么,很明显"无为"也就必然伴随"道"流淌于"道"生成的万事万物之间,人当然也不能例外。自然而然地,"无为"也就成了人的本性。正是在这里,"道"之"自然"和"无为"就分开来了。我们前面说到,因为"道"本身并无意志,所以"自己"即"无为",但现在"道"反映在人身上,就有了意志的问题。

本来,大道流行,没有主观的意志,一切都是自然而然的呈现,所以老子讲:

> 道生之,德畜之,物形之,势成之。是以万物莫不尊道而贵德。道之尊,德之贵,夫莫之命而常自然。故道生之,德畜之;长之育之;亭之毒之;养之覆之。生而不有,为而不恃,长而不宰。是谓玄德。(《老子·第五十一章》)

"道""德"生成和养育了万物,让万物呈现各种各样的形态,让它们在环境中生长起来。万物没有不尊敬与重视"道"和"德","道""德"之所以受到尊敬和重视,在根本上就在于它不加干涉而顺其自然,也就是说,没有一个明显意志的强加。"道""德"虽然生养了万物,使万物生长发育,使万物成熟结果,使万物得到抚养和保护,但它们从来不因为产生了万物而据为己有,从来不因为养育了万物而自恃其功,从来没有因为导引了万物而做万物的主宰。正是这种无意志的、不造作的呈现,才是真正极大极深远的"德"。

现在,"道"之"无为"反映在人身上,就产生了一个有关"无为"的悖

---

① 老子道德经注校释 [M]. 王弼,注. 楼宇烈,校释. 北京:中华书局,2008:90.
② 朱晓鹏. 老子哲学研究 [M]. 北京:商务印书馆,2009:281.

论。"无为"的表面意思是说人没有行动、不做事情，但当我们说人"无为"时，它终究是人有意志或有意识情况下的一种行动表现。因此，就人的"无为"而言，它的本意应该是指人不费力气的行动、轻松自在的行动、不刻意伪装而自然的行动，如此一来，"无为"似乎是某种有条件的"有为"。换言之，"无为"完全有可能被理解为与之相对立的"有为"，这就是"无为"的悖论结构。更为重要的是，"无为"不仅指涉包含意志或意识的行动的发生情况，它还被当作一种应当遵循和值得赞扬的行动方式，"无为"因此也成了一个价值判断词，成了道家伦理学的一个标签。那么，"无为"的这种悖论结构也就会给道家伦理学带来相关的麻烦。按照张达玮的概念，"'无为的悖论'将导致行动者无法在逻辑上一致地遵循特定的行动方式，或者无法事先拥有追求无为的心理动机，旁观者也无法对他的行动是否遵循无为或者是否处于无为状态给出一个恰当的判断与评价。……在关于"无为"的道德问题上，我们将无法对一个人的行动和心理状态作出恰当的判断。总之，无为的悖论对道家伦理学的可能性与独立性提出了严峻的挑战①。我们必须找到解决的办法。

第一种解决办法是取消或不承认"无为"的悖论。概括而言，这种观点要么有意识要么无意识，但都不承认有"无为"的悖论。它们的理由主要有以下两种呈现方式：（1）认为悖论这种谈论方式从来都没有进入古人的思想中，古代人没有悖论这种思维方式②；（2）通过悖论的方式来理解"无为"，并不会促进我们对它的理解，反而会增加我们理解的难度③。然而，无论是有意还是无意，取消或不承认"无为"悖论的做法只是回避了问题，并没有直面问题本身，自然也就谈不上解决了问题。

第二种解决办法是承认悖论的存在，但我们可以通过转变表述方式让有关

---

① 张达玮. 无为的悖论：对道家"正确行动"的反驳与辩护［J］. 哲学动态，2021（7）：117.

② 张达玮. 无为的悖论：对道家"正确行动"的反驳与辩护［J］. 哲学动态，2021（7）：118.

③ 参见 IVANHOE P J. The Paradox of Wuwei？［J］. Journal of Chinese Philosophy，2007，34（2）：282.

"无为"的解释具有各种开放性①。按照奈特利的观点，我们可以把"无为"在某种程度上都理解为行动，但不是无条件的行动，而是类似于"正确的""熟能生巧的"等有条件的行动。在这个意义上，"无为"就是某种有条件的行动，这种行动需要依据具体的实践场景或语境来进行分析。基于此，"可以说'无为'既不是'做某事'，也不是'什么都不做'，而是要求行动者对行动进行干涉，又不至于'什么都不做'"②。正是基于此，我们可以通过把"无为"与行动相关联来进行进一步的说明，又因为就人而言，行动总是行动者有意识的行动，所以我们也可以结合行动者来谈论"无为"。事实上，我们考察《老子》一书，"无为"一词出现了十二次，其中十一次都直接或间接与圣人有关③，这就可以充分表明"无为"最主要的就是谈论人或人的行动。

首先，从"无为"与行动的关系来看，我们先来看它们在《老子》中的出处：

是以圣人处无为之事，行不言之教。（《老子·第二章》）

是以圣人之治……常使民无知无欲……为无为，则无不治。（《老子·第三章》）

上德无为而无以为，上仁为之而无以为，上义为之而有以为。（《老子·第三十八章》）

吾是以知无为之有益。不言之教，无为之益，天下希及之。（《老子·第四十三章》）

---

① 张岱年认为，无为的思想是包含一种矛盾的，因为人具有的思虑、知识、情欲和作为都是自然的，如果故意消除这些因素，而返于过去之自然状态，这是不自然的。张岱年.中国哲学大纲：中国哲学问题史［M］.北京：中国社会科学出版社，1982：303-304. 森舸澜（Edward Slingerland）也对"无为"的悖论现象做了准确的描述："无为所代表的轻松自如或自如自在，被描述为一种理想的状态：我们现在还没有达到无为状态，我们将讨论思想家提出的各种建议，目的是把我们从现在'吃力的'状态下拯救出来，进入那种理想的无为的状态。为此我们必然遇到一个问题：怎么可能为无为呢？通过精神上的努力达到一种不再努力的状态，这种设想怎么可能实现呢？似乎我们一努力，必然'污染'最后的［无为］状态。"森舸澜. 无为：早期中国的概念隐喻与精神世界［M］.史国强，译.北京：东方出版中心，2020：8.
② 张达玮. 无为的悖论：对道家"正确行动"的反驳与辩护［J］.哲学动态，2021（7）：120.
③ 在《老子》通行本中，"无为"出现在第二、第三、第十、第三十七、第三十八、第五十七、第六十三、第六十四章各一次，第四十三、第四十八章各两次。在帛书本中，"无为"在七章中出现九次，即第三章、第十章和第三十七章与通行本不同。

　　故圣人云：我无为而民自化，我好静而民自正，我无事而民自富，我
无欲而民自朴。(《老子·第五十七章》)

　　为无为，事无事，味无味，……是以圣人终不为大，故能成其大。
(《老子·第六十三章》)

从上面这些引文可以看出，"无为"基本上都是就圣人采取的行动而言的。圣人
作为体"道"之人，它采取的"无为"之行动也就是正确的行动、合适的行
动、合乎"道"之自然本性的行动。在这里，"无为"是因为圣人采取的行动
具有正确性，这种正确性来自圣人，来自圣人对"道"的体证，"无为"作为
正确的行动、合适的行动、合乎"道"之自然本性的行动，是根源于人性、根
源于"道"的。但这里需要注意的是，作为体证"道"的有德圣人，他们理所
当然会实践"无为"，但"无为"作为行动的特征，并不必然能够推出都是来
自有德的圣人。因为在道家看来，圣人虽然是体"道"之人，因而能够体认自
然无为，但万事万物在本源上都来自"道"，他们也可以顺应自然而无为。

　　其次，就"无为"与行动者的关系而言，可以在以下一些地方看到：

　　载营魄抱一，能无离乎？专气致柔，能婴儿乎？涤除玄览，能无疵乎？
爱民治国，能无为乎？天门开阖，能为雌乎？明白四达，能无知乎？(《老
子·第十章》)

　　为学日益，为道日损，损之又损，以至于无为。无为而无不为。(《老
子·第四十八章》)

　　是以圣人无为故无败，无执故无失。(《老子·第六十四章》)

在这些表述当中，"无为"更多的是对圣人内在具有的心态或境界的强调，
在这个意义上，"无为"呈现为人的最高境界，是价值的来源。在这个意义上，
"无为"强调的不是它作为具体的行为，而是作为行为实践达到的人生境界和内
在精神状态，"无为"的悖论在这里得到了解决。在这里，"无为"不再是"没
有行动""什么都不做"和"轻松自在的行动"之间的矛盾对立，而是体证了
"道"之自然无为的有德圣人在具体的实践行动中进行行为评价和引导的最高依
据与标准。处在"无为"境界中的人，无论是在具体的情境中有所为还是不为，
都是他实践智慧的表现。

　　很显然，当我们从圣人的人生境界和内在精神状态来解释"无为"时，我
们就让道家伦理学呈现了一种美德伦理学的样态。按照有德圣人在具体情境中

可能有所为有所不为的实践，我们每个人都试图成为一个有美德的人。在这里，重要的是强调"无为"的境界和具体的实践。"无为"的境界是"道"自然而然地在独化过程中生养出天地万物，具体的实践是包括人在内的万事万物都按照"道"自然而然的独化精神自我呈现。在这个意义上，体现在人性上的道德首先不是人为制作的仁义礼制，而是超越人为而顺应自然的无为，人性因为顺应自然无为而体现出了自己的真性情，是真人。能够按照自然无为去治理国家的就是圣人。

### 二、无欲与无知

既然"无为"在根本上是人基于实践而体证到的"道"之自然而然，那么对于道家而言，我们就必然要反对以儒家为代表倡导人为的仁义礼制的思想。针对人为制作的仁义礼制，道家主张我们应该顺应自然。正如我们前面所说的，"道""德"本身无意志，一旦流行于人性，则有了意志。因此，人如何才能顺应自然而无为，就需要我们通过主观意志克服一些障碍，这就要求我们既要克服人基于自身感性而具有的强烈欲望，也要克服人基于理性而妄图对世界的认知。这也就是道家主张的"无欲"和"无知"。

如何理解"无欲"？老子是基于人性的素朴来理解"无欲"的。按照老子的看法：

> 道常无为，而无不为。侯王若能守之，万物将自化。化而欲作，吾将镇之以无名之朴。镇之以无名之朴，夫将不欲。不欲以静，天下将自正。（《老子·第三十七章》）

在这里，老子认为，"道"在自然无为的过程中无所不为，天下侯王治国平天下，如果能守住天道之常，那么万事万物就可以顺其自然而自生自长。问题在于，在天道自然无为的生成作用中，人的形气物欲，就会滋发鼓胀。只有通过无名的质朴的"道"去镇压，才能让欲望消寂下去，欲望消寂了下去，才能真正达到虚静无为，天下万物也将自然而然地走向正定。

结合前面有关"道"和"人性"的论述，我们自然可以知道，既然"道"在生成万事万物的过程中也会把自身的特质体现在万事万物身上，那么人作为万事万物中的一员也就会表现出"道"之质朴，这也就有了质朴的自然人性论。既然质朴的"道"可以镇压人的形气物欲，那么，这也就意味着质朴的自然人性论内在地包含对物欲的拒斥，在这个意义上，人性的质朴也就是无欲。所以老子说：

> 绝圣弃智，……绝仁弃义……绝巧弃利，……此三者以为文不足。故令有所属，见素抱朴，少私寡欲。（《老子·第十九章》）

在老子看来，圣智、仁义和巧利都是文饰巧伪，并不足以用来治国，因此我们要绝弃它们。真正使人们的思想有所归属的，就是保持纯洁质朴的本性，减少私欲杂念。很显然，质朴和无欲都是秉承"道"而来的自然人性，与人为伪装之性相对立。

正是因为人性的质朴就是无欲，所以从功夫论上而言，无欲就可以达到质朴的本性。所以老子讲：

> 故圣人云：我无为而民自化，我好静而民自正，我无事而民自富，我无欲而民自朴。（《老子·第五十七章》）

这也就是说，就道家圣人治国平天下而言，圣人应该做到无为、好静、无事和无欲，只有这样，老百姓才会自我化育、自然而然地走上正道、达到自我富足，真正达到自然质朴。

老子的这种"见素抱朴，少私寡欲"的思想完全被庄子所继承。《庄子·马蹄》中有云：

> 夫至德之世，同与禽兽居，族与万物并。恶乎知君子小人哉！同乎无知，其德不离；同乎无欲，是谓素朴。素朴而民性得矣。

在一个完美道德的世界里，人们有自然浑一的本性，人同动物一起和谐生活，人与万物聚集共处，根本就不需要知道君子和小人有什么区别。在这样的世界里，人们因为不用智巧看起来无知，自然的本性也就不会离失，人们因为没有贪欲看起来无欲，所以都纯真质朴，纯真质朴就能保持人们的本性。

从以上论述可以看出，对于老庄而言，"无欲"的思想就是自然人性的质朴本质，这在根本上对立于人为之伪。当然，在这里，就"无欲"指人不应该有欲望而言，老庄的意思主要是针对人利用各种感官刺激人的各种欲望。所以老子讲：

> 五色令人目盲，五音令人耳聋，五味令人口爽，驰骋畋猎，令人心发狂，难得之货，令人行妨。是以圣人为腹不为目，故去彼取此。（《老子·第十二章》）

这里的意思是说，绚丽多彩的颜色容易让人眼花缭乱；纷繁嘈杂的音调容易让人耳朵受到伤害；浓郁可口的食物容易败坏人的口味；放马飞驰醉心狩猎，容易让人心情放荡发狂；稀奇珍贵的货物容易让人失去操守，犯下偷窃的罪行。因此，圣人只求三餐温饱，不追逐声色犬马的外在诱惑，我们应该抛去外物的引诱来确保安足纯朴的生活。

与老子的思想一脉相承，庄子也讲：

> 且夫失性有五：一曰五色乱目，使目不明；二曰五声乱耳，使耳不聪；三曰五臭熏鼻，困惾中颡；四曰五味浊口，使口厉爽；五曰趣舍滑心，使性飞扬。此五者，皆生之害也。（《庄子·天地》）

丧失真性有五种情况：一是五种颜色（青、黄、赤、白、黑）扰乱视觉，导致眼睛看不清晰；二是五种乐音（宫、商、角、徵、羽）扰乱听力，导致耳朵听不真切；三是五种气味（膻、薰、香、腥、腐）熏扰嗅觉，困扰壅塞鼻腔并且直达额顶；四是五种滋味（酸、辛、甘、苦、咸）秽浊味觉，使得口舌受到严重伤害；五是取舍的欲念迷乱心神，导致心性驰竞不息、轻浮躁动。这五种情况，都是生命的祸害。

综合上述老庄的思想，我们可以看到，对于他们而言，如果放纵人的感性欲望主宰人性，那么就会让人失去必要的节制，不但会殃及人的这些身体感官，还会迷失人的真正本性，甚至会伤害人的生命。所以老子讲，"罪莫大于可欲，祸莫大于不知足，咎莫大于欲得"（《老子·第四十六章》）。最大的罪恶莫过于放纵欲望，最大的灾祸莫过于不知满足，最大的罪过莫过于贪得无厌。这也就意味着，对于老庄而言，放纵感性欲望并不是自然人性的本真表现，真正的自然人性论恰恰是"不欲""少欲"和"无欲"。

如果说"无欲"通过人克服自身基于感官的欲望而体现为自然无为之真性，那么"无知"则是人通过克服自身基于知性的认知而体现自然无为之真性的另一个面相。我们在前面论述道家的本体论和认识论时讲道，因为从本体论的角度而言，"道"具有整体性、超越性和不可言说性，所以从认识论的角度来讲，我们就并不能肯定地说"道"是什么，而只能说它"不是什么"。既然如此，这也就意味着，我们用肯定的方法认识到的世界和知识是我们需要拒斥的。因此，无论是通过经验感知与概念认知的方法去认识世界万物和"道"，还是认识人类社会知识与权力为一体的传统知识，都是我们需要否定的。然而，很显然的是，无论是对于本体论存在对象的不可认识，还是对于认识论方法上的否定，在根本上都会关联人性具有的能力。在这个意义上，我们可以说，道家通过"无知"凸显了他们持有的自然无为的人性论。

　　什么叫作自然无为的人性论？自然无为的人性论强调，就人性秉承"道"而言，自然而然就是无为的，在这个意义上，"自然"就是"无为"。罗安宪讲："自然无为既可合而言之，亦可分而言之。合而言之：自然即无为，无为即自然，故曰自然无为。分而言之：自然是道之本性，亦可称为道体；无为是道之运作，是人之所应效法者，亦可称为道用。"① 很明显，从合的角度来说，"自然"和"无为"是就人秉承了"道"自己独化而产生天下万物的特质，强调没有任何人为参与而言。但从分的角度而言，学者们的观点存在比较大的差异，有些学者认为"自然"与"无为"之间是目的和手段的关系②，有些学者则认为是主体与客体的关系③，但无论持有何种观点，他们都是从一种因果关系的角度来处理"自然"和"无为"的关系，认为"无为"是因，"自然"是果，由"无为"而导致"自然"④。对于道家而言，要想体认到上述"自然"与"无为"的合分关系，我们就需要一种真知，一种"无知"之知。对于"无知"之知作为一种真知，我们在前面谈论道家知识论时已经有所论述。在这里，我们需要进一步表明的是，道家的"无知"构成了自然无为的人性论的一面。

　　我们在前面的论述中已经表明，对于道家而言，不可知的最高的"道"是包括人在内的天下万事万物的根源，人性禀受"道"来追求的真知就是对这种不可知的"道"的体认。正是鉴于本体之"道"的不可言说，我们无论是通过感性经验还是概念认知去认识"道"都是不可能完成的任务。人性只能顺应自然的本性才能体证到作为其源头的自然无为的"道"。只有在这个意义上，我们才可能有关于"道"的体证。但这种体证既不可能来自我们感性经验的欲望，

① 罗安宪.论老子哲学中的"自然"[J].学术月刊，2016（10）：36.
② 陈鼓应，白奚.老子评传[M].南京：南京大学出版社，2001：88；刘笑敢.老子之自然与无为概念新诠[J].中国社会科学，1996（6）：146.
③ 王博.权力的自我节制：对老子哲学的一种解读[J].哲学研究，2010（6）：45；王中江.道与事物的自然：老子"道法自然"实义考论[J].哲学研究，2010（8）：37；叶树勋.早期道家"自然"观念的两种形态[J].哲学研究，2017（8）：18；池田知久.《庄子》：道的思想及其演变[M].成都：巴蜀书社，2001：508.
④ 曹峰.《老子》生成论的两条序列[J].文史哲，2017（6）：104.

也不可能来自我们概念认知的一般认知。在前面有关"无欲"的分析中我们已经表明,如果人性一旦有了各种欲望,那么人性就必然要求满足,要求满足就会变成被欲望所求的东西而束缚,因而不可能再持有自然人性论,因此,道家必然主张"无欲"。在"无欲"的基础上,我们会发现,"无欲"的概念必然也要求我们"无知",或者说,包含"无欲"的自然人性概念必然包含"无知"。在前面的分析中,通过主张"无欲",道家告诉我们要对可能扭曲我们自然人性的欲望进行拒斥。现在我们要进一步揭示,如果我们不拒斥欲望,那么我们就会在追求欲望的过程中不断通过知性认知去寻找各种方法、技巧去满足这些欲望,我们就会更进一步地扭曲自然人性,用人为之伪发展出各种社会性的仁义礼制,进一步戕害人性。

基于上述分析可知,自然人性论对素朴真性的追求必然内含"无欲"和"无知"的要求。从"无欲"的角度来说,道家主要针对的是人的感性经验;从"无知"的角度来说,道家主要针对的是人有主观意愿使用知性的概念认知。但无论是"无欲",还是"无知",它们在根本上都反对人的主观人为。事实上,对于道家的自然人性论而言,这里存在的一个难点就在于,貌似道家一方面主张"无欲""无知"和"无为",但另一方面又主张包含秉承"道""德"而来的人性,强调"无知"之知,强调"无为"之为。为了厘清这种吊诡,我们需要明白的是,对于道家而言,从形而上的存在论角度而言,一切秉承"道""德"而具有的人性自然其实都是道家所拥护的,在这个意义上,道家并不反对人基于自然而具有的基本感官能力、心之体证能力和顺应自然本性而呈现出来的样子。道家反对的是人以自己为中心发展主观的欲望,发展主观的心理认知和发展主观的行动能力。概而言之,道家反对的是人以自我为中心发展起人为的东西,而违背了来自"道"的自然无为。

正是基于这一点,道家在强调"无为"时,除了强调"无欲"之外,同样强调"无知"的重要性,所以老子讲我们应该"绝圣弃智"(《老子·第十九章》),又讲"智慧出,有大伪"(《老子·第五十七章》)。与老子的精神主旨一样,庄子也讲:"夫至德之世,……恶乎知君子小人哉!同乎无知,其德不离;同乎无欲,是谓素朴。素朴而民性得矣。"(《庄子·马蹄》)在一个完美道德的世界里,根本就不需要知道君子和小人有什么区别。在这样的世界里,人们因为不用智巧看起来无知,自然的本性也就不会离失,人们因为没有贪欲看起来无欲,所以都纯真质朴,纯真质朴就能保持人们的本性。

结合前面我们对于纯真质朴本性的看法,纯真质朴也就是像"朴"一样原始,像"素"一样纯,像"婴儿"和"赤子"一样纯真。在形而上之"道"的层面，纯真质朴的本性就是那个最初的、整体的、最高的"道"；落到人性中，那就是"纯粹而不杂，静一而不变，动而以天行，此养神之道也。……纯素之道，唯神是守。守而勿失，与神为一。一之精通，合于天伦。……故素也者，谓其无所与杂也；纯也者，谓其不亏其神也。能体纯素，谓之真人。"（《庄子·刻意》）也就是说，纯粹不混杂，宁静纯一不变不动。按自然规律来行动，这就是颐养心神的道理了。维持纯朴的方式，唯有守护精神。守护不致丧失，就能和神明合为一体。精通了合一，也就符合了自然法则。所以朴素呢，是指它没有任何掺杂；纯粹呢，是指它没有亏损。能够表现纯粹朴素，就是真人。

很显然，自然无为的人性论虽然秉承"道"而具有纯真质朴的本性，但要一直保持这种本性则需要人内在的心性实践。人必须通过"无欲""无知"才能做到虚静无为，从而以心明神，才能在人生实践中保持纯真质朴而始终与"道"合一，才能在人性内在本质中体证到"道"之本真。在这里，基于人性的实践功夫就与体证"道"的本真活动合而为一了，反映"道"之本真的人性自然无为就成了心性的修炼。

综上所述，我们可以看到，对于老庄而言，自然无为的人性论就是人质朴的真性。只不过，在单纯强调人性"自然"时，强调的是人依于"道"自本自根而具有的独立性；但在强调人性"自然无为"时，则更能凸显人自身在功夫论上的自主选择。其实，就个人理解而言，我倾向于认为，从"道"的视角出发，人性秉承"道"而具有自然无为的性质是消极被动的，"无为"更像是一种拟人的用法；但从人的视角出发，人性秉承"道"而具有的自然无为的性质则是积极主动的，"无为"是人融入自身心性之后主动顺应自然而无为。关于这一点，个人认为通过老子形而上之"道"到《庄子》内在化的"道"的变化可以看出，这种变化体现了"道"之客观"自然"到"道"之主观"自由"的变化。这个观点我们前面已经提及，在下一章我们将会进一步深化展开。

### 三、无情与无乐

虽然"无欲""无知"从功夫论的层面反映了道家自然无为的人性论，但并不意味着道家自然无为的人性论只反映在"无欲""无知"两个面相上。事实上，正如我们前面所说，"无欲""无知"只是从人的感性经验和概念认知的层面反映了人性自然无为的特质。但是因为人性自然无为在反映"道"之本真的过程中体现成了心性的修炼，这就使得有关心性的修炼功夫成了人性自然无为的进一步表现。而在心性的修炼上，除了"无欲""无知"这种对于外在世界的欲求和认知之外，还存在对于内心世界的欲求和认知，对于前者，就是我们这一节要谈到的"无情""无乐";对于后者,则是我们下一节要谈到的"无心"。

事实上,基于道家人性论在根本上关联于"自然无为"的"道",我们很容易理解,自然无为的人性论应该包括"无情"的表述。然而,至少因为以下三个原因,道家主张的"无情"论并不那么容易让人理解。其一,在老子那里,并没有直接有关"情"的讨论,我们首先面临把"无情"说归之于他是否合适的问题。其二,在《庄子》文献中,"情"字至少具有以下三种意思,即情实之情、做"性"字解和一般情欲之情三种解释①,这加重了我们对《庄子》"无情"思想理解的难度。其三,就道家并不反对人基于自然也具有情感而言,"无情"说似乎导致了道家思想的不一致。因此,为了厘清道家"无情"说的实质,我们必须更为细致地进行梳理。

首先,就老子的思想而言,他确实没有直接论述过"情",但这并不意味着我们不能把"无情"的思想加诸他,我们可以参照孔子被称为"至情"之圣人的看法。在《论语》中,孔子也很少谈"情"。"情"字在《论语》中仅出现了两次,其中一处是曾子谈及,孔子直接谈及的只有一处。孔子在回答樊迟学稼时说道:"上好礼,则民莫敢不敬;上好义,则民莫敢不服;上好信,则民莫敢不用情。"② 朱熹注云:"情,诚实也。敬服用情,盖各以其类而应也。"③ 也就是说,这里的"情"指的是诚实、情实。虽然孔子谈论的"情"具有了一种正面的情感性倾向,但总的来说,"情"主要还是情实之情的意思。那么,为什么孔子被认为是一个"至情"的圣人?这其实需要我们通过《论语》中其他有关孔子的思想呈现这一点。比如,《论语·先进》中描述孔子对于颜回去世的反映谓:"颜渊死,子哭之恸。"而在《论语·里仁》中也有相当于孔子对"情"的观点表达:"惟仁者,能好人,能恶人。"上述这些记载都充分表明,孔子之所以被称作"至情"之圣人,是因为孔子强调人应该在"仁"的统摄下过一种合理的情感生活。这也就是《中庸》里面讲的,"喜怒哀乐之未发,谓之中;发而皆中节,谓之和。中也者,天下之大本也;和也者,天下之达道也"④。

与孔子被称为"至情"之圣人的做法一样,老子被看作拥有"无情"的思想也可以通过《老子》中其他相关的文本以及其他被认为属于道家的思想进行佐证。就《老子》中的文本而言,与"情"相关,老子讲道:"天地不仁,以

---

① 徐复观. 中国人性论史:先秦篇 [M]. 上海:上海三联书店,2001:329.
② 朱熹. 四书章句集注 [M]. 北京:中华书局,1983:142.
③ 朱熹. 四书章句集注 [M]. 北京:中华书局,1983:142.
④ 朱熹. 四书章句集注 [M]. 北京:中华书局,1983:18.

万物为刍狗；圣人不仁，以百姓为刍狗。"（《老子·第五章》）从形而上学的意义讲，人之本性都是来自"道"，而在"道"自本自根的角度而言，它是无意识的自然而然，不存在也不可能有归之于主体的知情意。所以王弼在注解中说道："天地任自然，无为无造，万物自相治理，故不仁也。仁者必造立施化，有恩有为。造立施化，则物失其真。有恩有为，则物不具存。"① 在老子看来，如果天地和人有了仁爱的情感，那么就会失去了它们各自依"道"而有的自然本性。正是在这个意义上，老子是十分反对人因为自身而具有的主体性情感而努力作为的。对于老子而言，"道"是自本自根而自然而然地独化出来的，人应该做到的就是顺应自然而无为。无论是人，还是"道"，老子都反对基于主观性意识而进行的参与和干涉。基于此，我们可以合理地推测说，老子持有的自然无为的人性论具有"无情"的特征。不过，在这里值得注意的是，老子持有的"无情"特征并非现在一般所说的情欲之情，而是囊括了知情意在一起的主体意识。不过，因为老子并没有有关"情"的充分描述，对"无情"观的细致刻画我们还需要进一步通过《庄子》中的直接表述进行揭示。

诚然，有关"无情"的概念出现很早，但它们最早都不是作为一般所说的情欲之情②，直到《庄子》，它才首次在这个意义上用来强调对主观情感的摆脱。在谈及有德之人时，《庄子》写道：

> 故圣人有所游，而知为孽，约为胶，德为接，工为商。圣人不谋，恶用知？不斫，恶用胶？无丧，恶用德？不货，恶用商？四者，天鬻也。天鬻者，天食也。既受食于天，又恶用人！有人之形，无人之情。有人之形，故群于人；无人之情，故是非不得于身。眇乎小哉，所以属于人也；謷乎大哉，独成其天。（《庄子·德充符》）

这里的意思是说，圣人遨游于世间，是因为圣人从来不殃孽谋谟，所以智慧反而是祸根；圣人从来不散乱形断，所以约束反而是禁锢；圣人从来不丧道缺损，所以德性只是交接外物的手段；圣人从来不买卖谋利，所以工巧反而是无劳商

---

① 老子道德经注校释 [M]. 王弼，注. 楼宇烈，校释. 北京：中华书局，2008：13.
② 在《左传·哀公八年》中有记载："吴为邾故，将伐鲁，问于叔孙辄。叔孙辄对曰：'鲁有名而无情，有大国名，无情实。伐之，必得志焉。'"孔颖达. 春秋左传正义 [M]. 北京：中华书局，2009. 在《左传·庄公十年》中有记载："小大之狱，虽不能察，必以情。"杨伯峻注释说："情谓实际情况。"杨伯峻. 春秋左传注 [M]. 北京：中华书局，1981：183.

贾。所以，在老子看来，智慧、约束、德性和工巧对一般依靠形体生活的人是重要的，但是对于遨游于世间的圣人而言，他不谋、不斫、无丧和不货，这才是最自然的，根本就不需要那些东西。通过这种自然与人为的对比，庄子告诉我们，圣人虽然和世人一样有同样的身形，因而与世人生活在一起；但圣人和世人不同的地方在于，他没有世人的好恶之情。王博对《庄子》有关"人"为什么"小"和"天"为什么"大"的分析深得《庄子》之要旨："让人属于人的是形体，人因此必须生活在人群中，这是渺小的东西；让人超越人的是德，人藉此可以成就天心，这是伟大的东西。"①

为了突出圣人和世人有关"情"的这种区别，《庄子》紧接着用庄子和惠子的辩论进一步展示了圣人"无情"与世人"有情"的差别：

> 惠子谓庄子曰："人故无情乎？"庄子曰："然。"惠子曰："人而无情，何以谓之人？"庄子曰："道与之貌，天与之形，恶得不谓之人？"惠子曰："既谓之人，恶得无情？"庄子曰："是非吾所谓情也。吾所谓无情者，言人之不以好恶内伤其身，常因自然而不益生也。"惠子曰："不益生，何以有其身？"庄子曰："道与之貌，天与之形，无以好恶内伤其身。今子外乎子之神，劳乎子之精，倚树而吟，据槁梧而瞑。天选子之形，子以坚白鸣。"（《庄子·德充符》）

很显然，在惠子处，人有喜怒哀惧等情感表达是自然而然的人性，人因此不可能无情。这从成玄英的相关疏解里可以看出："人故无情乎"一句被疏为"所言人者，必固无情虑乎？"；"人而无情，何以谓之人"被疏为"若无情智，何名为人？"；"既谓之人，恶得无情"被疏为"既名为人，理怀情虑，若无情识，何得谓之人？"② 但与惠子不同，庄子在这里并不是从喜怒哀惧等自然情感来说"无情"，而是以是非好恶来说"情"。郭象注解说："以是非为情，则无事无非无好无恶者。"③ 成玄英也疏解说："吾所言情者，是非彼我好恶憎嫌等也。"④

---

① 王博. 庄子哲学［M］. 北京：北京大学出版社，2004：70.
② 郭庆藩. 庄子校释（新编诸子集成）［M］. 王孝鱼，点校. 北京：中华书局，1961：220-221.
③ 郭庆藩. 庄子校释（新编诸子集成）［M］. 王孝鱼，点校. 北京：中华书局，1961：222.
④ 郭庆藩. 庄子校释（新编诸子集成）［M］. 王孝鱼，点校. 北京：中华书局，1961：222.

因此，对庄子而言，"无情"并不是基于喜怒哀乐的自然情感，而是基于是非好恶的主观意识能力。

　　然而，值得注意的一点在于，无论是惠子还是庄子，他们对"无情"的谈论其实在根本上是为了谈及对人性本质的认识。很明显，惠子在这里谈到的人性禀受"道"而来自然地具有了形体，具有了与之相随的情感、情虑、情智和情识，具有了自我意识，这与上面谈到的世人因身形禀受于天而自以为可以随"道"而参天地之化育的观点一致。然而，对于庄子而言，人性禀受"道"而来虽然自然地具有了形体，但人终究不过是"道"造化的，人如果因此试图用自己的意识去进行主观的情感活动、认识活动和判断活动，那就超出了"道"赋予人的自然本性了。因此，对庄子而言，作为能够体证"道"的圣人应该顺应自然无为而"无情"。按照这种对比分析，如果"无情"在根本上反映的是有关人性本质的看法，那么无论是惠子，还是庄子，他们有关"情"的看法都不止用来表达有关单纯的自然情感的看法，而是囊括了更为宽泛的属于人的主观能力的总体看法。这也就是为什么成玄英用没有情虑、情智和情识来解"无情"。正是在这个意义上，王博解读说："庄子所谓的无情，其实是和心相关之事。好恶自然是情，但是不以好恶内伤其身，就已经不是情，而是用心了。这种用心就是不以人灭天，不因自己的好恶来改变事物的自然。"①

　　基于上述分析，如果我们已经认可说道家的"无情"其实是反对主观人为，那么我们自然也就可以返回去理解，即使在一般的意义上谈论人因为喜怒哀惧而有自然情感，也是道家所反对的。因为"无情"的重点在于对人基于自我主观意识而呈现的人为要素的拒斥，反对的是人的僭越，其目的在于追求人能够从主观的是非好恶的身心活动中解脱出来。在这个意义上，道家既反对儒家通过人伦日常而能够体认"道"的做法，也反对儒家通过日常之情可以体验"情"之乐的做法。关于前者，我们在前面已经多有谈及，但关于后者，我们还没有什么涉及。因此，我们在这里有必要从体验"情"之乐的角度来进一步理解道家人性论中自然无为的思想。

　　提及有关"情"之乐的体验，《庄子》在无为的基础上提出了"至乐无乐"的观点。《庄子》在专门谈及什么是最大的快乐的《庄子·至乐》中写道：

　　　　天下有至乐无有哉？有可以活身者无有哉？……夫天下之所尊者，富贵寿善也；所乐者，身安厚味美服好色音声也；所下者，贫贱夭恶也；所

---

① 王博. 庄子哲学［M］. 北京：北京大学出版社，2004：70.

苦者，身不得安逸，口不得厚味，形不得美服，目不得好色，耳不得音声……今俗之所为与其所乐，吾又未知乐之果乐邪？果不乐邪？吾观夫俗之所乐，举群趣者，硁硁然如将不得已，而皆曰乐者，吾未之乐也，亦未之不乐也。果有乐无有哉？吾以无为诚乐矣，又俗之所大苦也。故曰："至乐无乐，至誉无誉。"天下是非果未可定也。虽然，无为可以定是非。至乐活身，唯无为几存。

在《庄子》看来，真正的乐就是"无为"，也就是世俗流行观念中认为的那种苦。很明显，这里再次运用了世人和圣人的对比：对于世人而言，他们所乐的无非是身安、厚味、美服、好色、音声这些东西，这些东西都依赖于人的身形；与之相对，对于圣人而言，任自然而无为才是最高的乐，因为自然无为不依赖于人的身形而是精神的遨游。然而，在世人看来是乐的东西，在圣人看来却是人为戕害自然人性的事情；而在圣人看来是乐的东西，在世人看来却是令人痛苦的。正是在权衡对比世人与圣人的不同观点时，《庄子》提出，最高的快乐就是没有快乐，最高的赞誉就是没有赞誉。很显然，《庄子》是赞成圣人自然无为之乐的。因此，尽管天下的是非好恶在世人的观点下难以确定。但站在圣人的立场，只要顺应自然无为就可以决定是非好恶。因为无为才无所待，可以精神遨游，从而可以做到不以是非好恶伤害自身。所以真正说来，只有无为才不会有忧乐，才能养生尽其天年。

基于世人与圣人的对比，《庄子》"至乐无乐"的观点和前面谈及的"无情"观点具有本质上的一致性，即"至乐无乐"和"无情"并非说道家反对一切来自自然的情感与快乐；而是说，道家反对一切来自人自我主观意识的人为，主张人性论的自然无为。在反对自然情感和快乐的观点上，《庄子·庚桑楚》中讲："容动色理气意六者，谬心也；恶欲喜怒哀乐六者，累德也。"这是说，容貌、举止、美色、辞理、气调和情意这些东西会束缚心灵；憎恶、爱欲、欢喜、愤怒、悲哀、欢乐这些东西会牵累道德。而《庄子·刻意》中也说："悲乐者，德之邪；喜怒者，道之过；好恶者，德之失。"这里的意思是说，悲伤和快乐，是天性的偏邪；喜悦和愤怒，是天性的过失；喜好和厌恶，是天性的迷失。

既然反对来自人自我主观意志的情感和快乐，那么道家支持的就必然是没有人为干预的自然无为。如果能够做到，就是摒弃世人着重的"情"和"乐"，所以《庄子·刻意》说：

故心不忧乐，德之至也；一而不变，静之至也；无所于忤，虚之至也；

> 不与物交，惔之至也；无所于逆，粹之至也。

也就是说，只有内心不怀忧乐才是德性的最高境界。执守纯一不变不动，是宁静的最高境界；不会与万物发生抵触，是虚空的最高境界；不跟外物发生关系，是恬淡的最高境界；不跟外物产生对抗，是纯粹的最高境界。在这里，"心不忧乐"也就是"无情""无乐"，也就是"喜怒哀乐不入于胸次"（《庄子·田子方》），"哀乐不能入也"（《庄子·大宗师》）。因此，"无情""无乐"才能真正让人在精神上做到"虚""静""恬淡""纯粹"，从而做到以精神遨游而顺应自然无为也。

基于上述，我们可以说，道家的"无情""无乐"其实是主张拒斥世人意义上基于自我主观意识发散出来的情感、情虑、情智和情识，在根本上在于反对人为。但这并不意味着道家否认人有禀受"道"而来的自然情感和心知能力。在这里，理解"无情""无乐"的关键在于拒斥人基于自我主观意识而具有的是非好恶。当然，这里可能存在的吊诡在于，如果我们认为人因为自然情感和心知能力而必然展现自我主观意识，而自我主观意识又必然表现为人为，那么我们是如何可能做到顺应自然无为的？从逻辑来看，这几乎是一个不可避免的认识论悖论。正因如此，如果我们要理解道家人性自然无为的思想，我们就只能从一种实践的角度把它理解为一种人生态度和人生境界。正是在这个意义上，个人倾向于认为，道家的哲学体系在根本上是一种人生价值哲学。

### 四、无身与无心

通过前面有关"无欲""无知""无情""无乐"等概念的说明，我们已经充分地表明，道家对人性自然无为观点的强调，在根本上是要拒斥人基于自我主观意识的情感能力和认知能力。人的这些主观能力的持有最终都指向人实际具有的身心。因此，拒斥这些能力也就意味着拒斥人的身心，不过，需要注意的是，拒斥人的身心不是说不要人的身心，而是说拒斥人利用自我主观意识发散身心的能力。因此，我们虽然为了配套道家"无"的哲学而使用"无身"和"无心"的表达，但这并不是说道家在根本上拒斥身心，而是说他们拒斥基于自我主观意识的身心能力。这从以下我们有关老庄身心观的分析将会得到澄清。

让我们首先从老子有关身体观的争议开始谈起。这种争议在《老子·第十三章》集中地表现了出来：

> 宠辱若惊，贵大患若身。何谓宠辱若惊？宠为下，得之若惊，失之若

惊，是谓宠辱若惊。何谓贵大患若身？吾所以有大患者，为吾有身，及吾无身，吾有何患。故贵以身为天下，若可寄天下。爱以身为天下，若可托天下。

在这里，老子似乎表达了有关身体的两种对立观点：一种观点是贵身、爱身，与之对立的另一种观点是恶身、无身。我们之所以要贵身、爱身，是因为身体是宠辱的承载者，或者说是生命的承载者。王弼注"故贵以身为天下"时说："无（物可）以易其身，故曰（贵）也。"① 我们之所以要恶身、无身，则是因为身体让我们遭受苦患。从表面上看，上述两种观点看起来是冲突的。那么，老子的身体观真的矛盾吗？答案当然是否定的。但这需要我们更为详细地说明。

我们首先需要明白的是，对于老子而言，身心并非我们现代意义上的物理身体和精神心灵的二元对立，而是都可以指代生命整体的交互概念。正如王志楣所说："身心、形神、性命或是肉体与精神，均表自我生命结构的术语，它们常在不同的时间交替使用，古籍《老子》中所言及的'身'，则不仅限于具象之形骸，且含摄了与主体心灵意识有互相依存、作用的关系。"② 基于这一点，我们可以知道，老子对于贵身、爱身和恶身、无身的不同观点其实反映了老子对于两种不同人生观的看法。

从贵身、爱身的观点来看，是因为老子把身体与"道"之自然无为本性关联在一起。我们已经十分清楚，老子的"道"是包括人性在内的万事万物的本源，人的身体自然也是由"道"而"德"生育出来的。在"名与身孰亲？身与货孰多？"（《老子·第四十四章》）的对比中，我们只要按照老子自然无为的一贯主张去反思就会知道，人身是我们需要去贵重、珍爱的本真。正如王邦雄解释的，"声名与货利皆属身外物，生不带来死不带去，声名本身对每一个人的存在而言，才是亲切感的存在真实，也才是重要感的价值拥有"③。同样地，这也就是老子说"修之于身，其德乃真"（《老子·第五十四章》）的原因。修身当然是修养自然无为的朴实本真之人性，这是来自"道"之"德"。综上可以看出，从贵身、爱身的观点来看，老子用身指代人禀受"道""德"而来的朴质本性，贵身、爱身其实是强调人要贵重和珍爱"道"之自然无为。

---

① 老子道德经注校释 [M]．王弼，注．楼宇烈，校释．北京：中华书局，2008：29．
② 王志楣．从有身道无身：论《老子》的身体观 [J]．彰化师大国文学志，2007（15）：35．
③ 王邦雄．老子《道德经》的现代解读 [M]．长春：吉林出版集团有限责任公司，2011：167．

　　与贵身、爱身不同，当老子说我们要恶身、无身时，强调的是人依赖身体而流露出来的主观欲望和认知。老子讲："塞其兑，闭其门，终身不勤。开其兑，济其事，终身不救。"（《老子·第五十二章》）意思是如果堵塞嗜欲的孔洞，关闭欲念的门户，这样的身体和人生一生都不会有身心的负累。如果打开嗜欲的孔洞，执着于世俗之事，这样的身体和人生一生都不可能得到救治。很显然，这里对于身的强调指向的是人出于自我主观意识而具有的欲望和执念。一旦人们脱离"道"之自然无为而试图进行自我感知时，人就会因为不同的感官而执着于不同的外物，这就是因为自我主观意识而导致的对自然无为本性的伤害。所以老子讲："五色令人目盲，五音令人耳聋，五味令人口爽。"（《老子·第十二章》）因为人用自我主观意识聚焦于某一点，导致目盲、耳聋、口爽等身形感官的陷溺而不自知。换而言之，基于人的自我主观意识的身形感官是向外求而不知止的，这就会导致人的心身都疲于奔命而无法摆脱。为了保全身体、保全本真的生命，我们就应该恶身、无身。

　　综上所述，我们可以看出，老子之所以会出现贵身、爱身和恶身、无身的对立，并非他持有矛盾对立的观点，而是通过比照的方法凸显了不同的人生态度。从比照的角度来说，老子其实是从世人和圣人的不同角度阐述了有关身的理论。在世人看来，人身有基于自我主观意识的各种感觉和心知，我们必然会追求与之相关的欲望和认知。在这个意义上，老子当然是要反对的，所以强调恶身、无身。但从圣人的角度来看，人身是禀受"道"而来的自然无为，我们要做的就是"复守""道"之母，"复归其明"。那么，我们如何才能做到这一点呢？

　　既然人性要遵从"道"而自然无为，要恶身、无身，那么最根本的就在于从源头上去掉经验感知、去掉概念认知，这也就是老子强调的"虚心"或"无心"。所以老子讲："是以圣人之治，虚其心"（《老子·第三章》），又讲"圣人常无心"（《老子·第四十九章》）。通过前面有关老子认识论的分析，我们已经清楚，因为"道"是不能被认知的，所以老子在根本上是反对人通过心去感知与认知世界和"道"的。我们唯一能够对"道"之自然无为有所把握的方式只能是实践的体证。在实践体证的意义上，我们必须拒斥人的自我主观意识，而达到"虚心"或"无心"的精神境界。正是在这个意义上，我们说，"虚心"或"无心"都是人内在的精神修养功夫。它们展现为基于"玄览""虚静"而"玄同"的过程。

　　何谓"玄览"？老子讲："涤除玄览，能无疵乎？"（《老子·第十章》）在这里，"涤除"的意思很明确，就是洗涤清除人内心中的尘垢、杂染。然而关于

"玄览",解读者存在一定的分歧。"玄览"主要出现在王弼本,但在帛书本、河上公本等版本中,都写作"玄鉴"。就"玄览"意言,按照王弼的注:"玄,物之极也。言能涤除邪饰,至于极览,能不以物介其明,疵(之)其神乎?则终于玄同也。"① 按照这种解读,"玄"是形而上,"览"是看、观。楼宇烈校释"玄览"说:"指一种排除一切物欲障碍之神秘的精神境界。"② 在这个意义上,"玄览"也就是涤除主观的心之主观意识,而能用一种"道"之自然无为的形而上的观照能力。但是如果按"玄鉴"解,"鉴"指镜子,那么"玄鉴"则指一种比喻用法的"心镜",指的是能够明鉴万物的镜子。这从《庄子》和《淮南子》那里的相关表述中可以得到佐证。《庄子·天道》中讲:"圣人之心静乎,天地之鉴,万物之镜也。"《淮南子·修务训》中讲:"执玄鉴与心,照物明白。"尽管存在这种解释上的差异,但我们可以看到的是,解读者都承认"玄览"和"玄鉴"是有关人心去除心知尘垢与杂染之后达到的一种状态,一种有关"心"的状态。这种状态也就是"无心"或"虚心"的澄明状态。因此,无论是作为形而上的看的"玄览",还是作为明鉴万物之镜的"玄鉴",其最终指向都是虚静的实践修养功夫和精神境界。

什么叫作虚静?我们在前面谈及道家认识论的时候已经表明,虚静就是一种体证"道"的直观功夫。不过,在那里我们主要是从认识论的层面谈及。在这里,我们更重在从身心体证"道"的角度进行深入的剖析。事实上,无论是前面我们在认识论的意义上谈及的"道""损",还是刚刚谈及的"涤除""玄览",都是老子提倡"虚静""无为"之修养功夫的早期阶段,老子认为在这个阶段主要是破除一般的经验及认知的局限。只有经过破除外物蒙蔽的阶段,我们才能真正达到内心的"澄明"和"虚静",从而真正实现顺应自然而无为。在内心"澄明"和"虚静"阶段,老子给予了我们一种正面的有关体"道"的"观"的观点。关于这种"观"的思想,老子表述说:

> 故常无,欲以观其妙;常有,欲以观其徼。(《老子·第一章》)
> 致虚极,守静笃,万物并作,吾以观其复。(《老子·第十六章》)

老子在这里所说的"观"是基于人性的直观,是一种没有中介的直接把握。在这个意义上,"观"是反对通过感官的中介获得感性经验和反对通过理性获得概

---

① 老子道德经注校释 [M]. 王弼,注. 楼宇烈,校释. 北京:中华书局,2008:24.
② 老子道德经注校释 [M]. 王弼,注. 楼宇烈,校释. 北京:中华书局,2008:24.

念认知的，这二者都不是直接对"道"本身的直接把握。在这里，毋宁说，"观"更像是一种现象学的自我显现，"让人从显现的东西本身那里如它从其本身所显现的那样来看它"①。在这种现象学的自我显现中，我们可以从两个方面去把握，即从"我"和"物"这两个维度，与这两个维度相对应，"观"恰好可以表现为"视"和"示"两个方面。②

从"视"的角度而言，也就是从人作为有自我主观意识的主体而言，我们需要"塞其兑，闭其门，挫其锐，解其纷，和其光，同其尘"（《老子·第五十六章》）。意思是堵塞欲望的孔，关闭欲念的门，消挫自己的锐性，解除自己与外界的纷扰，混合自己的光亮，混同自己于尘世。概而言之，去掉个人的自我主观意识，做到无身无心，虚空自己，抱一守静。在这个意义上，老子的"观"其实是一种静观，是从有自我主观意识的主体出发纯化自己，从而直观到"物"本身。

从"示"的角度而言，也就是从一个东西之为一个东西的本身出发，让一个东西就其自身显示自身。如果说在这种情况下还存在主体视角，那也就是主体要把自身置于对象中，随着"物"自身的视角，也就是随着"道"自然无为的视角去体证"道"。正如老子所说：

> 故以身观身，以家观家，以乡观乡，以邦观邦，以天下观天下。吾何以知天下之然哉？此此。（《老子·第五十四章》）

这就是说，完全以一种主体虚静无为、无欲、无情、无知、无心的状态，把自己与客观的"物"和"道"浑然一体，依照"物"和"道"自然而然的样子来体认"万物""道"。在这种状态下，人达到的不仅是身心的浑然一体，而且物我不分，与"道""玄同"，这正是一种典型的体证"道"的直觉体验方法。

通过无身无心的修养，可以达到对于"道"的体证，这种思想不仅表现在老子这里，也同样被《庄子》所继承和发展。我们前面在谈到《庄子》的认识论时就明确地指出，《庄子》认为对"道"的体证体现的是一种"吾丧我"的境界，那里的"吾丧我"指人不但丧失了自己的身形，而且也丧失了自己的心神；同样，当《庄子》告诉我们需要通过"坐忘"的方式达到对"道"的体证

---

① 马丁·海德格尔. 存在与时间（修订译本）［M］. 陈嘉映，王庆节，译. 北京：生活·读书·新知三联书店，2006：41.

② 参见王博. 老子哲学中"道"和"有"、"无"的关系试探［J］. 哲学研究，1991（8）：43；朱晓鹏. 老子哲学研究［M］. 北京：商务印书馆，2009：187。

时，他也很明确地告诉我们，只有毁废掉自己的肢体，罢黜掉自己的聪耳听目见，抛弃掉自己的身形和心知，才能真正做到与大"道"浑然一体，顺应大"道"自然无为，遨游于天地之间。因为有关"吾丧我"和"坐忘"的思想在前面已经清楚地展开，我们在这里不再赘述。不过，为了表明《庄子》在人性论上也持有一种自然无为的思想，我们补充《庄子·知北游》中有关身心关系的一段分析，则是十分有必要的。

在《庄子·知北游》中，通过一则寓言描述了体"道"之人呈现出来的身心状态：

> 啮缺问道乎被衣，被衣曰："若正汝形，一汝视，天和将至；摄汝知，一汝度，神将来舍。德将为汝美，道将为汝居。汝瞳焉如新生之犊而无求其故。"言未卒，啮缺睡寐。被衣大说，行歌而去之，曰："形若槁骸，心若死灰，真其实知，不以故自持。媒媒晦晦，无心而不可与谋。彼何人哉！"

在这则寓言中，《庄子》通过啮缺和被衣这两个虚构的人物谈及了体"道"的功夫与境界。在前半段，《庄子》描述的是被衣向啮缺讲述体"道"的功夫：试图体"道"的人应该端正身形，去掉所有向外的视看而集中于唯一的内观，这样就可以混同物我于"道"之和；试图体"道"的人要泯灭智慧，专一自己的思虑，这样就可以让神明呈现于心中；"德"就会自然而然地让你显现出原初的美好，"道"也就会成为你真正的游居之所；这种状态下的人就会像初生的小牛一样无知无识，自然也就不会追求有一个原来的自我。很显然，这里谈及的体"道"功夫和前面老子谈及的"涤除玄览"与"玄同"的功夫在精神实质上是一样的，"瞳焉如新生之犊"的状态和老子所说的"复归于婴儿"的状态也是如出一辙。在后半段，《庄子》借被衣之口描述啮缺没有了体"道"之后呈现的状态：身形像枯槁的骸骨，内心如同死灰，真切地呈现了他实际体知的精神状态，不执持原本的自我。在这种状态下，人是懵懂暗昧，无心无知的，根本就不要，也不能再和他思虑谋说什么了。很明显，这里对身心状态的描述和《庄子·齐物论》开篇有关"吾丧我"的描述几乎是一样的。而有关"吾丧我"的分析，我们前面已经表明，就是无身无心的"忘我""无我"。这和老子的思想旨趣是一样的。

综上所述，我们可以看到，"无身""无心"是道家体"道"的最后修养功夫。尽管严格来说，道家围绕"无"展开的"无欲""无知""无情""无乐"

"无身""无心"其实是人性自然无为一体多面的展开，并没有根本上的区别。但是就分开的侧面来论，"无欲"更侧重于破除主体对外物的欲望，"无知"更侧重于破除主体对外物的认知，"无情"更侧重于破除主体自身情感的体验，"无乐"更侧重于破除主体对极致情感的追求；但毫无疑问的是，这些对"无为"的不同表述其实都是对人各种主观能力的表述，但这些能力在根本上依赖于人的身心，身心在根本上代表的是人的主体生命，因此，我们要摒弃这些能力的根本就在于抛弃身心。当然，我们十分清楚，在道家那里，他们持有的是一种生命整体观，即认为身心合而为一是整个主体生命的体现，而并不像现代一样认为身代表基于各种具体器官而具有的感观能力、心代表内在的抽象思维和整体精神能力。因此，道家主张的"无身"和"无心"其实就是要去掉整个具有主观能力与意识的自我。然而，正如我们在前面的分析中指出的，道家关于"无为"各种面相的展开并不排斥人基于自然而具有的欲望、体知、情感和生命，这充分表明，道家用"无为"各种面相展开的分析只是要拒斥人基于自我主观意识而具有的各种人为之伪。当然，对道家来说，一个最大的难题其实在于，我们是否能够完全清楚地区分禀受自然而具有的情感与体证和人主观人为的欲望与认知。就个人而言，笔者不认为这是一件容易的事情。正是基于这个理由，笔者个人也更倾向于认为，道家从各个侧面展开的"无为"之"道"其实更多的是一种面向理想境界而呈现的实践修养功夫。这再次表明，道家整个的哲学系统在根本上是一种有关人生态度的价值哲学，而非认知科学。

### 五、天人合一的人性论

如果我们前面有关人性自然无为在不同面相展开的分析是合适的，那么我们可以看到，道家提倡的"无为"功夫论其实是对人性"自然"的丰富展开。从根本上来说，道家试图通过从人主观无为的一面去阐释我们何以能够坚守人性自然的一面。当然，我们只有站在"道"之形而上的维度来审查，这种观点才是站得住脚的。如果不立足于"道"之形而上的自本自根，我们首先就无法理解人性自然而然的确切含义，那么我们根本就无法区分人顺应自然表现自己的身心活动和人不顺应自然而人为表现自己之间有什么本质性的区别；如果不立足于"道"之形而上的独立独化，我们也就无法理解人性无为的确切含义，我们根本就无法区分归之于人的"无为"到底是一个认识论的矛盾概念还是一种体"道"的实践功夫。因此，我们必须站在"道"之形而上的层面去理解人性，只有站在"道"之形而上的层面去理解"人性自然"，我们才能理解人性的根本原则是顺应自然不自觉地自我呈现；同样，只有站在"道"之形而上的层面去理解"人性无为",我们才能理解人性的实质展开不是凸显人自以为是的自我主观意识,而是自觉地放弃"自我"而顺应"道"之自然的无为。

事实上,无论是人性自然,还是人性无为,根本上都在于人性与"道"的合而为一。不过,与儒家以积极作为的人道反映天道的观点不同,道家更在于否定积极作为的人道方式而强调顺应天道的自然无为。在这个意义上,对于道家而言,人性无非就是"道"的展开,无非都是来自天道的"命",人性自然无为的旨归无非就是"复命"于"道"。那么,我们该如何理解这种"复命"于"道"的思想,它又体现了道家怎样的特质呢?

关于"复命"的思想,老子这样说道:

> 致虚极,守静笃。万物并作,吾以观复。夫物芸芸,各复归其根。归根曰静,静曰复命。复命曰常,知常曰明,不知常,妄做,凶。(《老子·第十六章》)

这里是从"道"的高度来谈论物的生成以及人对"道"的体证。从物的生成的角度来看,王弼的解读十分精彩。首先来看"致虚极,守静笃"。王弼注解说:"致虚,物之极笃;守静,物之真正也。"① 很显然,王弼在这里认为"虚"和"静"是"物"的本源与最真实的样子。这和"万物并作"联系起来,显得特别合理。所以,当王弼用"动作生长"② 来注"万物并作"时,特别能够展示"道"由"静"而"动"的这种"反"的力量,让万物生长出来。这一点明显地通过王弼对"吾以观复"的注表现出来。王弼注云:"以虚静观其反复。凡有起于虚,动起于静,故万物虽并动作,卒复归于虚静,是物之极笃也。"③ 在这里,"有"和"虚"的对立、"动"和"静"的对立,从相反相对的角度解释了万物的生成;而"起于虚""起于静"和"复归静笃"的表述则表明了虚静作为万物的根本是动的源头与终点的"返复"本性;这二者共同反映了老子有关"道"本真的宇宙生成观:"反者,道之动也。"(《老子·第四十章》) 王弼的注不可谓不精彩。正是基于此,王弼注"夫物芸芸,各复归其根"为"各返其所始也"④,注"归根曰静,静曰复命"为"归根则静,故曰'静'。静则复命,

---

① 老子道德经注校释 [M]. 王弼,注. 楼宇烈,校释. 北京:中华书局,2008:35.
② 老子道德经注校释 [M]. 王弼,注. 楼宇烈,校释. 北京:中华书局,2008:35.
③ 老子道德经注校释 [M]. 王弼,注. 楼宇烈,校释. 北京:中华书局,2008:35.
④ 老子道德经注校释 [M]. 王弼,注. 楼宇烈,校释. 北京:中华书局,2008:35.

故曰'复命'也"①。在这里，"复命"的思想很明确地被认为是指向作为万物根本的虚静，也就是呈现为虚空寂静"道"之根本。既然是"道"之根本，也就是那个长久之"道"。所以在解释"复命曰常"时，王弼注云："复命则得性命之常，故曰'常'也。"② 只有知道"常"，我们才能真正知道由"道"生"物"的宇宙秘密。所以当老子说"知常曰明，不知常，妄做，凶"时，王弼注云："常之为物，不偏不彰，无曒昧之状、温凉之象。故曰'知常曰明'也。唯此复，乃能包通万物，无所不容。失此以往，则邪入乎分，则物离其分，故曰不知常则妄作凶也。"③

诚然，王弼的上述注解充分地展现了老子有关虚空寂静之"道"产生万物而万物应返复于"道"的"复命"思想。然而，很明显的是，王弼的注没有展示或者说是有意忽略了"吾以观复"的主体层面。在"吾以观复"这个层面，老子这段话反映的应该是人性体"道"的过程。④ 大致意思可以理解如下，达到心灵空明虚寂的极点，安守虚空内心清静澄明的本真状态。那么在面对万物蓬勃生长的时候，我们就可以直观到蕴含于其中循环往复的大"道"之理。这个道理就是天下万物虽然纷繁多样，但最终都将回复到我们虚空内心而可以通达的那个虚静无声的大"道"。在这个意义上，返回根本也就是"静"，这里的静是大"道"的本然虚静，包括人在内的万事万物都因为秉承"道"而具有虚静的本性。特别值得强调的一点在于，当"静曰复命"时，人不仅作为具体的生成物顺应自然虚静无为，而且也作为独特的主体虚心静意而回复本性之真。因此，对于人而言，不仅是作为一般的生成物而体现"道"之恒常，更重要的是通过虚心静意体证"道"之恒常，让自己真正地做到心神澄明，顺应"道"之自然无为。如果体会不到"道"之恒常，就会主观臆动，从而导致凶险。

尽管上述有关老子的两种不同解读看起来差异很大，但二者并非不可调和。如果我们还记得老子的"道"具有形而上的最高生成义和价值义，那么我们也就能够理解，这两者其实都是老子之"道"本来就应有之义。基于此，我们理解"复命"也就有了两重含义。一是从形而上的生成义而言，万事万物都是由"道"而生的，"道"是万物的源头、依据，万事万物的"命"都来自"道"，这是最自然而然的，也是必然的。二是从人生价值论而言，人性要涤除一切感

---

① 老子道德经注校释［M］. 王弼，注. 楼宇烈，校释. 北京：中华书局，2008：36.

② 老子道德经注校释［M］. 王弼，注. 楼宇烈，校释. 北京：中华书局，2008：36.

③ 老子道德经注校释［M］. 王弼，注. 楼宇烈，校释. 北京：中华书局，2008：36.

④ 牟宗三认为老子这里的"致虚极，守静笃"反映了一种主体修养的功夫论和境界论。牟宗三. 中国哲学十九讲［M］. 台北：台湾学生书局，1983：122.

觉经验、知性认知，让心灵空虚，人性因为空虚而达到内心的宁静和谐并保持这种状态，在这种状态下，我们就会呈现无限心的作用，而复归于道的怀抱。① 因此，正如郑开在解释"静曰复命"时指出的，它"既指万物（包括人）本性的寂静（宇宙论），也指澄心静意可以回复本性之真，可以体道"②。这一思想，在《庄子》处体现得淋漓尽致。

《庄子·天地》篇中有继承老子由"道"而创生万物的描述：

> 泰初有无，无有无名。一之所起，有一而未形。物得以生谓之德；未
> 形者有分，且然无间谓之命。

正如我们前面解释过的，宇宙最初的那个"无"就是那个唯一的"道"，这个"无"之"道"不是任何具体的东西，也不能进行任何的命名与言说。"道"开始创生时其实是没有形态的，只是一个从无到有的中间状态，是一个混沌的"一"。万物得"道"而生也就是"德"，但"德"其实也还没有具体的形质。不过，它已经在浑然一体的状态中有了分际，分际的东西都是秉承"道"而有所得，这个"德"就是"道"自然而然的"德"，也就是"命"。从这里可以看出，从"道"之形而上的生成意义来看，《庄子》对于"命"的基本界定和老子是一样的。不过，正如我们已经知晓的，《庄子》更强调"道"和人的生存方式与态度的关系。因此，从人生价值论来理解《庄子》的"命"与"道"的关系更为主要。

《庄子·德充符》中说：

> 死生、存亡、穷达、贫富、贤与不肖、毁誉、饥渴、寒暑，是事之变、
> 命之行也。

在《庄子》看来，所谓的"命"也就是人禀受"道"而天生就有的东西，也就是前面那里所说的由"一"而分得的"德"，在这个意义上，人"命"中有的东西也就是由"道"而"德"的东西。再结合我们前面分析说"德"也就是人之性，我们可以看出，对于《庄子》而言，由整全抽象的"道"，到由"一"

---

① 牟宗三. 中国哲学十九讲 [M]. 台北：台湾学生书局，1983：122；吴汝钧. 老庄哲学的现代析论 [M]. 台北：文津出版社，1998：250-254.

② 郑开. 道家形而上学研究 [M]. 北京：宗教文化出版社，2003：217.

而多的"德"，再落实到人性上，就具体表现出命定的死生、存亡、穷达、贫富、贤与不肖、毁誉、饥渴等。

　　然而，值得注意的是，《庄子》落实到人性上的东西其实可以细分为两类。一类是从一般意义上讲我们人力基本不可控制的死生、存亡、穷达、贫富①和饥渴之类；另一类是通过人为努力可以控制的贤与不肖。与儒家做一个对比，我们会看到，儒家同样接受第一类是人命所有的东西，但儒家认为第二类并不属于人命所固有的东西，而是属于人可以主观努力的范围。儒家把第一类称为"运命之命"，而把第二类归之于人性的努力与否，被赋予了道德性的色彩，被称为道德性的"天命"。从儒家和《庄子》的对比中可以看出，儒家区分了被决定的"运命之命"和道德性的"天命"；而《庄子》则并不区分不同的"命"，认为一切人事的现象都是被决定的。何以会有这种差异？这在根本上反映了儒家和《庄子》在人生价值旨趣上的差异。

　　很显然，对于儒家而言，他们之所以强调"运命之命"和道德性的"天命"的区别，是因为一方面他们要接受天道作为最终的根据和来源，但他们更想在另一方面通过强调人能够因为自己的主观能力而获得自身的道德属性。因此，儒家虽然强调人道和天道的统一，但主要强调的是人道自身的努力，天道只是人道的根源，他们意在以天命说明人性的根源。这在根本上符合儒家强调人性应努力诚之的特征。但是对于《庄子》而言，"命"其实是德在具体实现过程中对于某人某物由"道"而分得的限度，他意在强调"道"既是那个最终根源，也意在强调"道"是人性道德性的决定根据。因此，对于《庄子》而言，他通过"命"想表达的既有"道"的必然决定性，也有"道"的最高价值来源义。这在根本上符合道家主张的人性论应该顺从"道"之自然无为的特征。正是在这个意义上，《庄子》强调说："无以人灭天，无以故灭命"（《庄子·秋水》），"性不可易，命不可变"（《庄子·天运》）之类的表述。

　　现在，我们明白，对于《庄子》而言，命与性、德、道并没有本质区别，它们都是指向"道"自本自根的本质特征。那么，我们也就明白，对于《庄子》而言，强调命也好，还是强调性和德也好，它在根本上都是为了通过在人性或其他的万事万物中去体证到那个最高的"道"。这在《庄子》这里被称为"性修反德"，而这也就是老子强调人性自然无为是对"道"的体现的实际内涵。

---

　　①　对于穷达和贫富为什么属于人力基本不可控制的范围之类，主要是因为在古代社会大致还是一个等级社会，社会的财富与地位在一个传统和共同体里相对而言是比较固定的。

因此，我们可以看到，对于道家而言，无论他们是强调人性的自然无为，还是强调人性的复命反性，在根本上都是基于他们认为人性是"道"自然生化的原因。从道德的意义上来说，是因为道家认为基于人性的人道其实反映的就是天道。在老子看来，人道就应该效仿天道，所以他说："道常无为，而无不为。侯王若能受守之，万物将自化。"（《老子·第三十七章》）也就是说，治理国家的侯王如果能遵守天道的无为，那就会让包括人事在内的万事万物都按照自然无为的而自我开化了。只有人道同于天道，天道才会真正在人道身上得到体现，而这也是天道乐见其成的。所以老子说："故从事于道者，道者同于道；……同于道者，道亦乐得之。"（《老子·第二十三章》）正是基于这种"天人合一"的思想，老子说："道大，天大，地大，人亦大。域中有四大，而人居其一焉。"（《老子·第二十五章》）同样地，《庄子》中也认为人道应该符合天道。《庄子·山木》中说："有人，天也；有天，亦天也。"这就是说，人性就是天性，天性自然还是天性。人性是天性的具体呈现，所以《庄子·刻意》中说："圣人之生也天行……其神纯粹，其魂不罢。虚无恬淡，乃合天德。"这就是说，圣人的生命是自然大道运行的结果，他的精神纯粹，他的魂魄永不疲劳。虚无恬淡，符合天德。符合天道的人会怎样？《庄子·天地》篇中说道："执道者德全，德全者形全，形全者神全。神全者，圣人之道也。"意思是说，执守大道的人德性完备，德性完备的人形体健全，形体健全的人精神专一。精神专一，就是圣人之道。这也就是天道的"虚一而静"。老子称为"虚静之道"，《庄子》中称为"逍遥游"。

# 第七章

# 道家道德话语体系中的境界追求

我们在前面用道德形而上学概括道家思想时，曾借用梁漱溟的观点指出，中国文化最大的特点就是善于谈论人生哲学，而这种特点最突出的表现就在于，无论是谈论形而上学的本体论，还是认识论，它们最终都会指向人生价值哲学。这个特点不仅表现在儒家、墨家等热衷谈论人类社会政治的流派中，而且也表现在道家这种看似关注宇宙自然，但实际关注人生本体价值的流派中。按照这种观点，尽管道家有对形而上的自然哲学和认识论的关注，但它们最终都被统一于人生哲学中。正如朱晓鹏在评论老子时所说，"老子虽然建构了初步系统的形而上学本体论，但其本体论是与人生论紧密地结合在一起的，形而上的本体不仅是外在的自然世界的'本体'，同时也是一切社会和人生的意义与价值的最原始最终极的根据"。① 在这个意义上，无论是老子的形而上学，还是认识论，其根本旨归都在指向一种终极性的人生本体价值。至于庄子，就更不需要多言，因为庄子甚至在谈论最具形而上意味的"道"之本体时，也更主要地把它和人的生存方式及态度相关，"庄子对道的描述主要不是和秩序有关，而是和人的生命相关"②。庄子最关心的问题就是生命在乱世中的安顿问题。

对于人生哲学而言，我们很难用科学的术语进行正确和错误的评判，而只能用价值和意义的大小来表明一种相关理论的理论深浅。正是在这个意义上，中国传统哲学中发展出了一种独特的境界论。按照朱晓鹏的总结，中国传统哲学中关于"境界"的含义主要有三个特点③。第一，境界具有主观性与客观性、精神性与实在性相统一的特点。这就是说，境界既是具有某种客观内涵的存在状态，又是人主观精神指向的实在的意义世界。第二，境界具有自觉性和超越性的特点。这就是说，人主观的精神世界会自觉地追求精神超越的人生境界。第三，境界具有整体性、总体性的特点。这就是说，境界是就人的意义和价值全体而言的。以上述三个特点为标准，道家的境界论其实就是"道"的境界。

---

① 朱晓鹏. 老子哲学研究 [M]. 北京：商务印书馆，2009：327.
② 王博. 庄子哲学 [M]. 北京：北京大学出版社，2004：157.
③ 朱晓鹏. 老子哲学研究 [M]. 北京：商务印书馆，2009：328-329.

然而，就人生哲学而言，"道"的境界过于抽象，我们最好联系人性论进行说明。在这个意义上，境界论在道家那里通过理想人格无待于外物而表现出一种追求超越的自由精神。为了具体说明道家的这种境界，我们在这一章将首先分析老子和庄子各自对这境界的描述；其次，我们将表明这种境界的关键在于无待于外物；而能够做到无待于外物要求人性修炼到一种理想人格；最后，我们将表明，这种境界的实质就是一种自由境界。

### 一、自然无为作为一种境界

在前面谈论老子人性论和功夫论的时候，我们分别谈及了老子的人性自然和人性无为。就人性自然的角度而言，老子告诉我们，人性应该摒弃自我主观意识，顺从"道"之自本自根自然而然地呈现自己；就人性无为的角度而言，老子告诉我们，人性应该自觉虚静其心以顺应自然而无为。然而，当我们从境界论再次论及老子的自然无为时，我们意在表明自然无为是体"道"之圣人的境界呈现。它既包括圣人具有的真朴本性，也包括圣人体"道"之自然无为。

在谈论人性自然论时，我们是从"道"之形而上的角度来谈，认为人性自然是禀受"道"而来，因而顺从"道"之自然是必然的事情。然而，在那里不清楚的地方在于，因为"道"是不可得而见、不可得而闻，不可得而言的，所以我们其实也完全没法真实地认识"道"之自然是什么意思。而"道"一旦不断地形化通过"德"呈现于万物中，那么我们理解的"道"之自然在最可见、可闻和可知的意义上，就必然跌落为自然界。事实上，这也就是很多人认为"道法自然"终究是法自然界的原因。然而，从境界论上谈，人性自然说的是人应该自觉地意识到人性自然最本真的那个样子，也就是真朴之性。在这个意义上，人性自然才能避免跌落为人性效法自然界的谬见。因为从境界论的角度而言，人性本真体证的是"道"之本真，虽然"道"是无形无名却是最高的、整体的万事万物的实在根源和价值来源，那么，我们体证的"道"也就不是自然界，或者说，至少不是可见可闻可知的自然界。因此，从境界论上言，人性自然体悟的"道"之自然应该是实实在在让万事万物得以发生、却不可见、不可闻、不可知的抽象的"道"。它最核心的特征应该是自本自根的独化。

基于上述理解，人性自然的关键并不在于人性禀受"道"而来具有什么样的实然情感能力或认知能力，而是能够贯穿"道"自本自根的独化生成能力。正是在这个意义上，老子的人性自然并不像杨朱那样，特意强调人因为禀受"道"而能够感知自己，因而特别强调"贵己"与"为我"；也不会像儒墨那样，特别强调人因为禀受"道"而具有很强的自主能力，因而特别强调人为践行的"仁爱"或"兼爱"。在老子看来,人性自然的根本在于摒弃人自身的主体性,强调非人为,因此,无论是杨朱基于感觉强调的自我,还是儒墨基于主观人为而强调的自我,都是老子要摒弃的。在这个意义上,对于老子而言,体"道"的境界都需要人自觉地利用实践智慧通过修养功夫而呈现出来。按照这种观点,人性自然需要的是直观的功夫,而人性无为则是自觉放弃人为的功夫,一旦我们直观到了人性自然、放弃了人为,那么我们在人世中就会体现出柔弱不争的样子。

首先,我们该如何理解直观呢?在前面谈到老子"以身观身"的思想时,我们已经提及可以借助现象学的方法来加以把握。现在,让我们更为清楚地表述这种现象学方法的本质。现象学的方法也称为"面向事实本身"的方法或"现象学还原"的方法。倪梁康认为,这种方法由两个部分组成,"其一是'超越论还原',它意味着将意识研究者的目光从外部世界转回到纯粹意识本身;其二是'本质还原',它意味着将意识研究者的目光从经验心理事实转向纯粹意识本质。这里的双重'还原'因而也意味着双重的'纯化',一方面从世间的或自然观点中纯化出来,另一方面从心理的经验事实中纯化出来,最后还原到超越论的或哲学观点中的意识纯粹本质上"①。按照这种现象学方法,存在着一种形而上意义上的纯粹意识,纯粹意识通过自身的纯粹发生而显现自身:一方面,纯粹意识在反观自身的精神目光中显现自身;另一方面,纯粹意识在对自身历时的发生中显现自身。② 我们可以很明显地看到纯粹意识和"道"的相似之处:纯粹意识是通过自身纯粹发生的,"道"是"独立而不改"的;纯粹意识在反观中被描述,"道"在反复流转中显现自身;纯粹意识说明了所有现象的发生,"道"则直接生成万事万物。通过"道"与现象学方法的对比,我们在这里想要表明的是,对老子而言,直观作为一种修养功夫主要强调的是人作为体"道"主体呈现的实践。

在有关体"道"的功夫实践中,最能表现老子这种直观思想的可以从以下几个表达中窥见一斑:

> 见素抱朴。(《老子·第十九章》)
> 复归于婴儿……复归于无极……复归于朴。(《老子·第二十八章》)

---

① 倪梁康. 何谓本质直观:意识现象学方法谈之一 [J]. 学术研究, 2020 (7):7.
② 倪梁康分别用横向本质直观和纵向本质直观来称呼这两者。倪梁康. 何谓本质直观:意识现象学方法谈之一 [J]. 学术研究, 2020 (7):7-14.

故以身观身，以家观家，以乡观乡，以邦观邦，以天下观天下。吾何以知天下之然哉？以此。（《老子·第五十四章》）

因为"素""朴""婴儿"和"无极"等都是用来表述"道"之原初状态的词，所以这里的"见""观"和"复归"就可以被看作体证"道"的直观实践。基于"道"不可能直接通过感官、理性等能力进行感知和认知，所以这里的"见""抱"和"复归"等都只能是直观的实践功夫。基于此，"见""观"肯定不是用眼睛看，"道"是不可见的，因此，这里的"见"只能是心见、心观。心见、心观何以可能？因为心是虚的，虚心才能汇通于道。所以老子讲："致虚极，守静笃。……归根曰静，是谓复命。复命曰常，知常曰明。……知常容，容乃公，公乃全，全乃天，天乃道，乃久，没身不殆。"（《老子·第十六章》）通过心见、心观体证到"道"，也就是超越了有形的身心，超越了物理的束缚，而达到了精神的超越。当然，这个过程不是一蹴而就的，是经过不断的重返往复，才能达到的。所以老子用"复归"这个词，意味的是人在世俗中不断实践的体"道"功夫，人在世俗中十分容易流失自然本性，需要不断地保守和回归真朴本性。

为了保守和回归真朴本性，我们就必须去掉有待于具形的身心活动。我们要抛弃人为的感觉，要抛弃人为的心知。总之，我们要抛弃基于人自我主观意识的一切人为活动，真正做到自觉地"无为"。前面对道家"无欲""无知""无情""无身"和"无心"等的分析已经充分表明这一点。只有"涤除"一切主观加持的主观感觉和认知，做到"玄同于道""惟道是从"，才是真正的"无为"。显然，正如前面在分析"无为"的悖论时指出的，这里的"无为"不能做人具体的感觉和认知行为来理解，否则它无论如何都无法避免"无为而有为"的概念性矛盾。"无为"在根本上只能从体证"道"的角度被理解为一种带有意动性的境界。从"道"之形而上的角度而言，"无为"就是具有纯粹自发能力的"道"本身，就是"道"之"德"的体现，所以老子说：

故道生之，德畜之；长之育之；亭之毒之；养之覆之。生而不有，为而不恃，长而不宰。是谓玄德。（《老子·第五十一章》）

生、畜、长、育、亭、毒、养、覆等都是"道"以及由"道"而"德"展现出来的自发能力的展开，但"道"并不因此张扬，"道"虽然产生了万物却不据为己有，养育了万物却不自恃其功，导引了万物而不以主宰自居，这种不用心、不刻意、不强求的态度就是价值意义上的自然而然，这种自然而然也就是"无为"，这体现了"道"具有的最高价值义。所以老子才说："道常无为"（《老子·第三十七章》），"上德无为"（《老子·第三十八章》）。自然无为正是在最高价值意义上体现为最高的"道"之形而上境界。因为"道"是万事万物的本源，所以不仅"道"自然无为，而且包括人在内的万事万物在其本性上都是自然无为的。因此，从人体"道"的角度而言，"无为"就是自觉地在心境上"为无为，事无事"（《老子·第六十三章》）。

当我们真正体证到"道"之自然无为时，整个世界和人生就呈现一派区别于有为的景象。首先，就"道"体现在万事万物而言：

> 天之道，不争而善胜，不言而善应，不召而自来。（《老子·第七十三章》）

这就是说，展现在自然总体中的"道"，不争斗而善于取胜，不说话而善于应承，不召唤而让万事万物自然而来。恰恰是去掉一切主动自觉的造作，而让"道"自然而然地显现。

"道"在万事万物中的这种显现，人在体证"道"的实践中自然也会呈现出来，这就是"为而不争""不争而胜""不为而成"的功夫和境界。所以老子说：

> 上善若水。水善利万物而不争，处众人之所恶，故几于道。……夫唯不争，故无尤。（《老子·第八章》）

在这里，"上善"指的是具有至高品行的人，他们就像水一样。水滋养万物而不与之争夺，汇聚在人们厌恶的低洼之地，因此，它是真正接近大道的存在。正是因为不与万物相争，所以才能做到没有基于主观情感的怨尤。

老子又讲：

> 是以圣人抱一为天下式。不自见，故明；不自是，故彰；不自伐，故有功；不自矜，故长。夫唯不争，故天下莫能与之争。（《老子·第二十二章》）

也就是说，因为体证到"道"的圣人抱守道体的"一"，像"道"一样，不自我表扬，反而能看到天下万事万物的真相；不自以为是，反而能彰明天下万事的是非；不自吹自擂，反而能成就天下事功的卓著；不自高自大，反而能带动天下万物的成长。正是因为圣人不与天下人争，所以天下之人才没有能够与之相争的。因此，体证"道"的圣人才能够"不为而成"（《老子·第四十七章》）。

把这种不争无为的修养功夫和争而有为的实践功夫进行对比，我们就会看到老子人性自然无为和其他思想流派强调人为努力的差别。老子告诉我们：

> 为学日益，为道日损。损之又损，以至于无为。无为而无不为。取天下常以无事，及其有事，不足以取天下。（《老子·第四十八章》）

在老子看来，"为学"和"为道"是方向相反的两条不同道路。"为学"是人用自己的主观意识寻求指向对具体器物的心之认知；"为道"是人在体"道"的过程中自觉地摒弃自己的主观意识而寻求心之直观。"为学"功夫自然需要每天在心知上求其增益，然而，对老子而言，心知的本质就是人自我主观意识的执着，执着于向外物求，为学功夫越是每天增益，心被外物所累就越加显著。因此，"为道"功夫就需要向内求，向内求就需要洗涤清除心知的尘垢污染，虚静心灵，这样才能如镜一样澄明，呈现观照"道"的能力。基于此，体证"道"的功夫就人的具形生命而言，就是一个"损之又损"的过程，不断地减损心向外求，直至虚静的极致，达到无心无为的境界。很显然，"无心无为"绝对不是完全没有了具形的心和作为，而是就人的主观境界而言，摒弃一切来自主观自我意识的人为。只有当人完全摒弃了主观自我意识的人为，才能在实践境界上达到天人合一的境界，这样也就可以以精神循"道"，任自然无为而参天地之化育，这也就是"无为而无不为"了。

正是在"无为尤不为"的境界里，我们可以很清楚地看到老子实践功夫和其他流派思想之间的差异。从境界论的角度来看，老子的自然无为体现出了以下几个层次：第一，老子反对一切诉诸感性和知性进行的认知，因为这些认知都是对形器的认知，并不能体证"道"。为了达到对"道"的体证，我们必须对上述这些认知予以拒绝。老子讲："始制有名，名亦既有，夫亦将知止，知止可以不殆。"（《老子·第三十二章》）就是要反对通过对具体形器的认知来把握"道"。在这个意义上，老子显然反对惠施、公孙龙等人以感觉为中心的认识论。第二，老子反对一切基于感性和知性获得的人生价值观，因为这种价值观最终会导致欲壑难填，只会离虚静的"道"越来越远。因此，老子告诉我们，必须"绝圣弃智""无欲""无知"。在这个意义上，老子显然反对杨朱那种基于人自身的感知而强调"为我"①、"重己"② 和"贵生"③ 的伦理感觉主义。第三，老子反对一切基于人心主观自我意识的认知和价值赋予，因为任何把心知作为最终依据的知识论和人生价值观都是不合适的，真正的心知应该是"无心之知"。所以老子才会说："是以圣人之治，虚其心。"（《老子·第三章》）在这个意义上，老子显然反对墨家与儒家认为以心知可以统摄感性和知性于一体的人性有为主义。第四，老子反对一切基于人为而打造的人类知识体系和价值体系，因为越是人为的，越是不自然的，自然而然才是"道"的本质。所以老子才说："常使民无知无欲，使夫智者不敢为也。为无为，则无不治。"（《老子·第三章》）在这个意义上，无论是墨家"日夜不休，以自苦为极"的"兼爱"思想，还是"学而时习之"的"仁爱"思想，都是老子要反对的。

综上所述，我们可以看出，老子反对一切基于人自我主观意识的感觉和理智活动。然而，如果从一般的理论认识而言，老子的思想其实充满了矛盾。因为从辩证的角度来看，老子一方面主张人是禀受"道"而来，因此，人天然具有的感觉、知觉与身心活动就是老子接受和认可的；但另一方面认为人性如果要自然无为就必须摒弃一切来自人主观自我意识的感觉、知觉，甚至身心。因此，如果我们要接受老子的思想，那么就只能从人生实践功夫的境界论来看。只有从境界论的意义上看，我们才能理解，老子虽然接受人禀受"道"而天生具有感觉、知觉和身心活动等自然而然的东西，但他却认为我们应该超越这些活动而让自己伴随"道"自然而然地显现出来。这在根本上恰恰要求我们做到在精神上与"道通为一"，做到精神上的绝对自由。只有这种绝对自由，我们才能摆脱人的物性对我们的限制和束缚，真正达到天人合一的境界。而这种绝对自由的精神境界，在《庄子》"逍遥游"的思想中得到了淋漓尽致的体现。

## 二、何谓"逍遥游"

何谓"逍遥游"？成玄英在给《庄子》作疏的序言中曾写道：

---

① 《孟子·尽心上》："杨子取为我，拔一毛而利天下，不为也。"《孟子·滕文公下》："杨氏为我；是无君也。"

② 《吕氏春秋·适音》："人之情，欲寿而恶夭，欲安而恶危，欲荣而恶辱，欲逸而恶劳。四欲得，四恶除，则心适矣。四欲之得也，在于胜理。胜理以治身，则生全以，生全则寿长矣。"

③ 《吕氏春秋·贵生》："圣人深虑天下，莫贵于生。"

所言逍遥游者，古今解释不同。今泛举纮纲，略为三释。所言三者：

第一，顾桐柏云："道者，销也；遥者，远也。销尽有为累，远见无为理。以斯而游，故曰逍遥。"

第二，支道林云："物物而不物于物，故逍然不我待；玄感不疾而速，故遥然靡所不为。以斯而游天下，故曰逍遥游。"

第三，穆夜云："逍遥者，盖是放狂自得之名也。至德内充，无时不适；忘怀应物，何往不通！以斯而游天下，故曰逍遥游。"

…………

所以逍遥建初者，言达道之士，智德明敏，所造皆适，遇物逍遥，故以逍遥命物。①

按照成玄英的看法，人们对于"逍遥游"的意见各有不同，但有一点是共同的，"逍遥"和"游"是不同的意思，并非"逍遥"就是"游"，但二者紧密相关。事实上，除了作为篇名，《庄子》文本中并没有"逍遥游"的直接表述，"逍遥"和"游"的表述也是各自分开的。因此，接下来，我们将分别通过对"逍遥"与"游"的考察来揭示庄子"逍遥游"境界中蕴含的绝对自由精神。

让我们从"逍遥"入手。首先，有关"逍遥"的写法就存在一定争议。上文成玄英引顾桐柏的解释认为"逍"就是"销"，解为"销尽有为累"，也就是要去除有为的拖累；而"遥"解为"远见无为理"，也就是直观到遥远的无为之理，"逍遥"在这个意义上被解为系列动作，与"游"等同。但是陆德明在《经典释文》里认为："'逍'音销，亦做消。'遥'如字，亦做摇。"② 郭庆藩通过考察《礼记·檀弓》《汉书·司马相如传》《文选》《止观辅行传》等文献表明，在很长的一段时间里，"逍遥"都是被写作"消摇"。因此，从字源义来看，"逍遥"和"消摇"在很长一段时间是相通的。李大华在综合各种历史考察后认为，"'逍遥'原本都是写作'消摇'的，'消摇'是本字，或许是司马彪、向秀、郭象之时，才写作'逍遥'的"③。

尽管从较早的字源义来看，"逍遥"和"消摇"并没有区别。但是鉴于"逍遥"在庄子哲学中的重要性，以及后人对此的解释多有歧义，那么我们再从哲学思想的角度来看《庄子》的"逍遥"义，则有了不一样的深意。如果说成

① 郭庆藩. 庄子校释（新编诸子集成）[M]. 王孝鱼，点校. 北京：中华书局，1961：6-7.
② 郭庆藩. 庄子校释（新编诸子集成）[M]. 王孝鱼，点校. 北京：中华书局，1961：2.
③ 李大华. 自然与自由：庄子哲学研究 [M]. 北京：商务印书馆，2013：247.

玄英引顾桐柏的解释还是从词源的角度去理解"逍遥",那么成玄英引支道林和穆夜的说法则具有了更多的哲学思想。因为穆夜深受向秀、郭象的影响,而向秀、郭象对于"逍遥"的解读又极具独特性,所以我们接下来将对比分析支道林和向秀、郭象有关"逍遥"的注释。

尽管向秀和郭象对于《庄子》的理解并不全然相同,向秀深受老子影响强调"贵无",而郭象在儒老综合影响下强调"独化",但郭象对"逍遥"的理解则是承接向秀而来,后人也总是向郭并称。据《世说新语·文学篇注》说:

> 向子期、郭子玄逍遥义曰:夫大鹏之上九万,尺鷃之起榆枋,小大虽差,各适其性,苟当其分,逍遥一也。然物之芸芸,同资有待,得其所待,然后逍遥耳。唯圣人与物冥,而循大变,为能无待而常通,岂独自通而已,又从有待者,不失其所待。不失,则同于大通矣。

在这里,向秀、郭象通过对开篇有关"鲲鹏"的两个寓言来表明适性及逍遥。无论是鲲鹏"扶摇直上九万里",还是蜩与学鸠的"枪榆枋而止",只要是按照各自的本性而为,就是很好地适应了自己的条件,做到了率性自然而为,也就是同于"道"而逍遥了。然而,很多人认为,庄子通过各种对比其实是要凸显小大之辩,并且赞扬伟大的一方。[①] 这里的争论在于,认为庄子持有小大之辩的人认为,庄子很明确地提及了"小知不及大知,小年不及大年"以及"此小大之辩也"(《庄子·逍遥游》)。而认为庄子持有"各适其性"的人则认为,庄子在根本上持有"齐物"的认识论,"小大之辩"只是庄子借助他赞赏但依然不满的惠子观点来表达对一切形而下认识论的不满。[②]

基于我们的理解,如果逍遥游在根本上是一种人生境界论的话,那么庄子

---

① 比如,朱桂曜认为:"大与小有别,蜩鸠之不知大鹏,正如《秋水篇》'埳井之鼃'不知'东海之鳖',皆以喻'小知不知大知'……而郭象以为无小无大,各安其天性,正与《庄》意相反。主旨既缪,徒逞游说,使《庄子》之书愈解而愈晦者,郭象清谈之过也。"王仲镛也认为:"大鹏的形象高大伟岸,翱翔天海;蜩与学鸠、斥鷃的形象微末委琐,上下蓬蒿,这本是以鲜明的'小大之辩'(同辨,区别)来说明'小知(智)不及大知(智)'。可是,向秀、郭象却从这里歪曲了庄子的原意,附会'齐大小'、'均异趣'的道理。"陈鼓应在解释"小大之辩"时认为"这就是小和大的分别",并且将"辩"改成"辨"。陈鼓应. 庄子今注今译 [M]. 北京:中华书局,1985:13;林云铭. 庄子因 [M]. 上海:华东师范大学出版社,2011.

② 邓晓芒. 道家实践形而上学的深化:向秀《庄子注》探微 [J]. 中州学刊,2022(3):102−104.

谈论的"小大之辩"就不应该是一般意义上的认识论，而应该是体证"道"的实践功夫论。在这个意义上看，惠子谈论的"小大之辩"无非都是舍"道"本而逐言末的辩才。因此，庄子对惠子评价说：

> 由天地之道观惠施之能，其犹一蚊一虻之劳者也。其于物也何庸！夫充一尚可，曰愈贵，道几矣！惠施不能以此自宁，散于万物而不厌，卒以善辩为名。惜乎！惠施之才，骀荡而不得，逐万物而不反，是穷响以声，形与影竞走也，悲夫！（《庄子·天下》）

这是说，由天地之道来审视惠施的才能，他就像一只蚊子一只牛虻一样，其实做的都是一些徒劳之功。对于万物的用处，他充当一家之言还算可以。但用来说明尊重的大道，就很危险了。惠施根本不能安于"道"，而是把心思分散用于追逐万物而乐此不疲，最终只能得到一个善辩的名声。可惜呀！惠施的才能，汪洋恣意却不能得"道"，追逐万物而不能返归大道。这就和用声音终止回响，以形体与影子竞走一样，很是可悲呀！

基于此，庄子显然比惠子持有的相对主义认识要高明。这也再次表明，庄子的"齐物论"并不是一般的相对主义认识论，而是基于实践智慧的人生境界论。在这种境界论中，庄子正是超越物论的视角，从体证"道"的视角"各适其性，苟当其分"。这样的视角也正是老子所谓"道法自然"的视角。因此，向秀、郭象以"适性""足性"来理解"逍遥"，完全符合老子自然无为的思想，也更是彰显了庄子把"道"内化于心，强调在境界上体证"道"的实践修养。在这一点上，王夫之对庄子的理解深得其旨：

> 物各有所适，适得而几矣。唯内见而有己者，则外见有天下。有天下于己，则以己治天下：以之为事，居之为功，尸之为名，拘鲲鹏于枋榆，驱蜩鸠于冥海，以彭祖之年责殇子之夭，皆资章甫适越人也，物乃以各失其逍遥矣。不予物以逍遥者，未有能逍遥者也。唯丧天下者可有天下，任物各得，安住而不适其游哉！①

然而，正如向秀的"适性"说对他之前的解庄者造成了重大冲击一样，支

---

① 王夫之. 庄子解［M］. 北京：中华书局，1985：7.

道林对"逍遥"的解释对向秀、郭象的"适性"说也造成了重大冲击。① 支道林对"适性"说提出了一个尖锐的问题："夫桀跖以残害为性，若适性为得性者，彼亦逍遥矣。"② 由此，支道林提出了自己有关"逍遥"的解释：

> 夫逍遥者，明至人之心也。庄生建言人道，而寄指鹏鷃。鹏以营生之路旷，故失适于体外。鷃以在近而笑远，有矜伐于心内。至人乘天正而高兴，游无穷于放浪，物物而不物于物，则遥然不我得。玄感不为，不疾而速，则逍然靡不适。此所以为逍遥也。若夫有欲当其所足，足于所足，快然有似天真，犹饥者以饱，渴者一盈，岂忘烝尝于糗粮，绝觞爵于醪醴哉？苟非至足，岂所以逍遥乎？③

按照支道林的看法，"逍遥"其实是"至人"的精神状态。"至人"顺应万物的本性游历无穷而不受约束，接触万物却不执着于万物，悠然而无所得于心，产生了一种不作为的玄妙感觉，这样就可以悠游自得而无所不适。这种不为而恬淡虚寂的状态就是逍遥的状态。在这里，支道林认为只有"至人"达到的那种顺应万物而悠然自得的无为状态才是"逍遥"。因此，与向秀、郭象的"适性""足性"的看法看起来就不太一样了。

然而，支道林的看法和向秀、郭象的看法真的完全不同，甚至对立冲突吗？诚然，在支道林这里，他强调"逍遥"是一种顺应万物而悠然自得的虚寂无为状态；但向秀、郭象对"各适其性"的说法真的像支道林批评的那样，认为我们的自然本性中也包含那些在伦理价值上被批判为不好的东西吗？事实上，向秀、郭象对"各适其性"的看法是从"道"的角度来看待不同的人和事所具有的自然本性差异，他们都深受老子思想影响，认为人为附加了某种价值评价的东西并不属于这种自然本性。在这个意义上，"各适其性"对于体证"道"的人而言，其实是按照"道"之自然无为的思想去看待万事万物的差别，让万事万物也各任自然罢了。基于这种理解，支道林对"逍遥"和向秀、郭象对"逍遥"的看法不但不冲突，而且完全可以相容。这也就是成玄英试图在二者之间进行一个调和的原因。

当然，除了向秀、郭象的"适性""足性"说和支道林的"悠然无为"说，

---

① 郭庆藩．庄子校释（新编诸子集成）［M］．王孝鱼，点校．北京：中华书局，1961：1.
② 高僧传·支循传［M］．汤用彤校注．北京：中华书局，1992：160.
③ 郭庆藩．庄子校释（新编诸子集成）［M］．王孝鱼，点校．北京：中华书局，1961：1.

对于"逍遥"一词还有其他不同的解释。① 然而，从境界论的视角来看，我们完全可以去除它们之间的差异，而强调它们的共同点在于人性因体证"道"而具有的自得。因此，陆德明《经典释文》对《逍遥游》篇名的理解应该是可以共享的："义取闲放不拘，怡适自得。"② 在这个意义上，"逍遥"作为一种人生状态和境界时，它就是一种人积极追求而获得的自由自在的状态。正是因为它是这样一种状态，所以体证"道"的人才可以"游"。

"游"是什么？"游"同样是一种状态，一种境界。为了理解"逍遥"之"游"，我们首先必须从总体上来把握庄子和他的思想。庄子生活在战国中期，那个时期的天下政治处于诸雄争霸的混乱时代，而在思想和学术上，则处在一个"百家争鸣"的活跃时期。面对政治乱世，庄子服膺老子的"无为"哲学，自然会在政治上选择远离现实，然而，庄子毕竟是生活在现实中的人，世界本身终究是不可逃避的。因此，在思想和学术上，庄子就必然在远离政治和不得不在无所逃避中生活于世间寻找解决之道。正是在无奈的政治和无所逃避的人生张力之间，庄子的总体思想呈现了一个"游"的态度。这种"游"的本质是一种游戏，因为严肃的生活不可能，而生活本身又真实地属于每一个人，所以在庄子看来，我们唯一能做的就是游戏于世。

然而，游戏于世并不只是一种无奈地放弃，作为一种人生选择，它也是人在无奈中可以达到的一种最本真的状态。在这个意义上，游戏人生的人恰恰是最认真的人。在游戏中认真，正是个人在无法左右也无可逃避的世界中最本真地体验生活的方法，这种方法就表现出生活实践的一种"狂"。何以要"狂"？因为在一个无法左右又无可逃避的世界里，世界是失真的，世界在人为造作中是虚幻扭曲的。尽管如此，个人又要生活于其中。那么，认真生活的人就只能与世界保持一种距离，远离这些所谓的"世俗标准"。远离世俗就意味着与世俗格格不入，自然就会表现出某种狂狷。只有在狂狷中，个人才能一方面抗议世界的污浊，另一方面又保全自己的生命。因此，狂狷也就是一种在乱世中保持本真的游戏人生。

如何游戏人生？那就是让身心都游戏于人生。首先，就是让整个人身作为一个整体"陆沉"于世。《庄子·则阳》中说：

---

① 比如，罗勉道的"化境"说，强调逍遥游是一个境界从小到大不断变化的境界升华的过程。罗勉道. 南华真经循本 [M]. 李波，点校. 北京：中华书局，2016。又如，张松辉以游荡徘徊来解读"逍遥"。张松辉. 庄子疑义考辨 [M]. 北京：中华书局，2007：4-7.

② 郭庆藩. 庄子校释（新编诸子集成）[M]. 王孝鱼，点校. 北京：中华书局，1961：2.

> 是自埋于民，自藏于畔。其声销，其志无穷，其口虽言，其心未尝言。
> 方且与世违，而心不屑与之俱。是陆沉者也。

游戏人生的人把自己藏隐在人群中，隐居在田畔。声名寂灭无闻，但心志游于无穷；虽然嘴上说话，但心不曾说话，将要躲避世事，内心不屑与世俗同流合污。人身沉在人群中，但心与世俗远离。正如王博所说："他的身体虽然是人群中——这是不可逃避的命运，他的心早已经如死灰了，于是就沉了下去。"① 看似身形与世俗处而无所谓，其实心不屑而狂狷。

另外，狂狷之人定然让整个人身远离当世政治。《庄子·秋水》中记载了有关庄子对政治的做法：

> 庄子钓于濮水。楚王使大夫二人往先焉，曰："愿以境内累矣！"庄子
> 持竿不顾，曰："吾闻楚有神龟，死已三千岁矣。王以巾笥而藏之庙堂之
> 上。此龟者，宁其死为留骨而贵乎？宁其生而曳尾于涂中乎？"二大夫曰：
> "宁生而曳尾涂中。"庄子曰："往矣！吾将曳尾于涂中。"

在这则故事里，庄子用乌龟宁愿生活于污泥而不愿被供奉在太庙明堂来表明，他宁愿垂钓于濮水之畔也不愿位极人臣。庄子告诉我们，真正的人身要远离政治。为什么要远离政治？我们从司马迁对庄子的评价可见其由：

> 楚威王闻庄周贤，使使千金迎之，许以为相。庄周笑谓楚使者曰："千
> 金，重利；卿相，尊位也。子独不见郊祭之牺牲乎？养之数岁，衣以彩绣，
> 以入太庙。当是时，虽欲为孤豚，岂可得乎？子亟去，无污我。我宁曳尾
> 于污渠之中而自快，不为有国者所羁，终身不仕，以快吾志焉。"（《史记·
> 老庄申韩列传》）

在这里，司马迁告诉我们，庄子拒绝位极人臣的原因在于，参与到政治中去的结果最终会导致做自己而不可得，所以才有"虽欲为孤豚，岂可得乎？"的灵魂之问。相比而言，还不如像乌龟符合本性地游弋于污泥之中，这样才自得其乐，没有束缚和限制。

---

① 王博. 庄子哲学［M］. 北京：北京大学出版社，2004：16.

做到了"陆沉"于世却又远离政治,那么我们就可以在实践生活中"游"了。一方面,我们可以依于身形到处游走。这种"游"可以是有目的的游走,比如"庄子游于雕陵之樊"(《庄子·山木》),"知北游于玄水之上"(《庄子·知北游》)等;也可以是无目的的游走,比如"游乎四海之外"(《庄子·逍遥游》),"游无何有之乡"(《庄子·应帝王》)等。当然,无论是有无目的的游走,我们即使能自由地选择游走的空间,但我们却不得不受限于身形与空间,我们要想真正地"游"必须用精神之心去"游"。因此,另一方面,在实践生活中的"游"就是依于精神之心而"游"。这种"游"可以是依于物的游心,比如"乘物以游心"(《庄子·人间世》),"游乎万物之所终始"(《庄子·达生》);也可以是不依于物的心之放任遨游,比如"体尽无穷,而游无朕"(《庄子·应帝王》),"心有天游"(《庄子·外物》)。当然,无论是依于物还是不依于物,"心游"在根本上都是一种精神之游。只有"心游",我们才能真正超越身形与空间的限制,与"道"合而为一,伴随着"道"之自然无为而无不为,做到绝对的自由。

综合上述,"逍遥"被认为是人悠然无为而以"道"观物,顺应"道"之自然而让万物各适其性;"游"则是人自觉地在生活中远离政治游戏人生,以精神之心随"道"自然无为而无不为。二者的共同点都在于人顺应"道"之自然而无为,也就是老子自然无为的思想。如果说和老子有什么差别,那就在于无论是"逍遥",还是"游",对于庄子而言,都更强调它们是属于"道"在人这里的内在化。也正是在"道"的内在化这里,"逍遥"和"游"呈现一定的差异:"逍遥"主要强调人基于内在精神之心的怡然自得,而"游"则更强调人作为具有身心的生命整体在实践生活中具有的一种人生态度。因此,"逍遥游"虽然毫无疑问是指人在精神上的怡然自得,但是鉴于它作为一种实践功夫,笔者倾向于认为,这种实践功夫意指人在不同环境中去实践体证"道"的功夫。在这个意义上,人的身心都应该是在无所逃避的世界生活中不断去感悟、体验,最终达到天人合一的境界,与"道"一起自然无为,达到真正的绝对自由。[①]

### 三、两种境界:有待与无待

如果说"逍遥游"是一个不断通过感悟、体验的过程而最终达到的人生状

---

① 陈赟似乎认为"逍遥游"其实是一个自由主体不断成长的过程,因此,体现自由的"逍遥游"其实是有层级的。陈赟.自由之思:《庄子·逍遥游》的阐释[M].杭州:浙江大学出版社,2020:151-175、223-241.

200

态、体现人的绝对自由，那么这个过程其实就是人摆脱各种人为依赖，不断靠近"道"之自然无为的过程。按照道家的观点，如果人在感悟和体验生活的过程中以自我主观意识为中心，那么我们总会依于自我主观意识去感觉和认知我们发生关系的外在事物，我们就总是要通过对外在事物的某种依赖来呈现自己的能力，这样就既不能让外在事物依它自己本来是的样子自我呈现，也不能让人自身按照自己本来是的样子自我呈现，这在根本上就会远离人的真性，同时也远离"道"之自然无为。因此，如果我们要体证"道"，我们就必须虚静自己的内心，不再向外依赖外物，从而真正做到与"道"合一，自然无为，无所依靠。在这个意义上，人与"道"合而为一地体现绝对自由的过程也就是人从"有待"到"无待"的一个过程。

然而，当我们用"有待"和"无待"来体现道家追求绝对自由的过程时，可能存在的问题在于：如果人最终要达到与"道"合而为一，自然无为，那么人要抛弃一切而真正的"无待"，然而道家毕竟告诉我们，我们是"有待"于人身而去实现这种绝对自由；然而，如果我们是"有待"于人身而去追求绝对自由，我们又在何种意义上被称为达到"无待"的绝对自由呢？这里存在悖论吗？如果不存在，我们又该如何去理解"有待"和"无待"的关系呢？为了理解"有待"和"无待"的关系，我们首先需要从庄子的文本分析入手。

有关"有待无待"的问题，集中体现在《逍遥游》中，它和"小大之辩"一起构成了有关庄子"逍遥游"思想的诠释。如果说"小大之辩"是通过探讨逍遥游之主体的差异而影响逍遥游的方式及条件的界定，那么"有待无待"则以"待之有无"问题为核心影响逍遥游的界定。① "小大之辩"关注的是主体从自身角度出发来看待逍遥游的问题，而"有待无待"则是从人与外物的关系来看待逍遥游的问题。

首先，我们需要大致了解一下"待"字在庄子文本中具有的基本含义。在《逍遥游》中，"待"主要指的是"依待""凭借"，说的是逍遥游的主体是否需要依待或凭借什么东西的问题，可以说是一种条件。在《逍遥游》统领全篇思想主旨的一段文字中，庄子写道："此虽免乎行，犹有所待者也。若夫乘天地之正，而御六气之辩，以游无穷者，彼且恶乎待哉！"不但在《逍遥游》中，在《庄子》其他地方大致也是相同的意思。比如：

---

① 刘笑敢认为，"有待""无待"并不是庄子的哲学范畴，因此对于庄子的哲学思想而言，并没有特别重要的意义。刘笑敢. 试论"有待""无待"不是庄子的哲学范畴［J］. 哲学研究，1981（5）.

化声之相待，若其不相待、吾有待而然者邪？吾所待又有待而然者邪？（《庄子·齐物论》）

夫知有所待而后当，其所待者特未定也。……而况万物之所系而一化之所待乎？……若化为物，以待其所不知之化已乎。（《庄子·大宗师》）

执臣之道犹若是，而况乎所以待天乎？（《庄子·山木》）

万物亦然，有待也而死，有待也而生。吾一受其成形，而不化以待尽。（《庄子·田子方》）

不以生生死，不以死死生。死生有待邪？皆有所一体。（《庄子·知北游》）

尽管上述有关"待"的表述有的是从认知的角度来说，有的是从人事的角度来说，但其基本含义都是有关人物或人事关系的依待、凭借问题。总的来说，无论是认知还是人事，都是有所依待或凭借的"有待"，最终都有待于"道"。"道"使物成为物，而"道"自身则是自生自化的。那么，"有待"在何种意义上体现了庄子追求自由的逍遥游呢？

基于我们前面在"小大之辩"中接受向秀和郭象通过"各适其性"来解释"逍遥"的思想，我们在这里可以认为，存在着一种"有待逍遥"的境界。关于这种境界，郭象在注解"若夫乘天地之正，而御六气之辩，以游无穷者，彼且恶乎待哉"时说得透彻。郭象说：

天地者，万物之总名也。天地以万物为体，而万物必以自然为正。自然者，不为而自然者也。故大鹏之能高，斥鴳之能下，椿木之能长，朝菌之能短，凡此皆自然之所能，非为之所能也。不为而自能，所以为正也。故乘天地之正者，即是顺万物之性也；御六气之辩者，即是游变化之途也；如斯以往，则何往之有穷哉！所御斯乘，又将恶乎待哉！此乃至德之人玄同彼我者之逍遥也。苟有待焉，则虽列子之轻妙，犹不能以无风而行，故必得其所待，然后逍遥耳，而况大鹏乎！夫唯与物冥而循大变者，为能无待而常通，岂［独］自通而已哉！又顺有待者，使不失其所待，所待不失，则同于大通矣。故有待无待，无所不能齐也；至于各安其性，天机自张，受而不知，则无所不能殊也。夫无待犹不足以殊有待，况有待者之巨细乎!①

在郭象注里,他以自然无为作为最高的境界。只要是顺应自然而无为,无论是"大鹏之能高""斥鴳之能下""椿木之能长",还是"朝菌之能短"等,都是可以因"各适其性"而"逍遥"的,否则,即使像列子一样的轻妙,也做不到无风而行,而大鹏扶摇上青天也同样需要依待大风。因此,对于郭象来说,"逍遥"与否的标准其实在于是否能够真正做到顺应"道"之自然无为。正是在这个意义上,只要把行为限制在禀受"道"而来的自然真性之上,而不额外有主观的行为,那么就是"同于大通"了。因此,"有待""无待"与"小大之辩"其实都可以在"道"的层面"齐而为一"。在这个意义上,向秀和郭象有关"小大之辩"的理论也被人看作"小大同扬"。

　　然而,很多人反对向秀和郭象以"各适其性"来解"逍遥"。基于此,他们并不赞成"有待逍遥"的境界。这种反对观点认为,在庄子那里,"有待"不是"逍遥",只有"无待逍遥"。② 其中一个很重要的理由在于,在庄子那里,明显存在"抑小扬大"的理论旨趣。③ 庄子经常用"大鹏""大椿""大瓠""大树"等形象以及"大知""大用"等说辞来比喻真正的"逍遥"境界。基于此,在这种观点看来,"大鹏"和"大知者"喻指可以通过"乘天地之正,而御六气之辩"而达到"以游无穷"的"无待逍遥"境界的存在者。然而,这种观点存在一个很明显的问题,即"大鹏"和列子这样的"大知者"都显然要"有待"于风,但他们却认为这属于"无待"境界。这就导致了二者之间的矛盾。当然,他们的解读也有其依据,因为按照有关"彼且恶乎待哉"的解读,研究者几乎都认为庄子提及的"乘天地之正,而御六气之辩,以游无穷"是一种"无待"的境界,这从成玄英的疏中可以得到佐证。成玄英疏云:

---

① 郭庆藩.庄子校释(新编诸子集成)[M].王孝鱼,点校.北京:中华书局,1961:20.

② 宋代王雱曰:"有所待则其于逍遥也,未尽乎幽妙。"(参见《南华真经新传》)胡文英曰:"无所待,故得逍遥。若有所待,便是倚着于物而不能逍遥矣。"方勇.庄子纂要[M].北京:学苑出版社,2012:66.

③ 比如罗勉道就持有此种观点。罗勉道.南华真经循本[M].李波,点校.北京:中华书局,2016。关于通过"小大之辩"来解"逍遥"的做法,除了向秀、郭象等持有的"小大同扬"和罗勉道等持有的"抑小扬大",还有支道林和王夫之等持有的"小大同抑"的观点。庄子解[M]//王夫之.船山全书:第13册.长沙:岳麓书社,2011:81-84.

恶乎，犹于何也。言无待圣人，虚怀体道，故能乘两仪之正理，顺万物之自然，御六气以逍遥，混群灵以变化。苟无物而不顺，亦何往而不通哉！明澈于无穷，将于何而有待者也！①

很显然，成玄英认为，"乘天地之正"和"御六气之辩"都是"无待"圣人具有的境界。这种境界其实也就是"虚怀体道"的自然之"道"。在成玄英这里，他既认为向秀、郭象提出的"各适其性"是"道"之自然无为，又认为支道林提出的"虚寂无为"是"道"之自然无为。正如我们前面谈及的，这二者并不冲突。就"各适其性"来说，这是从包括人在内的万物都是禀受"道"而生成的角度来说；就"虚寂无为"来说，这是从人要达到天人合 需要满足的内在精神状态来说。因此，这里看起来存在的冲突其实并不真的存在。从表面来看，"乘天地之正"和"御六气之辩"貌似都依待某种东西，因而"有待"，但就其实质而言，这种被依待的东西其实就是秉承"道"而具有的自然本性，除此之外，并没有任何依待。而"道"本身是自本自根，自生自化的，正如韩林合所言，它"超出于通常所谓依赖（有待）和自由（无待）范畴之外"。②

然而，如果按照"各适其性"和"虚寂无为"都是"道"之自然无为的解释，那么还存在"有待逍遥"和"无待逍遥"的分别吗？如果有，存在着境界高低吗？按照向秀、郭象"各适其性"的解读，小到蜩、学鸠与斥鷃等小物，大到大鹏，只要得其性，则都可以达到"有待"而"逍遥"。在这个意义上，"乘天地之正"和"御六气之辩"也是一种"有待"。那么，庄子凭什么又把它叫作"无待"呢？很多学者都试图为此提出不同的解答，但正如罗祥相所言，这些解释大都并不成功。③ 为了解决这里存在的表明冲突，个人认为，关键在于区分"逍遥"在人身上的两种不同状态。

---

① 郭庆藩．庄子校释（新编诸子集成）［M］．王孝鱼，点校．北京：中华书局，1961：20.

② 韩林合．虚己以游世：《庄子》哲学研究（修订版）［M］．北京：商务印书馆，2014：240.

③ 罗祥相在他的文章中概述了冯友兰、宋场、吴怡等人的不同处理，但他认为都不够圆融。他自己认为应该通过两种意义上的"待"来解决"有待无待"的问题。一种"待"是人无法摆脱的"物物间""物道间"对其存在前提的依待，另一种是可以摆脱的对生命无用无益的依待。所谓的"无待逍遥"就是去除后者。罗祥相．庄子"有待""无待"思想新诠［J］．哲学研究，2021（12）：53-61.笔者这里并不赞成他的看法，而更倾向于认为"无待逍遥"就是特指"道"的自然无为，而人其实能做的就是"有待自然"，在天人合一的意义上，后者也可以在体"道"的意义上被说成是"无待逍遥"。

从生成存在论的角度来看，人与万物都是禀受"道"而来，只能是"有待逍遥"。在《庄子·齐物论》和《庄子·寓言》中，《庄子》文本通过有关影子的寓言表明①，"一切物之存在皆'有待而然'，任何一物的存在都必须依其'所待'，即存在的前提；若无'所待'，任何一物的存在皆不可能"。② 在这个意义上，人无论如何都是"有待"的。关于这一点，刘笑敢在谈论人性自然的时候说得透彻："人之本性存在于人体之内，故理应称之为内在自然。不过，这种内在本性不同于心境自然。心境自然是纯然的主观境界，理论上是自己可以控制或影响的；而本性自然有客观性，相对于人的主观意识来说似乎是外在的。"③ 基于人性客观禀受"道"而生成的存在论意义而言，任何被归属为人性的"逍遥"都只可能是"有待逍遥"。只有自本自根，不依赖任何其他东西的"道"才是绝对的"无待"。基于此，我们自然可以理解向秀和郭象提及的"各任其性"的"有待逍遥"。然而，从这种角度去理解的难点在于，"逍遥"毕竟主要是强调一种主观的精神状态，具有价值意义，而并非一种纯然的无价值的存在状态。正是基于此，吴怡在批评向秀和郭象时指出，"物性的自己如此是物性的本然，其本身并没有价值的因素"。④ 刘笑敢也谈及，本性自然没有价值义。⑤ 正是基于此，我们需要从精神状态的角度考察"无待逍遥"。

从内在精神体"道"的角度来看，人通过体"道"而处于一种天人合一的状态下，就是"无待逍遥"。人为什么可以在精神体"道"的状态中达到"无待逍遥"的境界？一个根本原因在于，作为万事万物源头的"道"是自本自根、独立独化的，正如我们引用的刘笑敢的看法，"道"在这个意义上具有最高义、整体义和价值义。因此，如果人能做到天人合一，与"道"通行，那么人自然也就可以独立独化、无所依待，而达到"无待逍遥"了。这其实就是"道"之自然无为而无不为。那么，人如何可能达到这种"无待逍遥"或"自然无为"

---

① 具体文本如下："罔两问景曰：'曩子行，今子止；曩子坐，今子起。何其无特操与？'景曰：'吾有待而然者邪？吾所待又有待而然者邪？吾待蛇蚹蜩翼邪？恶识所以然！恶识所以不然！'"（《庄子·齐物论》）又见《庄子·寓言》："众罔两问于景曰：'若向也俯而今也仰，向也括而今也被发，向也坐而今也起，向也行而今也止，何也？'景曰：'搜搜也，奚稍问也？予有而不知其所以。予，蜩甲也？蛇蜕也？似之而非也。火与日，吾屯也；阴与夜，吾代也。彼吾所以有待邪？而况乎以有待者乎！……'"

② 罗祥相. 庄子"有待""无待"思想新诠［J］. 哲学研究，2021（12）：57.

③ 刘笑敢.《老子》之自然的独特性：多元视角的思考与发现［J］. 哲学研究，2022（1）：63.

④ 吴怡. 逍遥的庄子［M］. 桂林：广西师范大学出版社，2006：8.

⑤ 刘笑敢.《老子》之自然的独特性：多元视角的思考与发现［J］. 哲学研究，2022（1）：63-64.

呢？既然在存在论的意义上我们必须"有待"凭借具体的身心才能进行实践，那么唯一可能超越"有待"的方法就只能是在理想状态下通过精神的力量做到"无待"。只有在某种超越的精神状态下，我们才有可能完全放弃具形的自己，而只让内在精神的力量与"道"合一，我们才能在精神的世界里跟随"无待"的"道"自然无为而无不为，达到"无待逍遥"的境界。

基于上述分析可以看出，对于"有待逍遥"和"无待逍遥"，其实只是看待问题角度的差异。接受向秀和郭象有关逍遥是"各适其性"的解释，"有待""无待"其实是就"物"与"道"的不同角度而言的。从存在论上来说，能完全"无待"的只有自本自根的"道"，这是自本自根的绝对自由；而包括人在内的具体的万事万物都有所"依待"，至少依待于"道"；在这个意义上，包括人在内的万事万物只要遵从"道"之自然无为而"各适其性"，那就可以被称为"有待逍遥"。从精神体"道"的角度来看，具有自主意识的体"道"者只要能够虚寂其心而做到"道通为一"，那么也就是与"道"通行，与天地精神往来而"无待逍遥"了。因此，"有待逍遥"是就具形的人物在存在论上终究依待于"道"而言的，而"无待逍遥"则是就体"道"者在精神上可以与"道"通而言的。在这个意义上，并非"无待逍遥"比"有待逍遥"要更为高级。

那么，我们该如何看待有些反对者认为，"无待逍遥"比"有待逍遥"更为高级呢？根本原因有三：其一，他们在根本上混淆了两种"逍遥"是不同角度呈现"逍遥"的不同方式。而这种混淆又和后面两个原因相关。其二，反对者混淆了"有待""无待"和"有待逍遥""无待逍遥"。从存在论上而言，只有"道"是"无待"的，其他万事万物都是"有待"的，在这个意义上，只有"道"是"无待逍遥"的，其他万事万物都只能谈"有待逍遥"。从体"道"者的角度来说，"无待"确实是比"有待"要高级，但这里的"无待"并非存在论上的绝对"无待"，而是精神境界上的"道通为一"。其三，反对者没有区分人性上的存在论本性和精神本性。存在论本性意味着人性禀受"道"而具有的具形实在，在这个意义上，存在论本性必然"有待"，因此人性天生具有的各种感觉和知性能力并不是人能够拒斥的，也不是应该拒斥的。但就人的精神本性而言，一切人基于自我主观意识而具有的东西都应该是被拒斥的，在这个意义上，人可以通过拒斥一切主观人为的东西而顺应"道"之自然无为，就可以做到"无待逍遥"了。

综上所述，我们可以看出，"无待逍遥"和"有待逍遥"其实是后人在解释庄子的"逍遥游"时提出的便宜之词，而这在根本上关联的是庄子谈及的

"有待""无待"问题。然而，正如我们分析的，有关"有待""无待"的分析存在存在论和精神体"道"层面的不同解读。在存在论上，除了"道"的自本自根，人和万事万物皆"有待"，如果有"逍遥"也就只有"有待逍遥"；在精神体"道"层面，体"道"者可以通过拒斥自我主观意识而做到与"道"通行，从而做到"无待逍遥"。人们之所以对"逍遥游"的解释产生比较大的分歧，在根本上是因为"逍遥游"主要是从人性的角度进行的解释，而人性既有客观实在的一面，又有主观自觉的一面，这就导致了二者之间的张力。而关于这种张力，我们在解释老子的"自然"以及基于此的人性自然的时候已经说得透彻。"道"之"自然"既是存在论的根据，又是价值义的来源，在"道"那里，理所当然就是"无待逍遥"，它既是存在论上的，又是精神境界上的。然而，就人禀受"道"之自然而言，从存在论上言，人性必然是"有待"的，只有从精神体"道"的角度而言，人性才能在实践中与"道"通行而达到"无待逍遥"，这也就是"道"之自然无为。因此，真正说来，"逍遥游"的本质不在于"有待"还是"无待"，而在于人是否能够在实践中仅仅依存禀受"道"的本性而做到与"道"通行。这就需要理想人格。

### 四、境界追求中的理想人格

我们从精神体"道"谈论"无待逍遥"时指出，"无待逍遥"的本质在于体"道"者能够做到与"道"通行。然而，在其中，我们其实有一个隐藏的问题还没有揭示。这个问题就是：如果体"道"者顺应"道"之自然无为而无不为，那么体"道"者是自由的还是不自由的？如果体"道"者是自由的，那么是否意味着体"道"者依然不能完全放弃自己而顺应"道"之自然而无为？如果体"道"者不是自由的，那么被强制顺应"道"之自然而无为而逍遥游又是如何可能？要想回应这个看似存在张力的问题，我们必须考察体"道"者具有的境界是一种什么样的状态。

在《庄子·逍遥游》通过"小大之辩"和"有待""无待"引出逍遥游时，庄子认为达到"逍遥游"的人是"乘天地之正，而御六气之辩，以游无穷者"。什么样的人才能达到这种境界呢？庄子说："至人无己，神人无功，圣人无名。"（《庄子·逍遥游》）这意味着，至人、神人和圣人就是这样的体"道"者，它们达到了与"道"通行的境界。尽管庄子在其他地方区分了这三者①，但是就这里而言，三者都是同处一个"无待逍遥"的精神境界，成玄英在其疏中早有言曰："至言其体，神言其用，圣言其名。故就体语至，就用语神，就名语圣，其实一也。"② 三者看似用了不同的属性来表述，但是正如陈赟所说，"当《逍遥游》说'至人无己，神人无功，圣人无名'时，并不是以无己、无功、无名来区分至人、神人、圣人，而更多的是一种互文性表达，即不论是圣人，还是至人与神人，作为最高存在层次的自由主体，无己、无功、无名乃是其共同规定"③。不过，鉴于至人、神人、圣人在庄子这里分别用无己、无功、无名来形容，那么我们还是可以从更细化的角度更多样地谈论"无待逍遥"的不同表现。

《逍遥游》对"圣人无名"的讨论主要是通过尧让天下于许由的寓言故事展开的：

> 尧让天下于许由，曰："日月出矣，而爝火不息，其于光也，不亦难乎！时雨降矣，而犹浸灌，其于泽也，不亦劳乎！夫子立而天下治，而我犹尸之，吾自视缺然。请致天下。"许由曰："子治天下，天下既已治也，而我犹代子，吾将为名乎？名者，实之宾也，吾将为宾乎？鹪鹩巢于深林，不过一枝；偃鼠饮河，不过满腹。归休乎君，予无所用天下为！庖人虽不治庖，尸祝不越樽俎而代之矣。"

在这则寓言故事中，比较确定的是，它的主体是解释"圣人无名"。然而，关于这里的"圣人"指的是尧还是许由，"无名指"的是先有名而后无之，还是本来就无名却存在着不同的解释。按照陈赟的概括总结，庄学史上存在以下几种解释："其一，扬由抑尧，也就是说许由为'圣人无名'之体现者，而尧为衬托性人物；其二，扬尧抑由，以尧为'圣人无名'的主体；其三，以尧与许由各得自由，尧由俱扬；其四，尧由俱抑，即以尧与许由均无以当'圣人无名'。"④

鉴于《逍遥游》的主旨是谈论人在精神上可以达到的"无待逍遥"境界，

---

① 比如《庄子·天下》对天人、神人、至人和圣人就进行了区分："不离于宗，谓之天人；不离于精，谓之神人；不离于真，谓之至人。以天为宗，以德为本，以道为门，兆于变化，谓之圣人。"《庄子·外物》中也对圣人与神人的不同做出了区分："圣人之所以駴天下，神人未尝过而问焉；贤人所以駴世，圣人未尝过而问焉。"
② 郭庆藩. 庄子校释（新编诸子集成）[M]. 王孝鱼，点校. 北京：中华书局，1961：22.
③ 陈赟. 自由之思：《庄子·逍遥游》的阐释 [M]. 杭州：浙江大学出版社，2020：292.
④ 陈赟. 自由之思：《庄子·逍遥游》的阐释 [M]. 杭州：浙江大学出版社，2020：294.

那么完全没有理由认为无论是尧或者许由都不是圣人。基于此，我们首先应该拒斥第四种观点。在持有第四种观点的人看来，"以尧让天下，虽能忘功，而未忘让之之名；许由不受天下，虽能忘名，而取自足于己，是未能忘己"①。在此基础上，持有这种观点的人认为真正的圣人只能是藐姑射山上的神人。但这种观点显然未能觉察"逍遥游"才是贯穿于所有故事的核心，而至人、神人、圣人也不是在境界上有差异的主体。

关于第三种观点，以吕惠卿、林疑独、王旦和王夫之等为代表。他们基本认为，尧和许由都达到了"无待逍遥"的自由境界，只是二者达到的方式不同。② 就"圣人无名"而言，尧作为一个圣人虽然自身有名而不自以为名，因而达到了真正的无名，而许由则是满足于自身隐身于世的无名追求，也达到了顺应"道"之自然无为。"尧是'出于无为的有为'，而'以无事取天下而天下治'，是尧的'无为之实'……许由则是可通于有为的无为，其实质是安于性分之内而不愿乎外。"③ 在这个意义上，扬尧是从政治为君的圣人角度而言，扬由则是从人生自我实现的角度而言。陈赟认为，尧"出于无为而有为"的观点与老子强调的"圣人无为"的观点具有高度一致性。老子在强调圣人治理天下时有很明确的观点表述，如"处其实，不居其华"（《老子·第三十八章》），"以无事取天下"（《老子·第五十七章》），"为无为，事无事"（《老子·第六十三章》）等。然而，如果接受王博的看法，"庄子的思考始终是立足于个人生命的"④，那么圣人在根本上应该是遵循"道"之自然而"各适其性"的。从这个角度来说，尧虽然作为一个君王通过"无为"而让天下大治，但这在根本上其实是因为他顺应了"道"之自然。在这个意义上，陈赟认为以尧作为"圣人无名"的典范凸显了圣人治理天下的政治隐喻。然而，这种政治隐喻更像儒家入世的做法。尽管老子看起来也有类似关于圣人治理天下的表述，但我们需要注意的是，老子的根本旨归在于无为而出世，而不在无为而入世。在这个意义上，个人认为庄子进一步把圣人治世理解为一种人生态度更是道家一脉相承的精神追求。

① 憨山. 庄子内篇注［M］. 梅愚，点校. 武汉：崇文书局，2015：12. 其他持有类似观点的人包括陈深、陆西星和释德清等。陈赟对此有一个归纳概括。陈赟. 自由之思:《庄子·逍遥游》的阐释［M］. 杭州：浙江大学出版社，2020：304-305.
② 陈赟的概括总结。陈赟. 自由之思:《庄子·逍遥游》的阐释［M］. 杭州：浙江大学出版社，2020：302-304.
③ 陈赟. 自由之思:《庄子·逍遥游》的阐释［M］. 杭州：浙江大学出版社，2020：302.
④ 王博. 庄子哲学［M］. 北京：北京大学出版社，2004：120.

关于第二种观点，主要的代表者有向秀、郭象、王雱等。在这种观点看来，无名的主体只能是圣人，无名的实质是以有名为前提，然后对名的扬弃。尧是历史人物，即使在庄子所处时代，尧也因其禅让故事被视为政教的典范了，反观许由，只是一个被虚构出来的人物，而且主要是为了配合说尧的故事而被给出的。正是基于此，郭象才主张："夫能令天下治，不治天下者也。故尧以不治治之，非治之而治者也。今许由方明既治则无所待之，而治实由尧，故有'子治'之言，宜忘言以寻其所况。而或者遂云治之而治者尧也，不治而尧得以治者许由也，斯失之远矣。夫治之由乎不治，为之出乎无为也，取于尧而足，岂借之许由哉！若谓拱默乎山林之中，而后得称无为者，此庄老之谈所以见弃于当涂，〔当涂〕者自必于有为之域而不反者，斯之由也。"① 也就是说，在郭象看来，尧本身就已经是通过不治而让天下治的典范，并不存在当世之人认为的许由才是"不治而治"的典范。这一点从成玄英的疏中也可以得到佐证。成玄英疏云："欲明放勋大圣，仲武大贤，贤圣二涂，相去远矣。故尧负扆汾阳而丧天下，许由不夷其俗而独立高山，圆照偏溺，断可知矣。是以庄子援禅让之迹，故有爝火之谈；郭生察无待之心，更致不治之说。可谓探微索隐，了文合义，宜寻其旨况，无所稍嫌也。"② 确实，从政教治理的角度而言，庄子也并不会反对郭象和成玄英对尧的赞许。然而，如果我们认为庄子在根本上是对个人价值的思考，那么这种观点并不符合庄子的本义。这从郭象和成玄英自己都意识到这并非庄子原意就可以看出。因此，陈赟以郭象和成玄英的解读为依托，进而认为这种观点最符合庄子"圣人无名"的解释其实并不那么符合庄子的精神旨趣。

最后，让我们来看看第一种解释。持有第一种观点的代表有罗勉道、陆树芝、宣颖和刘武等。陆树芝说："盖唯如许由之置身事外，不为名者，自无名也。"③ 宣颖也说："许由以名为宾而不居。以上证圣人无名意也。"④ 罗勉道和刘武大致也持有相似观点。⑤ 在这种观点看来，许由作为真正的无名者，在面对

---

① 郭庆藩. 庄子校释（新编诸子集成）〔M〕. 王孝鱼，点校. 北京：中华书局，1961：25.

② 郭庆藩. 庄子校释（新编诸子集成）〔M〕. 王孝鱼，点校. 北京：中华书局，1961：25.

③ 陆树芝. 庄子雪〔M〕. 上海：华东师范大学出版社，2011：6.

④ 宣颖. 南华经解〔M〕. 曹础基，点校. 广州：广东人民出版社，2008：7.

⑤ 罗勉道. 南华真经循本〔M〕. 李波，点校. 北京：中华书局，2016：11-12；刘武. 庄子集解内篇补正〔M〕. 北京：中华书局，1987：17；陈赟. 自由之思：《庄子·逍遥游》的阐释〔M〕. 杭州：浙江大学出版社，2020：294.

尧禅让君王之名时也要拒斥,这充分体现了其"不居天子之位,不期天子之名",真正做到了"无名"。然而,陈赟指出,在《庄子·刻意》篇中,《庄子》已经对隐居避世有过明确的批评,① 这个批评的核心在于,"那些隐居避世而没有展开世间行动之人显然并不是真正的无为"。② 如此,庄子扬由抑尧的说法就不能成立。然而,这是唯一合理的解释吗?

事实上,扬由抑尧与陈赟反对此观点的关键交锋在于,我们如何定位许由避世。按照陈赟的解释,许由避世就是没有在世间展开行动,并不是真正的无为,"真正的无为必须是在其世间行动('高''修''治'等实践)中体现,而不是世间行动本身的取消"。③ 陈赟认为,《庄子·刻意》中的话可以作为论据。《庄子·刻意》中说:"若夫不刻意而高,无仁义而修,无功名而治,无江海而闲,不导引而寿,无不忘也,无不有也。澹然无极而众美从之。此天地之道、圣人之德也。"然而,我们在这里有必要分两个方面来看待许由避世。

一方面,如果从许由避世被看作他没有参与政治而言,那么这是一个事实。在这里,陈赟援引郭象的解释认为,尧自身就是无为而治的代表,而并不存在在尧之上还有一个许由代表的"不治而尧得以治者"的更高层次。④ 确实,无为而治是道家提倡的,但单就政治治理的事实而言,如果我们认为许由因为没有参与政治竟然比尧还要更高级,这是站不住的。因为按照此种观点,任何不实际参与的人只要生活在治世就都可以被认作这样的治理者,这显然有悖常理。因此,在这一层,陈赟说"无为是一种行动的方式,而不是行动的阙如"⑤,毫无疑问是对的。基于此,扬由抑尧确实难以成立。

然而,在另一方面,如果我们从许由避世针对的是他主动不参与政治的人生选择而言,那么这是一种人生境界。恰恰是许由主动选择了"无为"于政治,正是为了"无为"之事。而这一点,从许由明确地认可尧对天下的治理,并且认为尧让天下于他是把"无为而治"的名声让给他而言,许由很明确地表明,

① 《庄子·刻意》中说:"刻意尚行,离世异俗,高论怨诽,为亢而已矣。此山谷之士、非世之人,枯槁赴渊者之所好也。""就薮泽,处闲旷,钓鱼闲处,无为而已矣。此江海之士,避世之人,闲暇者之所好也。吹呴呼吸,吐故纳新,熊经鸟申,为寿而已矣。此道引之士、养形之人,彭祖寿考者之所好也。"
② 陈赟. 自由之思:《庄子·逍遥游》的阐释 [M]. 杭州:浙江大学出版社,2020:296.
③ 陈赟. 自由之思:《庄子·逍遥游》的阐释 [M]. 杭州:浙江大学出版社,2020:296.
④ 郭庆藩. 庄子校释(新编诸子集成) [M]. 王孝鱼,点校. 北京:中华书局,1961:25. 陈赟. 自由之思:《庄子·逍遥游》的阐释 [M]. 杭州:浙江大学出版社,2020:296.
⑤ 陈赟. 自由之思:《庄子·逍遥游》的阐释 [M]. 杭州:浙江大学出版社,2020:296.

人不应该汲汲于名。显然，就这一点而言，许由是自觉追求"无名"的。基于此，许由绝对不是通过"行动阙如"而追求"无为"。

当然，即使许由是自觉追求"无名"，也依然存在可能的分歧。其一，自觉追求"无名"是刻意为之，这明显不符合道家旨趣，无须多言。其二，自觉追求"无名"是主动超越世俗，置身事外，才能真正做到"无名"。在这个意义上，真正的"无名"只能是"方外"的视角。这在《庄子·大宗师》意而子与许由的对话中可以看出。① 在这个意义上，如果任何人试图在实际上达到其实是不可能的，这也就是为什么妄图实际达到的人最终走的是一条修仙之路。这显然不是人世间该有的"无名""无为"。其三，自觉追求"无名"是在心境上主动超越世俗。但在这个意义上，追求无名的人绝对不是主观地避世，因为在心境上超越世俗的目标在于顺应"道"之自然无为，而"道"之自然无为恰恰是通过万事万物的流行变化而呈现出来的。因此，超越世俗其实是"各适其性"而非逃避。正是在这个意义上，许由对尧的说话恰恰表明他是真正意识到了"道"之自然无为应该"各适其性"。在这里，通过对比尧也自认为许由比他境界更高，这就表明，庄子要表达的是"道""各适其性"的人生境界。在这个意义上，庄子毫无疑问是扬由抑尧的。

陈赟之所以在人生境界上也反对扬由抑尧，是因为他认为人是不可能在根本上脱离实践的政治。陈赟通过解读《老子》第十七章说道："只有在行于无迹的情况下，才能至于不知有之的无名境界中，在这个境界中，统治者的治理所达成的秩序反而被百姓理解为百姓自己自为、自己努力的结果。正是在这种秩序中，许由式的常人自由才得以成为个人修养的结果，自由成为个体自身的作品，是个体自我的成就。但对于一个共同体而言，当个体的自由成为其自己的成就时，这背后已经隐藏着一个无名的秩序背景以及对这个秩序负责的圣人。"② 很显然，陈赟在这里的解读不但有一种很强的对老子圣人政治化的处理，而且有着一种很强的儒家式积极入世的处理。但按照道家的旨归，即使老

---

① 《庄子·大宗师》中说："意而子见许由，许由曰：'尧何以资汝？'意而子曰：'尧谓我：汝必躬服仁义而明言是非。'许由曰：'而奚来为轵？夫尧既已黥汝以仁义，而劓汝以是非矣。汝将何以游夫遥荡恣睢转徙之涂乎？'意而子曰：'虽然，吾愿游于其藩。'许由曰：'不然。夫盲者无以与乎眉目颜色之好，瞽者无以与乎青黄黼黻之观。'意而子曰：'夫无庄之失其美，据梁之失其力，黄帝之亡其知，皆在炉捶之间耳。庸讵知夫造物者之不息我黥而补我劓，使我乘成以随先生邪？'许由曰：'噫！未可知也。我为汝言其大略：吾师乎！吾师乎！齑万物而不为义，泽及万世而不为仁，长于上古而不为老，覆载天地、刻雕众形而不为巧。此所游已！'"。

② 陈赟. 自由之思：《庄子·逍遥游》的阐释［M］. 杭州：浙江大学出版社，2020：307.

子有圣人政治化的倾向，也绝对不是一种入世的倾向。当然，如果我们也不接受老子的修仙化，那么我们唯一能做的就是人生态度上的内在精神超越。

如果内在的精神超越是我们理解"圣人无名"的关键，那么以上四种观点倒并非不可兼容。在根本上来看，重要的不是我们对于尧和许由持有的态度是抑还是扬，而在于通过我们的态度是否可以最终达到内在的精神超越。

如果我们理解了"圣人无名"作为一种内在精神超越，那么我们就能够更好地理解"神人无功"和"至人无己"了。我们在前面已经通过成玄英和陈赟的分析表明，"至人""神人"和"圣人"其实都是体"道"之人，既然"圣人"是通过内在精神进行超越的人，那么"神人"和"至人"其实质也同样如此。只不过，它们在具体的表现角度有不同的呈现。前面我们已经借用成玄英的说法表明，"至人""神人"和"圣人"的差别在于，"至人"是从本体的角度来说，"神人"是从功用的角度来说，"圣人"则是从名称的角度来说。对此，成玄英有进一步的解释："诣于灵极，故谓之至；阴阳不测，故谓之神；正名百物，故谓之圣也。"① 也就是说，"至人"是对"道"的造诣达到极致体悟的人；"神人"是对变幻莫测的阴阳之"道"有所体悟的人；"圣人"则是对依照"道"而可以正确称名百物的人。很显然，就三类人都是体悟"道"而言，他们其实都是一样的体"道"之人。前面我们已经通过分析庄子有关尧与许由的语言呈现了"圣人无名"的实质，现在我们来看"神人无功"的具体呈现。

在《逍遥游》中，庄子是通过一个寓言故事来呈现"神人无功"的：

> 肩吾问于连叔曰："吾闻言于接舆，大而无当，往而不返。吾惊怖其言犹河汉而无极也，大有径庭，不近人情焉。"连叔曰："其言谓何哉？"曰："'藐姑射之山，有神人居焉。肌肤若冰雪，淖约若处子；不食五谷，吸风饮露；乘云气，御飞龙，而游乎四海之外；其神凝，使物不疵疠而年谷熟。'吾以是狂而不信也。"连叔曰："然，瞽者无以与乎文章之观，聋者无以与乎钟鼓之声。岂唯形骸有聋盲哉？夫知亦有之。是其言也，犹时女也。之人也，之德也，将旁礴万物以为一，世蕲乎乱，孰弊弊焉以天下为事！之人也，物莫之伤，大浸稽天而不溺，大旱金石流、土山焦而不热。是其尘垢粃糠，将犹陶铸尧舜者也，孰肯以物为事！"宋人次章甫而适越，越人断发文身，无所用之。尧治天下之民，平海内之政。往见四子藐姑射之山，

---

① 郭庆藩. 庄子校释（新编诸子集成）[M]. 王孝鱼，点校. 北京：中华书局，1961：23.

汾水之阳，窅然丧其天下焉。

首先，庄子讲述"神人"的世界并不是直接表述，而是通过身份模糊不清的肩吾与连叔的对话来间接转述①，而转述之人又是一个被认为是狂人的接舆。庄子一上来就告诉我们，肩吾从接舆那里听到了有关"神人"的事情。肩吾的第一反应是认为接舆夸夸其谈而不着边际，他感到十分的惊骇和荒唐，甚至到了不近人情的地步。为什么肩吾会如此认为呢？这就需要我们接下去看接舆描述的那个"神人"的世界。

庄子借助接舆之口描述了一个完全不同于世俗世界的另一个世界。"神人"居于"山"上，这显然与世俗之人居住在山谷洼地不同，这一下就拉开了与世俗之人的距离，而且具有了一种俯视世俗之人的视角。这意味着，无论是距离还是境界，"神人"都远高于世俗之人。不但如此，这座山前还有一个"藐"字，更加凸显了二者之间的差距，也许到了世俗之人不可企及的高度。当然，"神人"对世俗之人的这种距离和境界差异并不构成某种歧视，因为严格来说，这是两个世界。在这个意义上，神人的世界其实是"道"的本体世界。很显然，这个世界并不可以通过世俗世界而被感知和认知，因此，它只能是内在精神中体悟到的世界。在这个世界里，"神人"冰清玉洁，正好对应着《庄子·天下》篇中的"淳粹不杂，谓之神妙"。"神人"不吃五谷俗物，而是吸风饮露；"神人"不像世俗之人用脚在地上走路，而是乘云气、御飞龙，游乎四海之外。"神人"的心神作为一个整体凝聚专一，能够让万物不受到灾害而五谷丰登，这正是老子所谓的"抱朴守一"之"道"。这样的世界怎么能够不让肩吾感到夸张、惊骇和远离人情呢？

然而，庄子为什么借接舆之口告诉我们这样的一个世界呢？庄子之所以区分出"神人"和世俗之人的世界，是因为两个世界是完全异质的世界。"冰雪""处子""吸风饮露""乘云气""御飞龙""游乎四海之外"无不告诉我们，"神人"所在的世界是一个洁净轻明的世界。这样的世界总让人想起世俗世界层层加码的束缚与浊重。正如王博指出的，"就像神人不能承受世俗的浊重一样，俗人也很难承受神人之轻。清和轻的感觉来自剥离和舍弃，舍弃身体，舍弃欲望，舍弃心知"②。然而，真正说来，生活在世俗之中的人不可能在现实中脱离

---

① 关于肩吾与连叔的身份分析，陈赟对一些观点做了考据之后总结认为，他们是不是历史人物已经不可考。陈赟.自由之思：《庄子·逍遥游》的阐释［M］.杭州：浙江大学出版社，2020：341—342.

② 王博.庄子哲学［M］.北京：北京大学出版社，2004：121.

身体、欲望和心知而达到"神人"的境界，它只能在内在的精神世界中才有可能。因此，"神人"和"藐姑射山"都不可能在现实中实际存在，而只能是通过内在的精神体悟达到的一种心境。这也就是庄子强调的"坐忘"与"心斋"。正是因为这样的一个世界只能在内在的心境中被感悟，要通过"坐忘"和"心斋"而达至。肩吾怎能不认为这是狂人狂言而难以取信呢？

然而，正如我们在前面分析庄子时就已经指出，"狂"在庄子这里其实是一种生活方式和态度，追求"道"之自然无为的真性呈现，嬉闹游戏于虚伪扭曲的社会，用卮言、重言和寓言等各种似是而非、似非而是的狂言进行表达。庄子自己就是这样的人。而接舆恰恰也是这样的人。接舆并非庄子虚构的人，在《论语·微子》中就有描述：

> 楚狂接舆歌而过孔子曰："凤兮凤兮！何德之衰？往者不可谏，来者犹可追。已而已而！今之从政者殆而！"孔子下，欲与之言。趋而避之，不得与之言。

在《论语》中，接舆被描述为楚国的狂人，碰到孔子来楚国想要施展治理天下的抱负。接舆知道孔子有德，所以在孔子行走路过之时故意唱歌把他比作凤凰，但认为孔子之道并不适合于当世之时，处于衰运之期，楚国的执政者同样危险，劝诫孔子不要再像之前周游其他国家那样到处碰壁。孔子听到接舆的歌声下车想同他交谈，他却避开了。

庄子对接舆的描述显然与孔子和《论语》有关，然而，在庄子那里，描述稍有差异：

> 孔子适楚，楚狂接舆游其门曰："凤兮凤兮，何如德之衰也。来世不可待，往世不可追也。天下有道，圣人成焉；天下无道，圣人生焉。方今之时，仅免刑焉！福轻乎羽，莫之知载；祸重乎地，莫之知避。已乎，已乎！临人以德。殆乎，殆乎！画地而趋。迷阳迷阳，无伤吾行。吾行郤曲，无伤吾足。"（《庄子·人间世》）

在《庄子》的版本中，与《论语》中不同的地方在于以下几点：第一，在《论语》中，接舆是路过而歌；在《庄子》这里，接舆是主动"游"到孔子门前对其言说。第二，在《论语》中，唱的是"往者不可谏，来者犹可追"，劝谏的是人，警示孔子抽离当下入世而不得的人生态度；在《庄子》这里，说的是

"来世不可待，往世不可追也"，分析的是时事定位，警示孔子世道不行。第三，在《论语》中，接舆歌完时事不好之后并没有进一步讽刺或批评孔子；在《庄子》这里，在说完时事之后，还有对孔子的讽刺或批评。

针对这两个版本的差异，陈赟对接舆采取了一种尊儒式的立场来解读。在他看来，以《论语》的故事为原型，孔子是圣人，接舆作为狂者的表现恰恰在于他敢于在孔子面前接"圣道之权舆"。而在《庄子》中，接舆其实是因为孔子一事而成为一个象征事件和有寓意的名字。孔子作为圣人"述而不作"，后世其实只能"闻而知之"，而不能"见而知之"。因此，"以神人之源头来自接舆，其意在显示肩吾之所谓神人者，实即圣人——对接舆而言为圣人，对肩吾而言却为神人"①。陈赟进而认为，"圣人经由接舆的叙述，而对肩吾视角性地呈现其某些侧面。连叔经由肩吾对神人的转述，尤其是肩吾对神人的反应，从而在接舆与肩吾之间进行连接"②。陈赟由此认为孔子、接舆、连叔、肩吾之间构成了一个境界由高到低的表现，即圣人、贤人、中人以上和中人以下。而肩吾认为的狂言其实是真言、至言，而正是因为肩吾自身境界太低，才表现出一种狂。

然而，陈赟的解释太过于儒家化了。即使庄子狂言式的表达可以有很深的隐喻，但如果我们终究接受道家追求的是出世之自然无为，而并非儒家的入世之有为，那么无论如何，这里引用的孔子和接舆的故事都不应该做儒家式的理解。毋宁说，接舆正是庄子自己的化身，他以孔子的积极入世为比照，表明在一个浊重之世去宣扬人为德性的入世是双重的不合时宜，而应该反乎这种入世以游戏的心态真实地游于世间。正是在这个意义上，才有后来连叔的回应。

无论是通过眼耳去应对万物，还是通过主观的心知去应对世事，其实都是沉于世事凡俗而不能真正体现顺应"道"之自然无为的自由。真正有德性的人，就应该凝聚心神、混同万物为一体，放弃包括治理天下等一切世俗之事，这样才能真正做到不被外物所伤害，做到与"道"通行，这也就是"神人无功"的境界。面对这种境界，即使尧也会茫然自失，忘掉天下，而欣然向往的。很有意思的是，陈赟基于他一贯的儒家化解释认为，"神人无功"指的是尧。他认为，"所谓的'无功'并不是功的缺失或匮乏，而是'至功无功'意义上的'无功'，这里的'无功'是不自由其功、不自居其功，因而其功乃可大可久"③。然而，按照我们前面的看法，如果"神人"所在的世界本来就不可能在

---

① 陈赟. 自由之思：《庄子·逍遥游》的阐释［M］. 杭州：浙江大学出版社，2020：357.
② 陈赟. 自由之思：《庄子·逍遥游》的阐释［M］. 杭州：浙江大学出版社，2020：358.
③ 陈赟. 自由之思：《庄子·逍遥游》的阐释［M］. 杭州：浙江大学出版社，2020：388.

现实中达到，那么这里说的"无功"就不应该单纯地指涉治理天下的事功，而是包括世俗中一切事功在内的人事整体。这才有尧"窅然丧其天下"的状态。然而，陈赟坚持认为，尧不但有世俗眼中的大功，而且也有不自居其功的一面，这恰恰体现了尧自身就有一个从实际无为治理有功到主观丧天下而忘功的呈现，是"神人无功"的典范。我们在这里无须坚持说尧因为是儒家圣人典范而是庄子所反对的，问题在于按照陈赟对尧也有隐的一面的解释，尧即使被庄子称许也是因为其在整个人生境界中超越了入世为君的事功，而真正在人生境界上做到了凝聚心神、混同万物为一体而与"道"通行的"神人无功"。

如果"神人无功"和"圣人无名"都是指的内在精神的超越，那么最后我们理解"至人无己"也就比较容易了。因为无论是事功的取得还是名声的取得，其实都有赖于人是一个有具体身心的世俗中的人。名声总需要归诸具有具体身形的人，事功总需要归诸具有具体心智的人。因此，要想在内在的精神上进行超越，做到与"道"通行，那么我们就必须摒弃依赖于具体身心的主观人为，这也就是要做到"神人无功"和"圣人无名"。摒弃了具体的身心，也就是去掉了自己，没有了自己，这也就是"无己"。"无己"正是对"道"的极致体悟，因此，庄子说"至人无己"。然而，作为一个生命体，我们不可能通过放弃生命而"无己"，我们只有在内在精神超越的维度上才能获得"无己"，这也就是通过"心斋"和"坐忘"达到的"吾丧我"的状态，终究只能是一种精神"无己"。在这个意义上，我们可以说，庄子是在内在精神上超越具体的身形和"机心"，而在精神境界上达到了天人合一。在这种境界下，人的精神活动必然被归之于心，因为只有心的精神活动才能超越具体的身形活动。但因为"机心"的认知活动也是心的特征，所以这里的心就不能是"机心"，而是老子谈到的"无心"和庄子谈到的"常心"，"无心"和"常心"当然不是没有心，而是"虚心"。因此，老子才说："致虚极，守静笃。"（《老子·第十六章》）而庄子也说："唯道集虚。虚者，心斋也。"（《庄子·人间世》）既然人不可能通过实际离形堕体而体"道"，那么我们只能通过与身形相对的精神之心去体"道"，而本真的精神之心就应该完全脱离对物的依赖，摆脱物性，摆脱向外求，这只有虚静人心才能做到。而做到这一点，最极致的表现就是"无己"，这才是人体"道"的极致："乘道德而浮游"（《庄子·山木》），"独与天地精神往来，而不傲倪于万物"（《庄子·天下》）。

正是因为"无己"，禀受"道"而具有真性的至人才能顺应"道"而自然无为。从"道"之自然无为再反观人世，什么叫作"有用"，什么叫作"无用"就会发生根本性的变化。正是基于此，当庄子在《逍遥游》的最后以自己和惠施为代表来谈论"有用""无用"时，就体现出了"有己""无己"的境界差别。有用与否，在根本上取决人心的态度，"世界和生命的意义在根本上是由人自己创造和赋予的，意义并不像是一个有形的东西那样存放在世界或生命之中，也不会自然地在人面前呈现，它是一个心造之物"①。同样的事物，面对不同的心境，呈现的价值和意义自然就不同。这也就有了庄子和惠施的对话：

> 惠子谓庄子曰："魏王贻我大瓠之种，我树之成而实五石。以盛水浆，其坚不能自举也。剖之以为瓢，则瓠落无所容。非不呺然大也，吾为其无用而掊之。"庄子曰："夫子固拙于用大矣。宋人有善为不龟手之药者，世世以洴澼絖为事。客闻之，请买其方百金。聚族而谋之曰：'我世世为澼絖，不过数金。今一朝而鬻技百金，请与之。'客得之，以说吴王。越有难，吴王使之将。冬，与越人水战，大败越人，裂地而封之。能不龟手一也，或以封，或不免于洴澼絖，则所用之异也。今子有五石之瓠，何不虑以为大樽而浮乎江湖，而忧其瓠落无所容？则夫子犹有蓬之心也夫！"（庄子·逍遥游）

惠子认为，五石大的大瓠没有什么用，所以只好打烂它。庄子则反对说，这么大的大瓠正好可以用它做船浮游于江湖之上。惠子和庄子面对的大瓠是一样的，惠子以世俗的眼光认为它大而无用，但庄子却以超越世俗的眼光认为，它可以变成一条船带着人畅游江湖。不换种视角，不知道世界和人生原来有别样的精彩。为了说明这一点，庄子寓言中套用寓言：宋国人空有不龟裂等的药方，看到的只是可以用于漂洗丝絮而不伤手，眼界也就只能停留在区区百两金子上了；而有不知名的隐客却能看到这个药方对于军人在寒水中的护佑之大用，眼界立马就可以上升到通过打胜仗而封疆拜侯上。

庄子当然不是想告诉我们隐客可以做出大事功，他是想告诉惠子："无名"的人只是不想要名声，如果他想，他完全可以通过做出很大的事功来获得名声；但获得了名声，也依然只是世俗中的心有所累，还不如舍弃掉这些事功名声，浮游于江湖。因此，对于庄子而言，他真正想表达的是，重要的不是具体的事物，而是人心。同样的东西，不同的人心看到的价值和意义就不一样，只有真正超越了世俗的"有用"，一个人才能真正在体"道"的境界中看到"无用"之大用。所以庄子为我们提供了一棵可以安放在虚寂的土地上悠然自得的大树：

---

① 王博. 庄子哲学［M］. 北京：北京大学出版社，2004：125.

　　惠子谓庄子曰："吾有大树，人谓之樗。其大本臃肿而不中绳墨，其小枝卷曲而不中规矩。立之涂，匠者不顾。今子之言，大而无用，众所同去也。"庄子曰："子独不见狸狌乎？卑身而伏，以候敖者；东西跳梁，不避高下；中于机辟，死于罔罟。今夫斄牛，其大若垂天之云。此能为大矣，而不能执鼠。今子有大树，患其无用，何不树之于无何有之乡，广莫之野，彷徨乎无为其侧，逍遥乎寝卧其下。不夭斤斧，物无害者，无所可用，安所困苦哉！"（《庄子·逍遥游》）

惠子总是按照世俗中的某个标准来区别有用与否，他自然就看不中满树疙瘩而不中绳墨规矩的大樗树。甚至以此讥讽庄子的话夸大而不实用。但在庄子看来，惠子的观点是从世俗的角度来看，世俗本就是对"道""德"的偏离，对人之真性的束缚，我们恰恰就要挣脱世俗的束缚。从超越世俗的角度来看，在虚寂的土地和广漠的旷野里，你完全不需要担忧它会被人为的刀斧伤害，而可以怡然自得地优哉游哉，难道不是人生最大的享受吗？通过这样的寓言，庄子想告诉我们，大樗树的"无用"恰恰就是最大的"有用"。

　　庄子反复通过"有用""无用"的寓言反转告诉我们，有用与否，完全取决于心境。沉迷于世俗之中，"有用"都是不断地用人为加诸自身，累于具体的身形；只有超越世俗，"无用"才会彰显大用，在这个状态下，人心超越了具体的身形，超越了"机心"。当人超越了具体的身形和"机心"，那他就真正做到了自由而无待。这样的世界不在乎狸狌的狡猾心机，不在乎斄牛与老鼠身形大小的差异，因为它已经超越了物性，齐物于心，可以以心"游于无何有之乡"了。在这个世界里，一切物性似乎都消失了，虚无缥缈，自由无碍。自然而然，它也就不是沉重的现实，而是精神世界的逍遥神游。因此，勘破有用与否的障碍，就在于破除心中最执着的自我，"无己"才能极致地体悟"道"的自然无为，而达到任精神的逍遥游。

　　至此，我们可以看到，无论是"圣人"的"无名"还是"神人"的"无功"，抑或"至人"的"无己"，都是人内在精神的超越。这种超越一方面是体"道"者借助生命可以达到的精神境界，另一方面是人在现实中不可能达到的理想境界。因此，三种人是现实中可以想望的理想人格，而三种境界也是现实中可以想望的理想境界，但这样的理想人格和境界只有在精神上才能达到。只有在精神的世界里，有生命的人才能体验绝对的自由。在这个意义上，绝对的自由对于现实的人而言，就是一种精神的境界。

### 五、自由的境界

通过前面四节的论述我们已经可以清楚地看到，无论是老子的自然无为，还是庄子的逍遥游，对于道家而言，它们都只能通过人的内在精神的超越性才能得到理解。尽管表面看起来，老子的自然无为更倾向于宇宙生成论意义上的形而上之"道"论，而庄子的逍遥游更倾向于人生价值论意义上的实践哲学；但其实这二者是道家自由哲学的一体两面。形而上之"道"论虽然是宇宙论的，探讨了包括人在内的万事万物的生成，但它同时也是人生价值的来源。因此，老子的自然无为不仅具有宇宙生成论意义上的形而上特征，也具有人生价值论意义上的实践特征。同样，人生价值论意义上的逍遥游虽然是实践的，探讨了人的生命实践的本质，但它同时也关联于宇宙论的生成本质。因此，庄子的逍遥游不仅是人生价值论意义上的实践哲学，也具有宇宙生成论意义的形而上根基。能够跨越宇宙生成论和人生价值论的东西只能是"道"，它的本质特征就是"自由"。无论是老子的"自然无为"，还是庄子的"逍遥游"，其实都是自由呈现的方式。

然而，作为"自由"的"道"，从宇宙生成论意义上的形而上层面而言，它不可见、不可闻、不可知，甚至不可言说，因此，我们必须借助体"道"者的实践来呈现。因为只有存在一个体"道"者，才能去追问"道"是什么，又因为不能说"道"是什么，所以只能从"道"是什么的发问中去领会"道"。因此，从体"道"者的角度进行研究，进而领会"道"，就成了我们必须首先采取的方法。在这个意义上，正如海德格尔认为此在对存在问题的发问具有优先性一样，体"道"者对"道"的追问同样具有优先性。而这种优先性就在于只有首先这么理解，我们才能够真正理解何谓"天人合一"。理解了"天人合一"，我们才能理解，为什么"道"的本质特征是"自由"；理解了"道"的本质特征是"自由"，我们才能理解，为什么体"道"者只能在精神境界上达到对"道"的绝对自由的理解。

我们在前面多次谈及"天人合一"，认为这是一种人生境界。为什么我们能够达到这种境界？按照道家的观点，一个简单的回答就是，我们人是禀受"道"而生成的，"道"无时无刻不体现在我们的人生实践中，因此，我们自然可以通过实践修养功夫达到这种境界。然而，人到底在何种意义上可以被称为"天人合一"呢？同样是禀受"道"而生成，我们为什么要拒斥来自人性的人为而接受人性的无为？为了回答这个问题，参照海德格尔有关此在的生成论分析是大有裨益的。通过分析此在的存在方式，我们会清楚地理解天人合一的本质。

按照海德格尔的观点，有关"存在"的形而上学问题在西方哲学中一直处于被遗忘的晦暗不明中。人们想当然地认为"存在"是一个自明的、普遍的概念，却认为它是一个不可定义的概念。这和道家认为"道"是一个普遍的、最高的概念，却不可言说一样。正是基于"存在"概念在传统中的定位，海德格尔认为，"存在问题不仅尚无答案，甚至这个问题本身还是晦暗而茫无头绪的"①。为此，海德格尔相信，我们需要重提存在问题，而重提的方法就是对存在问题的发问做一番适当的透视。海德格尔认为，传统有关"存在"问题的追问执着于追问存在的本质，但实际上，对"存在"问题进行追问首先是有关"存在"的意义问题。正是在追寻"存在"的意义中，发问者优先跃入眼帘。这对于理解道家的"道"来说，提供了新的思路。既然"道"在道家这里正如"存在"在海德格尔那里的位置，甚至，"道"根本就不能被认识，那么不如像海德格尔从发问者角度切入"存在"问题一样，我们对于道家"道"的理解也可以从体"道"者的角度切入。

海德格尔告诉我们，对于"存在"问题的发问是一种寻求，而任何寻求都有从它所寻求的东西方面而来的事先引导。同样地，对于道家而言，要想理解"道"，我们就必须对"道"进行发问，虽然道家说"道"不可言说，但终究可以通过否定或类比等方式有所理解，而这正是因为我们在寻求对"道"的理解时，"道"其实已经对我们有事先的引导了。如何引导的？海德格尔告诉我们，"发问是在'其存在与如是而存在'的方面来认识存在者的寻求"②。发问呈现了对问题所问的东西加以分析规定的"探索"。这种探索具有这样的一种结构。③ 其一，发问作为"对……"的发问具有"问之所问"，涉及的是对发问的东西进行规定的源头。其二，发问不仅包含着对问题的追问，而且包含"被问及的东西"，涉及的是发问确定出来的对象。其三，发问还包括"问之何所以问"，涉及的是发问的意义。基于这种结构，海德格尔告诉我们，发问总是发问的存在者所具有的行为，发问本身就具有存在的某种本己的特征。"道"和体"道"者就如"存在"与发问的"存在者"，"道"是对体"道"者进行规定的源头，体"道"者是"道"生成出来的，我们要追问的就是体"道"者如何真

---

① 马丁·海德格尔.存在与时间：修订译本 [M].陈嘉映，王庆节，译.北京：生活·读书·新知三联书店，2006：6.

② 马丁·海德格尔.存在与时间：修订译本 [M].陈嘉映，王庆节，译.北京：生活·读书·新知三联书店，2006：6.

③ 马丁·海德格尔.存在与时间：修订译本 [M].陈嘉映，王庆节，译.北京：生活·读书·新知三联书店，2006：6-7.

正地体悟"道"。

按照海德格尔的分析，"问之所问"是"存在"，"被问及的东西"是"存在者"，"存在"规定着"存在者"，"存在者"身上总是已经预先地包含着对"存在"的领会，但"存在"不是"存在者"。因此，我们对"存在者"的认识总是要依赖于预先对"存在"有所领会，但我们并不能通过回答"存在者"是什么来回答什么是"存在"。因此，"问之何所以问"首先要求一种有意义的发问，只有对"存在"有所领会而能够进行发问的"存在者"对"存在"进行的发问才是合适的。海德格尔认为，这样的"存在者"就是"此在"，也就是人。与道家进行对比，这里的"存在"就是"道"，"道"规定着体"道"者，体"道"者因为禀受"道"而来必然已经包含对"道"的领会，而且，体"道"者是能够对"道"进行发问的人。

现在的问题是，为什么我们需要首先通过"此在"的发问来理解"存在"？海德格尔告诉我们，"此在"在存在者层次上以及存在论上具有优先地位。就存在者层次而言，"此在"是通过"生存"得到规定的。何谓"生存"？海德格尔说："此在能够这样或那样地与之发生交涉的那个存在，此在无论如何总要以某种方式与之发生交涉的那个存在，我们称之为生存。"[①] 从生存的角度来理解存在，意味着从一个存在者本身的可能性来领会自己本身。从这种角度来理解存在的方式优先于其他方式，这意味着"此在"在存在者层次上对于存在的理解具有优先性。就存在论层次而言，"此在"由于以生存为其规定性，所以它本身就是存在论的。什么叫存在论？存在论就在于非演绎地构造各种可能方式的存在谱系。在这个意义上，"存在"总是需要有某种先行领会。"此在"通过这样那样的方式和"存在"打交道，恰恰意味着总是对"存在"有所领会，而且，"此在"总是在这个过程中澄清"存在"的意义并把它理解为自己的基本任务。在这个意义上，"此在"在存在论层次上对于"存在"的理解具有优先性。结合这两种优先，我们可以看到，"此在"是使得一切存在论在存在者层次上及存在论上都得以可能的条件。

综上我们可以看到，对于海德格尔而言，通过"此在"进行发问来理解"存在"之所以具有优先性，是因为"此在"作为一种特殊的存在者表现出了通过"生存"理解"存在"的特殊性。"生存"对于"存在"的领会不是关于"是什么"的本质规定，而是有待于它这样那样与"存在"发生交涉而可能呈

---

① 马丁·海德格尔. 存在与时间 [M]. 修订译本. 陈嘉映，王庆节，译. 北京：生活·读书·新知三联书店，2006：15.

现的方式来理解"存在"。只要生存规定着此在，对它的分析就需要对生存论建构做一番事先的考察。按照海德格尔的看法，此在的生存建构在本质上就包括，此在在世界之中存在。这也就意味着，此在对存在和自身的理解都原始地关涉对世界整体的理解，"存在"和"此在"自身都通过在世界之中的可通达性而得到理解。在这个意义上，此在的生成论是我们探讨"存在"和一切"存在者"的基础存在论。

海德格尔的上述观点对于理解道家"道"和体"道"者的关系具有重要借鉴意义。我们可以清楚地看到，"道"和体"道"者的关系恰好对应"存在"与"此在"的关系。体"道"者和"此在"一样，都是指涉人，显然是通过生存得到规定的。从生存的角度来理解体"道"者，意味着从体"道"者本身的可能性来领会自己本身。体"道"者通过这样那样的方式和"道"打交道，恰恰意味着总是对"道"有所领会，而且，体"道"者总是在这个过程中澄清"道"的意义并把它理解为自己的基本任务，这也就是道家强调的自然无为。体"道"者在由"道"生成的世界之中存在，体"道"者对"道"和自身的理解都经由"道"生成的世界整体而得到理解。因此，借鉴海德格尔的观点，体"道"者其实需要把自己置入由"道"而生成的具体世界整体才能真正领会到"道"。在这个意义上，海德格尔有关"存在"与"此在"关系的说明不仅为我们提供了理解道家"道"和体"道"者关系的具体路径，而且更为明确地告诉了我们，为什么体"道"者与"道"是可以合一的。

"道"像"存在"一样，是使得任何存在者成为其自身的原因。存在者千差万别、不计其数，但它们都源于"道"。体"道"者作为存在者，同样来源于"道"。体"道"者的特殊性在于，他不仅秉承"道"而生成为存在者，而且是具有自我主观意识能够发问的存在者。在发问的过程中，体"道"者意识到自己生存在由"道"而生成的具体世界之中。对于道家而言，他们清楚地意识到，自身和具体世界中的万事万物都不是"道"本身，我们唯一能够把握"道"本身的方法就是握"道"自己和万事万物背后的那个"存在"之"道"。这就需要我们放弃人为，"致虚极，守静笃"，通过"心斋""齐物"和"安命"而与"道"通行。只有在这种状态中，我们才能真正做到天人合一，才能真正借助体验世界整体的过程体验"道"。在这个意义上，体"道"者在其将自己由世界之内的一个对象而升格为与世界整体同一的理想人格时，就不再是有待于任何具体的事物，而是在顺应"道"之自然无为中逍遥游了。

借助海德格尔有关"存在"与"此在"关系的理解，我们现在明白，道家的天人合一之所以可能，在根本上源于体"道"者是唯一可以经过发问探寻

"道"是如何体现在具体生成物上的特殊存在者。这种特殊性体现在他既是由"道"生成，而又能够对这种生成有所领悟并且发问。就生成论而言，体"道"者与万事万物其实都有待于"道"；但就存在论而言，体"道"者是唯一能够自觉超越物性而在内在超越中与"道"通行的特殊存在者，在这个意义上，体"道"者无待于任何外物。通过这种理解，前面谈及的"有待逍遥"和"无待逍遥"现在就十分清楚了：就生成论而言，体"道"者都是依赖于"道"而"有待逍遥"；就存在论而言，体"道"者可以不依赖任何事物而与"道"通行，因而是"无待逍遥"。因此，严格来说，"有待逍遥"是体"道"者的一个生存事实，而"无待逍遥"则是体"道"者其通过实践修行而达到他天人合一的境界。

通过"有待逍遥"和"无待逍遥"的这种区分，我们现在可以理解，为什么老子的自然无为首先是一个宇宙论上的概念。因为从生存论的角度来说，唯一无待的东西只可能是"道"，只有"道"才是自本自根、自生自化的。正如韩林合所说，"只有相对于世界之内的两个事物来说才有所谓一个是否依赖另一个的问题，而作为整体的世界是唯一的，是绝对绝待的，因此我们可以说作为整体的世界或道是超出于通常所谓依赖（有待）和自由（无待）范畴之外的，或者说是绝对自由的"①。这种绝对自由其实就是我们前面引用康德时谈到的先验自由。只有在先验自由的概念里，一个东西才能完全不依赖任何其他的东西而自行开始一个状态。这种自由只能是本体界的东西，而不可能是我们人所在的经验现象界的东西。在这一点上，"先验自由"就是道家描述的"道"最根本的特征："道"是实在的，但不是通过经验和心知可以认识与言说的。然而，对于人来说，我们的生命必然展开在实践的经验世界里，如果有绝对自由，我们也只能在经验世界里去领会。因此，既然我们无法通过经验和心知去认识与言说"先验自由"，那么我们就只能通过实践的方法去证成自由，在道家这里，也就是通过理想人格去体悟"道"之自由。

然而，康德的先验自由与道家的"道"的差异在于，康德在根本上是要肯定经验世界，先验自由其实是为经验世界的发生寻找的一个假设。对于康德而言，如果没有一个先验自由的概念，那么我们就无法解释世界最初纯粹自发的原因，经验世界也就永远需要追溯更早的原因，因为如果是未完成和不充分的，这违背了充足理由律。与康德不同，道家对经验现实世界不满，他们相信存在

---

① 韩林合．虚己以游世：《庄子》哲学研究（修订版）［M］．北京：商务印书馆，2014：240．

一个形而上的世界，形而上的世界是绝对自由、安全和幸福的，形而上的世界不是为了解释经验世界而具有的一个假设，正是形而上的世界让经验现实世界得以产生，从形而上的世界到经验世界，是一个其真实程度和价值属性都从高到低不断跌落的过程。这有点类似于柏拉图谈及的理念世界与经验世界的关系，理念世界是永恒的、不动的、至善的，经验世界是对理念世界的模仿和分有，从理念世界到经验世界，其真实程度和价值属性也是从高到低不断跌落的过程。只是在柏拉图那里，他没有明确提及先验自由跌落的问题。而在道家这里，从形而上的世界到经验现实世界的跌落，在根本上是一个"道"之自然本真和无为价值不断跌落的过程，恰恰是自由跌落的过程。

我们在前面谈及道家"自然"概念时，就展示了自由的跌落，这与西方"自然"概念的跌落存在差异。在西方"自然"概念的跌落过程中，"自然"从一切事物的根据与源头，跌落成事物的本质，再跌落成自然事物的本质，最后跌落成具体事物的总称。而在道家那里，"自然"虽然也是一切事物的根据与源头，也是事物的本质和自然事物的本质，但不存在西方式"自然"的跌落。其根本原因在于，道家的"自然"在本质上是一种自然而然、自己如此的绝对自发性，是一种绝对自由的特性，它是包含最高义、整体义和价值义于一身的统合性概念。从最高义来说，"道"之"自然"不是指涉经验现实，而是指涉理论世界最高最根本的存在，它是唯一自本自根、独立独化的形而上之本源；从整体义来说，"道"之"自然"不是对具体事物状态的说明，而是对整个世界应然状态的说明，它是包括人在内的经验世界应该呈现的状态；从价值义来说，"道"之"自然"不是对现实价值的描述，而是对完美理想的构想，它是人应该追求的理想境界。基于上述，对于道家而言，"自然"就是"自由"，"自然"在根本上指涉的就是宇宙的绝对自发性，指涉的就是这种绝对自发性在发生学和价值序列中对一般自然因果性的超越。

然而，对于道家而言，"自然"作为"自由"的跌落也是一种必然。因为无论是作为最高义、整体义还是价值义，作为"自由"的"自然"都不是一种超越具体经验现实的状态，而是一种抽象的、整体的、应然的状态。这对于不得不借助具体经验现实去认识世界的人而言，作为"自由"的"自然"就必然跌落。正如刘笑敢所说："或许是《老子》之自然立意太高、太超前，后人多从'自'或'然'的构词义和语词义出发理解'自然'，其哲学义或体系义就被漠视和淡忘了，结果就是最高义转向普遍义，整体义转向个体义，价值义转向客观义。"① 因此，无论如何通过内在自然、外在自然还是社会自然来理解"自然"②，都不得不导致"自然"的跌落。这种跌落当然不是西方式的跌落，而是作为"自由"之"自然"的跌落，是一种境界的跌落。

其实，从宇宙发生学的意义上来说，老子给出的"道法自然"描述了康德意义上先验自由的绝对自发性。然而，正如康德的先验自由只是一种理论假设，无法通过经验进行认识一样，老子的"道法自然"尽管被认为是实在的，但同样不可通过经验进行言说和认识。因此，"道法自然"必然跌落为人类世界可以理解或感悟的东西，这就是第一层跌落。在这个意义上，我们首先把"道法自然"理解为包括人在内的整个世界的本源或根本依据，"道"自本自根、独立独化地生成了天地万物。然而，"道"的这种本源性必须借助人类自身的处境才能够得以理解。后世对于"道法自然"的理解慢慢就发生了不同路向的跌落。一种观点认为，"道"作为引导性原则最终只能在自然秩序上落实，万事万物各适其性就是一种总体的自然秩序，是世界自然而然的样子。③ 这种观点显然是一种很现代的思维，把后世才凸显的自然界思想强加给了老子，却完全丧失了自然之"自由"的本质。另外一种观点认为，老子不得不借助"人类文明社会中自然而然的秩序"来认识"道"之自然，刘笑敢称为"人文自然"。在这个意义上，自然是人类社会的自然，是一种文明的秩序，强调"外无压迫、内无冲突"的人类理想状态。④ 人文自然保留了自由的自发性，但只能萎缩到人类思想的可能自觉的状态中去。

然而，就"道"对于人类的可理解而言，人文自然是我们理解"道"之自然唯一可行的思路。正如刘笑敢所说："《老子》之自然是道所要取法和体现的，是圣人所要实现和追求的，所以它有最高义；自然总是和人、百姓、万物这些整体性的主体相提并论，从来不用于某些人、某物、某邦，所以有整体义；自然是道、圣人、百姓所称道和推崇的，是正面的、值得实现的原则和价值，所

---

① 刘笑敢.《老子》之自然的独特性：多元视角的思考与发现 [J]. 哲学研究，2022（1）：63.

② 刘笑敢.《老子》之自然的独特性：多元视角的思考与发现 [J]. 哲学研究，2022（1）：63-64.

③ 劳思光. 虚境与希望：论当代哲学与文化 [M]. 香港：香港中文大学出版社，2003：142.

④ 刘笑敢.《老子》之自然的独特性：多元视角的思考与发现 [J]. 哲学研究，2022（1）：54-55.

以有价值义。"① 奇怪的是，刘笑敢虽然认为庄子那里有对"外在自然"和"内在自然"的强调，却并没有继承老子的这种思想。可问题在于，如果人文自然是我们理解"道"之自然唯一可行的思路，那么庄子通过"顺物自然而无容私焉"（《庄子·应帝王》），"常因自然而不益生也"（《庄子·德充符》），"应之以自然，然后调理四时，太和万物"（《庄子·天运》），"莫之为而常自然"（《庄子·缮性》）等观点的表达难道不正好体现了"道"具有的最高义、整体义和价值义？

正是在庄子这里，我们才能清楚地看到，在人类可以理解的范围内，人是如何体现"道"之最高义、整体义和价值义的。其一，人性秉承"道"而生成，是客观自然的，天然具有源头上的最高义；其二，人性是相对于人之外的东西而言对人之根本属性的总体把握，是内在自然的，必然具有整体义；其三，人性是唯一能够自觉发问并追寻"道"之绝对自发性的东西，是心境自然的，必然具有价值义。正是因为人性在庄子这里是客观自然、内在自然和心境自然的统一，所以庄子的人性论才真正体现了对"道"的理解和体悟。如果说作为"自由"之"道"的跌落是一种必然，那么通过人的心境自然去自觉发问和追寻"道"的绝对自发性恰恰是人性最伟大与光辉的地方。

当然，老子和庄子都明白，我们作为人虽然可以通过"致虚守静"或"心斋"与"坐忘"的方法达到心境上的与"道"通行，但我们终究受限于生命的具身性，我们不可能在现实生活中达到绝对自由的状态。我们只能尽可能地忘掉自己的具身性，摒弃自己的心知，虚己以游世，才能超越身心的局限，而在精神的世界里独与天地往，逍遥于世，甚至游乎四海之外，达到真正的精神性绝对自由。这也就是体"道"的境界。

① 刘笑敢.《老子》之自然的独特性：多元视角的思考与发现［J］. 哲学研究，2022（1）：63.

# 第八章

# 道家的道德叙事模式

人能通过体"道"而达到绝对的精神自由，充分表明人是世界上最独特的存在，这种独特性就表现在人能够在体悟自由的过程中利用感觉和理性形成独特的世界观，形成有关世界的价值观。正是在体悟世界、认识世界、表达价值观的过程中，人类活动体现出了精神气质和价值意义，形成了文明。当精神气质和价值意义被体现出来，人就超越了单纯的动物性而成为文明人，文明人在精神气质和价值意义的创造过程中通过行为准则、习俗、社会规则等指导自己的生活，把自然的存活变成了道德的生活。在道德生活中，人们有意识地反思自己的生命和生活，形成自己的道德叙事。在叙事中，人们思考生命的意义和生活的目的，通过主动把自己编织进或真或假的故事讲述自己和他人的故事，在彼此相互缠绕的故事中获得生命的感悟和生活的体验。在这个意义上，具有主观意识和反思能力的生命天生就是自身故事的创造者、讲述者与理解者。从时间维度来审视生命，生命就是生活，生活成为可以叙事的伦理生活，人类生命和生活在故事中展开。故事如何展开？故事通过参与者在时空中展开，围绕着故事想要呈现的主题展开，展开为可以理解的、具有统一性的故事。人类生命和生活以作为伦理主体的自我为中心，在时空中把自己和他人展示为一串串主题集中的有序事件，让生命与生活有价值和有意义地被理解。在这种理解中，每个人从出生开始就被置于某种社会关系中，在其中获得自己的社会身份，成为一个社会的人、历史的人和伦理的人。

每一个人和每一个民族都在生活中创造意义。在意义的创造过程中，个人和民族是生活的主体，意义是主体选择的价值表现。在主体的价值选择中，个人和民族成了道德的主体，生活成了道德的生活，道德生活在历史时间和社会空间中展开，成为个人的人生经历和民族的文化，个人和民族通过历史的、社会的人生事件与文化事件的展开呈现出生命和生活的道德意义。从这个意义上讲，人在本质上就是通过叙事创造意义的动物。正是在叙事中，主体通过把生活的元素（经验、信念和行动等）解释为一个独特而又融贯的结构显示出自己的反思性能力，这种能力使主体成为一个道德主体。然而，任何一个结构都是在具体的历史和社会中呈现出来的，这意味着通过叙事创造的意义只能在具体的历史和社会中呈现出来。诚然，我们可以一般性地谈论历史的、社会的道德主体在叙事中创造出来的一般意义，但任何叙事的实质都是道德主体在具体的历史和社会中的展开，我们既要一般地理解我们作为人类所具有的普遍道德意义，也需要在个体和民族文化的意义上理解我们所具有的特殊道德意义。

毫无疑问，作为中国人，最切己的生命感悟和生活经验就来自历史悠久的中华文明，而道家思想无疑是中华文明的核心之一。通过分析道家道德话语指涉的形而上学、认识论、人性论、功夫论和境界论等维度，我们已经对道家的道德话语有了一个比较整全的把握。基于这种整全把握，现在我们可以对道家道德话语进行一个整体性的概括了，我们可以称为"道家道德叙事"。我们有理由相信，这种道德叙事将会呈现道家对中华文明和中华民族精神气质的塑造。

为了通过道德叙事全面展现道家的精神气质和价值意义，本章首先将在概念上进行界定，指出道德叙事是人类基于反思能力对生命和生活意义的创造，不同的生命体验和生活经历创造了不同的意义，体现为不同的道德叙事；为了对人类生命和生活各种可能的道德叙事有一个整体性的把握，我们将剖析道德叙事包含的基本构成要素。进而，基于道德叙事概念及其基本要素的分析，我们将勾勒道德叙事是如何依赖一种三重架构而发展的。最后，以前面的分析为基础，我们将具体呈现道家道德叙事：一方面，我们将从中华民族作为道德主体的视角勾勒道家思想在与儒家的对比中是从哪里展开道德叙事的；另一方面，我们将通过个人和集体道德叙事两个方面来呈现道家思想的展开，以期呈现道家道德思想的独特性。

### 一、道德叙事概念及其基本构成要素

在人类文明发展的过程中，有关人性发展的故事总是一个文明的核心内容，无一例外，这个有关人性的故事谈论的都是我们人类如何从自然人转化为道德人，而这个转化的发生也就是人类道德的产生与发展。道德是如何产生和发展的？这是有关人类道德文明的故事。从奥林匹斯的神话故事，到《圣经》的故事，再到文艺复兴的故事和启蒙的故事，西方文明呈现了追求理性、博爱和自由的道德文明；从三皇五帝的故事，到诸子百家争鸣的故事，再到古文经今文经的故事和宋明风雅的故事，中华文明呈现了追求和谐、仁爱和自强不息的道德文明。正是在一段段的故事中，人类通过自身刻画了道德文明史的产生与发展，今天的我们不仅通过道德文明史找寻着有关前人的记忆，而且在对这些记忆的理解中向未来继续构建着人类道德文明史。我们就是在故事回忆和故事编织中创造意义，有关故事的叙事成了我们理解自身最重要的方式。然而，什么

是有关故事的叙事呢？

　　直白地讲，叙事就是讲故事，描述的是前后连续发生的一系列事件或行为。在这个意义上，叙事一般被理解为一种形式结构，表达的是人类认识事物的方式，"叙事承载物可以是口头或书面的有音节语言、是固定的或活动的画面、是手势，以及所有这些材料的有机混合"①，通过这些不同的形式，我们可以这样理解叙事，"叙事是对于时间序列中至少两个真实或虚构的事件与状态的讲述，其中任何一个都不预设或包含另一个"②，按照杰拉德·热内特（Gérard Genette）的看法，我们对叙事可以分出两个层次：一是名词意义，即讲述事件的口头或书面话语及其所设计的真实或虚构事件；二是动词意义，即对叙事内容怎么叙述的过程。③ 然而，无论是叙事的名词意义还是动词意义，叙事首先要关联故事的叙述者、受述者和听叙者。如何关联？通过叙述者、受述者和听叙者的生命与生活进行关联，意识到人的生命和生活是一个个主体的心理体验，是关系交往中的相互成全，是客观存在的现象。叙事只有在这样的生命和生活体验中才能成为一件有意义的事情，讲故事才有其意义。在这个意义上，叙事总是奔着人的生命和生活这个目的而呈现出来的，对叙述最本质的理解应该是基于人的生命和生活这个目的而进行的理解。基于此，叙事就会呈现另外的维度。

　　基于人的生命和生活这个目的进行理解，叙事是人类基于自我意识和反思能力，通过个体或集体的经历创造生命和生活的意义④，任何属于这个意义世界的人类世界观、价值观和方法论都是其构成要素，在这个意义上，人类生命和

---

① 杰拉德·普林斯. 叙事学：叙事的形式与功能 [M]. 徐强，译. 北京：中国人民大学出版社，2013：1.

② 杰拉德·普林斯. 叙事学：叙事的形式与功能 [M]. 徐强，译. 北京：中国人民大学出版社，2013：4.

③ GERARD G. Narrative Discourse：An Essay in Method [M]. New York：Cornell University Press，1966：109.

④ 在哲学上，很多思想家都认为叙事指涉的就是人格和生活的意义，叙事性就是对人格统一和生活统一性的刻画。ATKINS K. Narrative Identity, Practical Identity and Ethical Subjectivity [J]. Continental Philosophy Review, 2008, 37：341–366；DENNETT D. Why Everyone is a Novelist [J]. Times Literary Supplement, 1988（Sept. 15–22）：1016–1022；FLANAGAN O. Self Expressions [M]. New York：Oxford University Press, 1996；SCHECHTMAN M. The Constitution of Selves [M]. New York：Cornell Univerisity Press, 1996；TAYLOR C. The Ethics of Authenticity [M]. Cambridge：Harvard University Press, 1991；VELLEMAN D. The Self as Narrator [G]. in J. Christman and J. Anderson, ed., Autonomy and the Challenges to Liberalism, 2005：56–76.

生活的任何一种文明化与道德化都是一种叙事，叙事与人类历史共同产生，"一种叙事，也是一种生活的可能性，一种实践性的伦理构想"①，任何一个文明人和道德人，任何一个民族，都不可能是没有叙事的个人和民族，个人与民族正是通过叙事而成为自觉的主体和有意义的人。基于此，叙事不是一般的故事结构，而是人类区别于动物的本质方式。一种叙事是一种可能的生活方式，也就是一种实践的道德方式，这也就是说，一种叙事就是有关生命和生活的道德叙事。道德叙事通过生命主体在时空变化中的生活创造着生命的意义和生活的价值。可以这么说，道德叙事就是叙事主体通过生命体验和生活经历中的事件叙述，呈现或揭示隐藏在这些体验、经历、事件或行为背后的道德思想和价值观念，以创造出生命或生活的意义。基于此，对于道德叙事而言，重要的不是讲一个形式化的故事需要满足的基本结构是什么，而是在于通过反思能力把生命与生活解释成为独特的、融贯的、有意义的人生和道德生活。生命的存在形式和生活运行轨迹表明道德叙事需要一个时间流逝中的历史主体；有意义的人生和道德生活表明道德叙事需要一个可以理解的统一主题，需要一个可以进行意义理解的人性目标。这意味着，任何一种道德叙事都应该具备一些基本的条件要素。这些要素是什么呢？

从一般的结构形式来讲，讲故事的人总是某个能够讲故事的主体；从叙事目的的角度来讲，生命和生活意义的创造总是相对于能够创造与理解意义的主体而言，道德叙事的主体通过个体生命和集体生活创造意义，任何一种生命体验与生活形式都是主体对生命和生活的一种道德理解，意义的创造和对生命与生活的理解，在根本上要求主体具有自我意识和反思能力。只有借助自我意识和反思能力，我们才能够讲故事、创造意义、理解意义，我们也因此成为道德主体。在这个意义上，道德主体是我们构建自我存在和自我传记的程序中心②，

---

① 刘小枫. 沉重的肉身：现代性伦理的叙事纬语 [M]. 北京：华夏出版社，2004：6-7.

② 在谈及道德主体时，哲学家一般集中于"自我"的概念。就我们这里谈论的叙事理论而言，大量的哲学家谈论了叙事自我的概念，虽然他们彼此之间对这个概念的界定存在着一定的差别，但大致而言，叙事自我的概念被看作拥有特殊形式的有关经验、行动、特征、判断等的一个序列。STRAWSON G. Against Narrativity [J]. Ratio, 2004, 17 (4)：430；DENNETT D. Why Everyone is a Novelist [J]. Times Literary Supplement, 1988 (Sept. 16 - 22)：1029；DENNETT DANIEL. The Self as the Center of Narrative Gravity [G]. in P. M. C. Frank and S. Kessel, and D. L. Johnson, eds., Self and Consciousness：Multiple Perspectives, Hillsdale：Lawrence Erlbaum, 1992：114；VELLEMAN D. What Happens When Somebody Acts [J]. Mind, 1992, 101：461-481；CHRISTMAN J. The Politics of Persons：Individual Autonomy and Socio-historical Selves [M]. New York：Cambridge University Press, 2009：66-85.

或者作为个体，通过生命经历讲述自己和他人的故事，提出有关生命和生活的道德意义；或者作为个人聚集起来的民族和国家等集体形式，讲述一个民族和国家的文明故事，提出有关生命和生活的道德意义。如果说道德主体通过自我意识和反思能力，为道德叙事提供了讲故事的起点和意义创造与理解的中心，那么，道德主体是如何进行故事的讲叙和意义的创造与理解的呢？这就要求我们提供更多理解道德叙事所需要的要素。

如果说道德主体是生命和生活意义的创造者，那么，道德主体在时间中不断创造和再创造的历史就是意义的具体展开。就个体生命而言，我们在时间中出生，经历生活，走向死亡，从生到死的时间跨度是我们每一个生命体的自然现象。在经历生活的过程中，我们个人作为道德主体通过自我的主观能动性和反思能力持续不断地感受着、思考着、行动着、建构着我们的生活故事，或真实或虚假、或重新构建，但每个时间跨度都为我们的生活给出了一种可能的道德生活，伴随着时间不可逆的自我行动追逐着理想中的良善生活。

在这种良善生活的追逐中，个体的自我在实践中进入各种关系。从出生开始，个体自我首先在客观上成为家庭中的一员，成为父母的孩子；在经历生活的过程中，个体自我发现自己不仅是父母的孩子，还是兄弟姐妹的兄弟姐妹，是朋友的朋友；自己与很多同样的个体生活在一个共同的村落、街道，生活在一个共同的地区、国家，用共同的语言交流着共同的话题，寻求着不仅属于自己，也属于他人的共同良善生活。正是在实践关系中，个体的生命感受与生活经验关联着他人一起被给出，个体不再单纯地编织着自己的梦，个体总是在与他人的关系中编织着自己的梦，编织着与他人共同的梦，个体的生命感受和生活经验在彼此的交织中汇聚成了民族和国家，成全出了一种与单个道德主体或一致或背离的集体道德主体，开始写就被称为一个民族或国家的或真或假的历史。

在这个历史中，故事写作者就是故事中的各种角色，"角色们当然从不严格地从一开始就进入叙事；他们从叙事的中间插入，通过过去发生的人和事，故事的开端已经产生并朝着他们前进"①，人物的虚实与否并"不在于其行为的叙事形式，而在于他们在多大程度上参与了这一形式以及他们自身行为的创作"②。当然，人们的参与并不是随心所欲的，他们总是受到其他角色的行动和作为行动之先决条件的社会传统的影响。正如马克思所说："人们自己创造自己

---

① 麦金太尔. 追寻美德［M］. 宋继杰，译. 南京：译林出版社，2003：272.
② 麦金太尔. 追寻美德［M］. 宋继杰，译. 南京：译林出版社，2003：273.

的历史，但是他们并不是随心所欲地创造，并不是在他们自己选定的条件下创造，而是在直接碰到的、既定的、从过去承继下来的条件下创造。一切已死的先辈们的传统，像梦魇一样纠缠着活人的头脑。"①

以上的观点充分表明，无论是作为道德主体的个人，还是作为道德主体的民族或国家，生命或生活都是通过主体的主观能动性和反思能力在时间序列中历史地建构起来的。在这个意义上，人是时间中的人，是历史中的人，叙事是在时间中对个人生命和个人生活于其中的传统的持续反思与发现，我们称为"道德叙事的历时性"。

尽管道德主体在时间中通过创造和再创造历史而呈现意义，但是，如若没有一个人性目的论的概念，我们就无法理解这种历史的意义是什么。亚里士多德说，"人的每种实践与选择，都以某种善为目的"②，在他看来，地球上的每个物种都因其本性而具有某些目的，而且这些目的中存在着一个最高的目的，于人而言，人的本性就是进行符合逻各斯的活动。③ 正是在有关人性目的的解释中，亚里士多德的人性论目的概念为人类实践提供了意义解释。④ 为什么这么说？前已备述，道德叙事在本质上是对人类实践的意义反思，这也就意味着，尽管人类实践生活有可能是杂乱无章、各自独立的，但对人类生命和生活的意义解释要求我们按照有关人性的目的论概念进行叙事，把我们已经实践了的行动和即将实践的行动统合起来。这意味着，就生命和生活都是属人的而言，无论人性的本质是什么，我们对于意义的解释要求我们接受一个相关于人性的目的论概念，只有在这个意义上，人才成为有意义的文明人和道德人。基于此，几乎绝大部分古今中西的伟大思想家都认可说人类生命和生活都应该指向一个

---

① 马克思．路易波拿巴雾月十八日［A］// 马克思恩格斯选集：第1卷．中共中央马克思恩格斯列宁斯大林著作编译局，编译．北京：人民出版社，2012：668-669.

② 亚里士多德．尼各马可伦理学［M］．廖申白，译注．北京：商务印书馆，2003：3.

③ 在有关符合逻各斯活动的解释中，亚里士多德给出了有关人性目的存在张力的两种解释，一方面，他认为这种符合逻各斯的活动是理性灵魂的形而上沉思；另一方面，他认为，符合逻各斯的活动是人类追求幸福的活动。不过我们无须探讨这种张力，在这里我们通过"符合逻各斯活动"需要表明的是亚里士多德持有人性目的论的思想。

④ 麦金太尔认为亚里士多德提供了一个被近代西方拒斥的形而上人性目的论概念，但是他认为，去掉亚里士多德学说中的形而上成分，它依然为我们提供了有关人类繁荣与幸福的目的论指向，其核心观点认为我们的生活着眼于可能的未来，这种未来呈现为一种目的。在麦金太尔看来，这种目的论指向是道德叙事不可或缺的重要特征。麦金太尔．追寻美德［M］．宋继杰，译．南京：译林出版社，2003：205-206，273-278.

人性追求的良善生活目的，尽管他们彼此之间存在着具体内容的差异。①

　　前面的论述已经表明，道德主体通过历时地创造展现着生命和生活的意义，指向人性良善的目的论追求。很显然，人正是在意义创造和良善目的追求的过程中，成为一个可以理解的统一的道德主体，人的生命和生活被统一在一个共同的主题下被理解。如果说一个生命从出生、经历生活、最终走向死亡贯穿为一个人的自我，那么，这个自我就是一个统一的自我；如果说一个民族从传统经历时间发展，要么消亡、要么延续，贯穿为一种民族或文化精神，那么，这个民族或这种文化就是一个放大了的统一的自我；无论是个体的自我还是民族或文化的自我，自我的概念都充分体现了"主题统一性"。

　　事实上，就人的生命和生活而言，我们感觉和体验着偶然的生命现象、随机地过着彼此独立又相互联系的生活，生活本身体现为一个个漫无目的、杂乱无章的个别行为的相遇、相交和相离，如果在叙事中没有一个统一的主题，我们根本就无法理解生命和生活的价值与意义，我们也无法成为文明的人和道德的人。在这个意义上，叙事就是在一个"主题统一性"的概念下把各种个人经历、事件、行为、想法等编织到一个个统一的序列中去，构成一个个可以理解的故事，从而呈现生命和生活的意义。在这一个个的故事当中，个人和集体通过他们的历史成为讲故事的主体，成为别人故事里的被讲述者，叙事既有可能是真实的②，也有可能是虚假的③，道德主体不仅仅是某个故事的主角，也可以是很多故事的主角，这些主角也可能穿插进另外的故事中成为配角，麦金太尔说，"我们至多是我们自身叙事的合作者"④。很显然，故事表现出了多种可能

---

① 在西方，无论是古希腊有关人性的形而上目的论，还是中世纪有关人性的神学目的论，抑或近代以来有关人性的经验目的论，他们都认为人最终要获得一个良善的幸福生活；同样，无论是孟子的性善论，还是荀子的性恶论，抑或性有善有恶、性无善无恶等观点，他们也都认为人最终是要获得一个良善的幸福生活的。这也就是说，把人性看作在根本上是追求良善生活的这一观点是人类文明的共识。

② 维勒曼认为构造故事的自我是真实的。在维勒曼看来，自我就是有关我们自身的故事，而一切有关我们自身故事的构造都是真实的，这样的自我其本质就是真实存在的我们的能动性，能动性是我们的叙事统一性的力量。VELLEMAN DAVID. What Happens When Somebody Acts? ［J］. Mind, 1992, 101：461-481.

③ 丹尼特认为构造故事的自我是虚构的。但他并不否认这个虚构的自我对于构造我们是生命和生活的意义，他更倾向于把自我看作我们大脑中的一种中心控制机制或者是为我们而进行思考的非物理灵魂。因此，丹尼特只是否认自我是一个实体，但并不否认他对于我们的意义。DENNETT DANIEL. The Self as the Center of Narrative Gravity ［G］. in P. M. C. Frank and S. Kessel, and D. L. Johnson, eds., Self and Consciousness：Multiple Perspectives, Hillsdale：Lawrence Erlbaum, 1992：103-115.

④ 麦金太尔. 追寻美德 ［M］. 宋继杰，译. 南京：译林出版社，2003：270.

形式，我们需要理解这些故事。

怎样理解？我们必须围绕故事得以展开的道德主体来理解。既然故事是关于道德主体的故事，意义是关于道德主体的意义，那么，很显然的是，故事的叙说就是为了对道德主体的生命和生活有一个统一性的理解。对这种统一性的理解可以通过因果性来理解事件序列的发生，可以通过目的功能性理解事件序列的发生，也可以通过集中主题来理解事件序列的发生……但无论是哪种理解，理解的核心并不在因果性、目的功能性和主题①，而在于它们都是针对道德主体的意义反思，我们称这种意义反思为"主题统一性"。这种"主题统一性"在根本上表现为，历时中的道德主体在追求良善生活目的时，个人表现出了人生统一性，而民族集体则表现出了历史统一性。我们可以看到，"主题统一性"和"可理解性"就这样在一种相互缠绕、相互预设的关系中与其他的概念共同构成了道德叙事不可或缺的要素。

通过上面的分析我们可以看到，一个具有自我意识和反思能力的道德主体概念是我们展开道德叙事的核心，围绕着道德主体在时间中的历时性展开，我们预设人性应该具有某种终极的目的论，只有这样，杂乱无章的人类实践活动才成为可以理解的统一性道德主题，给予人的生命和生活以意义解释。因此，"道德主体""历时性""人性目的论""主题统一性"和"可理解性"就构成了道德叙事的基本要素。② 不过，需要注意的是，我们在这里的论述并不主张道德叙事的这些基本要素存在着一个排序上的优先等级，它们彼此之间是一个相互预设的关系。尽管道德主体的概念是核心，但在道德叙事的框架下，道德主体必须是有目的指向的历时性主体，是一个可以归约到统一主题下的可理解主体，因此，道德主体的概念并不比其他的概念更为根本。毋宁说，道德主体概

---

① 克里斯曼在他的分析中分别指出了把因果性关系、目的功能性和主题作为叙事必备要素可能导致的缺陷。在他看来，对因果性关系概念而言，一个人生命进程中的许多序列完全区别于其他人，一个经历领域中的计划和谋划也完全区别于其他领域，这些都足以表明因果性关系不是叙事的必要条件；对目的功能性概念而言，并非所有的故事都有一个明确的目的，这足以表明目的功能性不是叙事的必要条件；对主题概念而言，并非所有的叙事都指向单一主题，这足以表明主题不是叙事的必要条件。然而，有意思的是，在克里斯曼的分析中，他承认，如果把人生看作一个整体性的叙事，那么这三个条件似乎就是不可或缺的了。CHRISTMAN J. The Politics of Persons：Individual Autonomy and Socio-historical Selves［M］. New York：Cambridge University Press，2009：73-79.

② 在有关什么使得叙事把生命与生活变成有意义的人生和道德生活这一点上，克里斯曼（John Christman）做了一个很好的分析。CHRISTMAN J. The Politics of Persons：Individual Autonomy and Socio-historical Selves［M］. New York：Cambridge University Press，2009：72-85.笔者在这里的观点同时受到克里斯曼和麦金太尔的启发。

念本身包含了其他概念，这些概念是一种相互缠绕和交织的关系。

## 二、道德叙事三重构架的展开

既然"道德主体""历时性""人性目的论"" 主题统一性"和"可理解性"构成了道德叙事的基本要素，那么现在我们就需要在这些基本要素的基础上尝试着理解道德叙事的一般构架。

我们在前面谈到，人类文明发展的核心是人性发展的道德文明，道德文明的发展无一例外是让偶然所是的自然人经过社会训诫之后转化为道德人。基于此，在有关人类生命和生活的道德叙事中，"未受教化而偶然所是的人""道德实践中的人"以及"实现其目的而可能所是的人"就构成了道德叙事的三重构架。① 当然，按照西方伦理学理论的分类，人们很容易认为，道德叙事是以美德或人的道德品格为其核心的美德伦理学所特有的表达形式。② 不过，我们并不是在狭隘的美德伦理的框架下展开研究，而是试图通过道德叙事的基本要素与形式构架去分析我们的道德生活和人性。

道德生活既关乎人的品格，也关乎人的行为原则和行为后果。按照流俗的观点，对上述三者的分别强调恰好对应着美德伦理、义务论和后果主义三种规范伦理学理论。不过，上述三种理论并不必然地彼此对立。③ 从人性的角度而言，人性的开展既体现在个体式的道德主体身上，也体现在集体式的道德主体身上，我们可以认为个体式的道德主体体现了个人品格或美德，而集体式的道德主体则体现了社会规则和后果，可以说，人性的开展并不以个体的美德或品格为唯一核心，而是包含了集体式的社会或国家所体现的后果、原则和制度，我们可以称为"文化气质"或"道德精神"。匹配道德叙事理论，我们可以把

---

① 这一架构来自麦金太尔对亚里士多德的分析。麦金太尔. 追寻美德［M］. 宋继杰，译. 南京：译林出版社，2003：67.

② 麦金太尔在《追寻美德》中对以亚里士多德为代表的美德伦理的刻画就是十分典型的代表。麦金太尔. 追寻美德［M］. 宋继杰，译. 南京：译林出版社，2003：66-70.

③ 美德伦理、义务论和后果主义三种规范理论虽然看似分别对品格、行为原则与行为后果各有侧重，但这并不代表它们不能容纳其他特征。事实上，任何一种合理的道德理论都应该涉及上述三个特征，因此，区别各种理论的关键不在于对上述特征的单一强调，而是在于一种理论把何者放诸核心位置。https：//plato. stanford. edu/entries/ethics-virtue/.

个体式的道德体现称为"个体叙事",把集体式的道德体现称为"集体叙事"。①
接下来,我们将分别谈论两种叙事的三重构架。

　　就道德叙事的定义而言,自我意识和反思能力在本质上属于独立自由的个
体,个体对于自我生命和生活的体验与反思而言是道德叙事的来源。就个体叙
事而言,每个人作为一个独立个体偶然来到这个世上,被赋予了偶然的命运,
个体首先通过感官感知自己、他人和世界,欲望和情感作为最主要的动力建构
着历时性的"我",生命体验是个体道德叙事的起点。伴随着生命的成长,个体
的道德叙事从生命的情感体验中升华,利用发展起来的自我意识和反思能力,
把最初的生命体验变成有关个体的道德叙事。

　　然而,个体道德叙事一旦出现,它就改变着人对时间和空间的感觉,故事
的呈现就变成了或自己或他人,或真实或虚假的故事;一种叙事,携带着一种
生活的可能性开始被个体赋予意义。对于作为个体的道德主体而言,有关自己
的真实叙事诚然是自我构建的一种有意义的道德生活,但即使是有关他人的、
虚假的故事也构成了道德主体自我构建的一种有意义的道德生活。他人的生活
和虚假的故事也是作为个体的道德主体对于一种可能生活的构建。考虑我们前
面谈到的道德叙事的基本要素,作为个体的道德主体对他人故事和虚假故事的
讲述无非是自我有意识地反思的结果,它们是个体性自我为了最终实现自己的
目的而对那些发生在支离破碎的时间和若有若无的空间中的杂乱无章事件的统
一性理解。通过叙事,个体性自我通过对他人的故事和虚假故事的编织给出了
自己的自由意志与价值意愿,创造着一种有关自己生命和生活的道德意义。在
这个意义的创造过程中,个体性自我通过自己的历时成长发现,个体的道德叙
事要么通过其社会角色体现为一种个人品质,要么通过人所特有的目的而体现
为一种个人品质,要么通过人的成功而体现为一种个人品质,社会角色、人类

---

　　① 刘小枫分别用"自由伦理的个体叙事"和"人民伦理的大叙事"的概念来形容个体道
　　　　德主体的叙事与集体道德主体的叙事。他认为"人民伦理的大叙事"是对个人命运的
　　　　历史挟裹,因此对之持有明显的批判态度。刘小枫. 沉重的肉身:现代性伦理的叙事纬
　　　　语 [M]. 北京:华夏出版社,2004: 10. 笔者在这里接受他有关个体和集体两种叙事的
　　　　划分,但是因为本文把集体叙事看作一种道德精神,所以我持有的是一种肯定立场,因
　　　　此笔者并不接受他对"人民伦理的大叙事"的批判意义。

活动的向善目的和功利目的表现为对人的道德训诫。① 这种道德训诫在本质上追求个体自我的自觉，追求个体生命和生活的道德反省。

通过个体自我对生命和生活的反省与自觉，个体自我在道德训诫中发现个体生命和生活必须具有一个统一性的概念，这个统一性的概念把生命和生活约束到一个追求良善生活的人性目的论的条件下，我们在这个目的论的指导下历时地创造和理解道德生活的意义。我们可以看到，正是通过道德叙事相互交织的基本要素，个体式道德主体深刻地发掘其自由的本质，成为自觉的道德人。然而，正如马克思所说："人的本质不是单个人所固有的抽象物，在其现实性上，它是一切社会关系的总和。"② 这也就意味着，我们对于个体叙事的理解必须依赖于具体现实的社会关系才能得到理解。因此，对个体叙事的理解需要理解个体置身于其中的更大集体背景，这也就是我们紧接着要谈论到的集体叙事。

事实上，上述有关个体式道德主体从"未受教化而偶然所是的人"，经历"道德训诫"，到"实现其目的而可能所是的人"，这一道德叙事给出的只是有关个体的抽象说明。脱离具体的社会关系，任何个体叙事都只是从一个现实的或构建的社会历史关系中抽离出来的概念。既然人的本质是社会关系的总和，那么人的实践在本质上就是有关人具体关系的活动，任何个体的道德生活实践都必然是一种社会关系的实践，"这种关系不仅涉及其当代实践者们，而且也涉及先于我们进入这一实践的那些人。"③ 这意味着，任何个体都不可能单独地给出有意义的叙事，而是必须把自己放置于某种关系中才能获得有意义的叙事，个体叙事的意义创造必然依赖一个关系网络才得以可能，个体叙事内含了一个更大背景的集体叙事。

从"未受教化而偶然所是的人"这个起点出发，就个体叙事而言，个体虽然是偶然来到这个世上、被赋予偶然的命运，但这种偶然命运总是具体地表现在集体式的社会关系中。我们出生于具体的父亲母亲，我们出生于具体的地区和国家……因此，我们一出生就被打上了是具体某个人的孩子的命运标签，被打上了某某地区或国家的命运标签，社会角色、民族、国家等各种历时的标签

---

① 麦金太尔认为社会角色概念、人类活动之善目的的概念和功利概念提供了三种有关人性的不同美德理论，它们分别对应荷马的美德理论、亚里士多德或中世纪的美德理论和富兰克林的美德理论。麦金太尔. 追寻美德 [M]. 宋继杰，译. 南京：译林出版社，2003：235-236。笔者在这里针对的是个人人性的概念，恰好可以对应麦金太尔谈到的三种不同美德理论。

② 马克思. 路易波拿巴雾月十八日 [M] //马克思恩格斯选集：第1卷. 中共中央马克思恩格斯列宁斯大林著作编译局，编译. 北京：人民出版社，2012：135.

③ 麦金太尔. 追寻美德 [M]. 宋继杰，译. 南京：译林出版社，2003：246.

夹带着个人生命来到一个关系网络世界。当个体式道德主体进入叙事时，它从来不是纯粹的个人叙事，在叙事中，每个人都不可能是自己故事中的完全主角，每个人的故事总是伴随着其他人的故事，而其他人的故事中也总是部分地有"我"的参与，在这个意义上，我们前面所谓的"个人叙事"只是相互联结的集体叙事的一部分，个体叙事中"未受教化偶然所是的人"也就是偶然打下社会角色、民族、国家和历史标签的集体叙事的起点。

基于这个起点，集体的道德叙事对个体生命和集体生活进行升华，通过形成集体的自我意识和反思能力把有关人类生命与生活的体验变成有关集体的道德叙事。在这个意义上，个体的自我变成了社会认同的自我，个人从生到死的故事要求能够被他人合理的理解，这种理解要求我们通过共同的集体进行理解，这个集体从历史中来，塑造和形成着一个社会、民族与国家的集体认同，形成传统，树立权威，表现出一种社会风气、民族精神和国家意志等。在这个意义上，盎格鲁-撒克逊民族和美利坚民族对正义、民主制度的追求，斯堪的那维亚民族对社会福利保障制度的热爱，中华民族对和谐、礼教精神的崇尚，都是集体叙事的体现。正是在对正义、民主制度的追求中，在对社会福利保障制度的追求中，在对和谐、礼教精神的追求中，不同的民族和国家集体谱写出了各自不同的道德叙事，形成了各个民族或国家的不同文化传统和民族精神。

如果没有这种集体道德叙事，我们就难以理解个体叙事的意义。如果没有儒家仁爱扩展的集体道德叙事，我们试图理解中国式的仁爱文化就是不可能的；个体的孝必须放置在以血缘亲疏为衡量的家庭社会网络中才是可以理解的。如果没有英国经验主义有关个人自由的集体道德叙事，我们试图理解英美个体权利的主张就是不可能的；个体的权利主张必须放置在以个体自由平等的契约社会里才是可以理解的。集体的道德叙事构成了个体叙事的背景，一个民族和国家的集体叙事从历史中展开，在历史的论辩过程中，构成集体的人们在彼此利益的论辩中逐渐形成共同的利益，共同的利益追求构成各种传统，各种传统在论辩中迈着历史的脚步不断地发展着，有些在发展中退出历史舞台，有些向前发扬光大。向前发展的传统把当前的实践形式传递给我们来源于其中的那个更大更长的历史，并且依据这些更大更长的历史获得理解，而个体叙事也依据这些更大更长的历史获得理解；对当前实践和历史传统的理解表明，我们对传统的叙事不仅是对过去历史经历的有意构建和反思，更是对未来可能性的把握，通过对这种未来性的把握，活着的传统在当下生机勃勃，为个体叙事提供了未决而可决的丰富性理解。① 正是在这里，我们可以看到，活着的传统为作为集体的道德主体提供了道德训诫。这种道德训诫体现在集体式道德主体依托历史传统向未来敞开而通过现在具体展示的社会制度、民族精神和国家原则上。

通过集体式道德主体对传统的反省与自觉，集体式道德主体在道德训诫中发现人类生命和生活必须具有一个统一性的概念，这个集体统一性的概念把人类生命和生活约束到某个集体追求共同利益的人性目的论条件下，不同的社会共同体、民族和国家在人性追求良善生活目的论的指导下历时地创造与理解人类道德生活的意义。我们可以看到，正是通过道德叙事相互交织的基本要素，集体式道德主体才深刻地发掘了人类向善的本质，让人能够成为越来越自觉的道德人，而基于个体的个体叙事也在这种集体式的道德叙事中最终得到理解。

如果我们认为人类生命和生活是道德价值最根本的来源，那么，我们就会承认，人性内在地包含了道德价值。然而，生命的体验和历史的经验都告诉我们，人类生命最初只是一个感性的存在，即使在人类生命和生活成长发展的过程中，也存在着很多没有价值和意义的行为与事情。这充分表明，道德价值是人类有意识创造与反思的结果，这种创造和反思把人类漫无目的零散事件和行为构建成自身的道德叙事。道德叙事把一个具有自我意识和反思能力的道德主体放在中心，让道德主体在时间中历史地展开，指向人性应该具有的某种终极目的，看似杂乱无章的人类行为和事件通过约束在统一的道德主题下而成为可以理解的人类故事，创造着人类生命和生活的道德价值与意义。

道德叙事的这种意义创造起始于命运偶然的安排，一个"未受教化而偶然所是的人"的概念理所当然地是这个叙事的起点。从这个起点出发，我们通过有意识的反思，创造和思考着生命和生活的意义，挖掘属于人性本身的那个目的，寻求成为完善的人和幸福的人，向往一种良善生活。正是在良善生活的目的指导下，我们通过理性和情感追求个人德性的完善，我们通过后果、制度和原则追求社会、民族与国家的集体繁荣昌盛，这些德性、后果、制度和原则把我们从"未受教化而偶然所是的人"训诫成为"实现其目的而可能所是的人"，这就是人类深层次的道德叙事。那么，道家到底是如何呈现这个过程的呢？

---

① 对传统、未来和过去的理解，可以参考奥古斯丁有关时间的看法，在他看来，时间的度量在本质上只是对当下心灵活动的不同描述，"说时间分过去、现在和将来三类是不确当的。或许说：时间分过去的现在、现在的现在和将来的现在三类，比较确当。这三类存在我们心中，别处找不到；过去事物的现在便是记忆，现在事物的现在便是直接感觉，将来事物的现在便是期望"。奥古斯丁 [M]. 忏悔录. 周士良，译. 北京：商务印书馆，1981：247.

### 三、道家道德叙事的一般结构

首先，从道家"未受教化而偶然所是的人"开始谈起。就"未受教化而偶然所是的人"而言，道家和儒家，甚至包括其他流派一起，共享中华文明和中华民族共同的自然事实。中华文明和中华民族发迹在亚洲大陆的东边，依据黄河和长江发展了集约式的农耕文明。在这种文明中，人及其生活的自然世界被看作一个有机整体，在整体中，任何事物都不是孤立存在的，而是通过彼此关联相互成就的，人事和自然都在情境关系中变易生成，"宇宙的一切都是相互依存、相互联系的，每一事物都是在与他者的关系中显现自己的存在和价值，故人与自然、人与人、文化与文化应当建立共生和谐的关系"①。道德叙事的主体在关系中形成，这种关系表现为天人合一。在这种思想中，天不仅是自然，还是一个有德行的天，是一个具有伦理道德属性的天，天是人的道德立法者，不但万物和人事都来自天的大化流行，而且天把德行赋予了人伦，人可以与道德的天相通。因此，我们可以看到，天人合一是道家和儒家共同强调的特征。

不过，与儒家把人通过宗族血缘和天上的祖先相通、把宗族血缘看作天人相通的根本和日常生产生活的起点不同；道家强调天人合一的直接性、强调个人是禀受"道"而生成的存在者，因而可以体证"道"、可以通过精神的超越达到形神合一的天人合一境界。这一点我们在前面也有充分的讨论。基于此，道家道德叙事的起点明显区别于儒家。在儒家对中华民族和中华文明的道德叙事中，宗庙是聚落的中心，血缘家族的宗法身份与政治聚落的政治身份合二为一，形成的是一种家国同治的文明形态，人性的偶然起点是坐落在各种实践关系中的人。与儒家不同，在道家对中华民族和中华文明的道德叙事中，具有形而上维度的"道"之自然是人和经验世界的终极来源。一方面人因为禀受"道"而生成，具有"道"之自然的特性，因而能够自觉地向"道"发问并体证"道"；但另一方面人因为具有自我主观意识，总是试图背离"道"之自然无为，因此，对于道家的人性偶然起点而言，它天生坐落在遵从"道"之自然无为与背离"道"之自然无为而人为的张力之中。

尽管道家和儒家在"未受教化而偶然所是的人"的具体表述上有差异，但就它们都是基于天人合一这种思维框架进行道德生活的实践而言，它们在概念上具有共同理想的"实现其目的而可能所是的人"的设定，在道家和儒家那里

---

① 陈来．中华文明的核心价值：国学流变与传统价值观［M］．北京：生活・读书・新知三联书店，2015：50．

都被称为理想人格的"圣人"①。当然，对于儒家和道家而言，因为"未受教化而偶然所是的人"在天人合一的源头处具有大相径庭的解释旨趣，所以有关圣人作为"实现其目的而可能所是的人"的解释也大不相同。就儒家而言，圣人是积极入世的，是在具体社会生活中主动作为的人，这种作为不仅体现在圣人对于个人为人处世的积极作为，而且体现在对关注社会和他人也积极作为，最为明显的莫过于《大学》中提出的圣人既要修身齐家，也要治国平天下。就道家而言，圣人是消极出世的，是在具体社会生活中主动无为的人，这种无为不仅体现在圣人对于个人为人处世的消极无为，而且体现在对关注社会和他人也消极无为，所以道家讲圣人要致虚守静而"无心"、要"无为"而治。

基于上述，我们可以看到，儒家的圣人概念强调在天人合一的思维框架下人向"道"的充实，圣人是不断激发身心潜力而在世俗世界践行"道"的人；道家的圣人概念强调在天人合一的思维框架下人向"道"的虚通，圣人是不断突破身心限制而在精神上与"道"通行的体"道"之人。很显然，儒家和道家的圣人观既有相同的一面，也有区别的一面。从相同的一面来说，其一，两派都认为圣人是禀受"道"而来最具智慧者，都能通过修养功夫践行或体证"道"。其二，两派都认为圣人是禀受"道"而来最具道德价值者，都能通过修养功夫体现为道德理想。其三，两派都认为圣人是可以成为世俗政治生活的统治者，让天下大治。从区别的一面来说，其一，儒家圣人的智慧体现为积极入世的践行功夫，强调通过入世去践行"道"；而道家圣人的智慧体现为消极出世的体证功夫，强调离形去体以体"道"。其二，儒家圣人的道德表现在日用伦常的具体礼制中，呈现一个以仁为中心，上达道、德，下贯义、礼的结构体系；而道家圣人的道德表现在去除人为而顺应自然无为的心性修养中，呈现一个道—德—仁—义—礼这一道德行为不断失落的体系。其三，儒家圣人的政治大治表现为通过积极人为而在世俗中的立言、立功和立德；而道家圣人的政治大治表现为主动自然无为而在远离世俗的过程中无名、无功和无己。

为了在"未受教化而偶然所是的人"的起点和"实现其目的而可能所是的人"的目的之间嫁接起来，我们需要"实践训诫"。就儒家和道家共享天人合一的关系式起点与理想圣人人格目的而言，他们都提出了"内圣外王"的"实践训诫"。然而，正如儒家和道家在表述有关起点与目的时存在具体的内容差异一样，二者在"内圣外王"的"实践训诫"上也呈现差异。

---

① 在儒家这里，圣人是人格追求的典范，其他概念不具有这种典范特征。对于道家而言，虽然圣人也是人格追求的典范，但还存在真人、至人、神人等与之同级的概念。

在儒家那里,"内圣外王"在强调天人合一关系的基础上从个人的修养开始逐步扩展到家、国和天下,表现出了强烈的氏族宗法和血亲传统。这种传统以血亲为基础,确立起血亲基础上的宗法关系,然后再把宗法关系渗透到社会生活和国家生活,追求一种现实的、积极的社会性构建,强调人伦关系。在儒家看来,"伦,辈也。从人侖聲。一曰道也"(《说文解字》)。伦在本质上是用来确定事物的秩序和道理的。"凡注家训伦为理者,皆与训道者无二。"(《说文解字》)"伦"作为家庭中的训示,是寻找到构架家庭的那个秩序和道理。在儒家这里,人伦关系源于家庭血亲关系,而基于血亲关系建立起来的亲亲关系是中华民族伦理精神的起点。把亲亲关系扩散出去,适用于家庭的宗法关系被扩展到社会和国家,形成了儒家独具特色的家—国一体的社会体制和社会结构。正是在这种家—国同构的伦理生活中,儒家认为中华民族体现出一种关系本位的伦理精神,体现出一种讲究通过关系互动而确定伦理原则和规范的伦理生活,体现出一种追求人与自然关系和谐的精神追求。

然而,在道家看来,"内圣外王"虽然也是在强调天人合一的基础上从个人的修养开始逐步扩展到家、国和天下,但这种践行功夫却是反人伦、反家国同构的。老子说道:"修之于身,其德乃真;修之于家,其德乃余;修之于乡,其德乃长;修之于邦,其德乃丰;修之于天下,其德乃普。故以身观身,以家观家,以乡观乡,以邦观邦,以天下观天下。"(《老子·第五十四章》)

也就是说,把"道"的修炼付诸自身,他的德行就会真实纯正;把"道"的修炼付诸家庭,他的德行就会有余盈;把"道"的修炼付诸乡,他的德行就会受到赞扬;把"道"的修炼付诸国,他的德行就会丰厚又开阔;把"道"的修炼付诸天下,他的德行就会无限普及。上述这些道德的修炼在本质上都在于虚静修炼者的本心以观照道体,只有致虚无心,才能复归道体,观照人间万象。所以老子才说,我们应该解消心知与人为,以身观照身的自己,以家观照家的自己,以乡观照乡的自己,以邦国观照邦国的自己,以天下观照天子的自己。王弼对这种观照的本质深得其旨,他说:"察己以知之,不求于外也。"① 也就是说,虽然对于"道"的修炼可以反映到家、国家和天下,但在本质上则在于自身。与儒家认为家、国家和天下是对个人修身之道的完善扩展不同,道家认为"道之真以治身,其绪余以为国家,其土苴以治天下"(《庄子·让王》)。也就是说,在道家看来,"道"的实体用来保垒身体;它的剩余用来治理国家;它的渣滓用来治理天下。真正的"道"的修炼应该在于自身的修炼。像儒家那

---

① 老子道德经注校释 [M]. 王弼,注. 楼宇烈,校释. 北京:中华书局,2008:144.

样"格物致知"实则是本末倒置，真正的做法应该是"心斋""坐忘""自然无为""复归于婴儿"。

因此，与儒家认为中华民族基于血亲关系强调人伦关系的建构，强调人伦关系在根本上通过个人实现不同，道家认为真正的道德精神应该是人与自然的合一。如果说儒家的伦理追求指向人伦关系，指向家庭、社会和国家，那么道家的道德追求恰恰体现在个体对于上述关系的摒弃和克服的过程中。在道家看来，"道之尊，德之贵，夫莫之爵而常自然"（《老子·第五十一章》）。而"仁""义"则是人为扰乱"道""德"秩序的根本。所以《庄子》讲："多方骈枝于五藏之情者，淫僻于仁义之行，而多方于聪明之用也。"（《庄子·骈拇》）很显然，对于道家而言，"道""德"是自然无为而使人性尊贵的，而"仁""义"则是主观人为而导致人性扭曲的。所以老子讲："大道废，有仁义；智慧出，有大伪。"（《老子·第十八章》）我们应该"绝仁弃义"（《老子·第十九章》）。庄子也讲："毁道德以为仁义，圣人之过也。"（《庄子·马蹄》）因此，由"道""德"到"仁""义"其实是客观超越维度逐渐褪色而人为主观维度不断加强的过程，但越是人为，越是远离客观超越的"道"，人本真的道德也就越是失落。所以老子才说："故失道而后德，失德而后仁，失仁而后义，失义而后礼。夫礼者，忠信之薄，而乱之首。"（《老子·第三十八章》）① 道家认为，要想保持人的道德性，就应该让道德保持在讲究动态平衡、整体关联、流转生成的大道流行中，让道德保持自然无为的本真性。人的行为唯一要做的就是自觉地把人生和天人关系向"道"之自然无为看齐，而呈现和实践"道"的自然无为。

基于上述分析，在中华文化传统中，中国人有关生命和生活的道德叙事是在天人合一的关系指导下进行的价值与意义创造，个人的价值和意义是通过反家庭、社会与国家才得到凸显的。区别于儒家个体叙事强调的是伦理主体在人伦关系中的呈现，道家的个体叙事是强调天人关系中的内省自觉，这种内省自觉是一种反群本位的社会结构和社会礼仪规范的内省自觉，反对追求家庭、社会和国家中的人伦关系，主张通过"心斋""无为"的内省自觉达到天人关系的和谐。在这个意义上，个体道德对个体品格的完善指向反家庭和反社关系。个体叙事在根本上依托一种整体关联的变易生成关系而展开。

---

① 《庄子》中也有如出一辙的表达，只有个别字的差异。"故曰：'失道而后德，失德而后仁，失仁而后义，失义而后礼。'礼者，道之华而乱之首也。"（《庄子·知北游》）

### 四、道家道德的实践训诫

既然天人合一是中华文明和中华民族禀受天道而无所逃离的偶然起点，那么中华文明在本质上就是一个提倡复古的文明，而中华民族也天生是一种提倡复性返命的民族，"未受教化而偶然所是的人"虽然天然地站在道德制高点但必然失落。无论是道家还是儒家，人都首先是基于天人合一的大前提而在"生生之大德"中生长出来的。在这个意义上，由天下落到人，再由人上升到天，无论如何强调儒道两派进路的差异，但它们体现的都是"道""德"从天跌落，然后再复性返命的过程。儒家和道家的差别在于：儒家强调人通过积极入世、成圣而王的实践训诫故事；而道家则强调人通过消极离世、成圣而自由的实践训诫故事。基于此，正如我们前面已经提及的，对于儒家而言，通过实践训诫而成为"实现其目的而可能所是的人"是强调通过积极入世而"内圣外王"的圣人；对于道家而言，通过实践训诫而成为"实现其目的而可能所是的人"是强调通过主动离世而"内圣外王"的圣人。很显然，儒家和道家在"内圣外王"的实践训诫上持有完全相左的内涵。对于儒家而言，"内圣外王"是人积极入世修身，进而齐家、治国、平天下，强调人在世俗的积极作为；对于道家而言，"内圣外王"是人主动离形虚心以修身，在不断绝仁弃义的过程中顺应自然而无为，强调放弃人为。

很显然，从根本上来说，儒家和道家有关"内圣外王"的实践训诫反映了两种不同的人生态度。儒家持有一种积极乐观的人生态度，认为只要人为主观努力，人不但可以通过成仁取义成为谦谦君子，而且也可以通过礼仪制度的创建大治天下；因此，人应该努力入世、积极作为。与之不同，道家持有的则是一种消极无奈的人生态度，认为人越是努力，越是容易失去真性和扰乱天下。因此，对于道家而言，人最好是尽量减少人为，顺应自然无为。通过对比可以看出，就处理人世而言，道家显得更加无奈。但也正因超脱了世俗，道家在精神境界上则显得更加自由。以下，我们就在和儒家的对比中来呈现道家追求精神自由和实现无为政治的实践训诫。

从儒家的角度来说，在强调整体关联的天人合一观念的统摄之下，儒家伦理认为人居于其中的世界是一个具有超越性的伦理世界，人可以与之相通，中华民族和中华文化在根本目的上应该追求对于天理、天道的实现，表现在中华民族的民族性格和中华文化的精神气质中，儒家伦理叙事展现的就是这种整体关联思想下的人性发展。这种人性发展以能动的伦理主体为核心，伦理主体在人伦社会关系中内省自觉，发现人性目的的实现表现在群本位的社会关系中，人们总是通过礼仪教化来完善各自的人性，最终达到社会人伦关系的和谐与天人关系的和谐。

儒家相信，伦理精神的本质就在自己的内心，我们想要获得它，就可以直接地体悟到，伦理原则就在伦理主体自身，我们可以通过在人伦关系的知觉内省中获得。在人伦关系中，每个人都不是一个独立的个体，人们必须依赖和他人的关系才能在血亲与社会关系中寻找到自己的位置，实现自己的人生价值，发现属于自己的好的伦理生活。孔子讲："君子务本，本立而道生。孝弟也者，其为仁之本与！"（《论语·学而》）个人只有在家庭关系中，呈现作为儿子对父亲母亲的孝顺，或者呈现作为兄弟姐妹对彼此的友爱，才能够呈现伦理精神。在这种家庭关系中，伦理精神表现的是家庭这样群体关系下的伦理，个人在家庭关系中首先获得了最初的身份认同，呈现了自己的伦理德行。

从讲究孝悌的家庭关系出发，儒家进而把这种群体关系扩展到社会和国家。孟子谈到人伦关系时就说："父子有亲，君臣有义，夫妇有别，长幼有序，朋友有信。"（《孟子·滕文公上》）父子关系、夫妇关系和长幼（兄弟）关系体现了个人融于家庭的群己关系，而君臣关系则体现了个人融于国家的群己关系，朋友关系体现了个人融于社会的群己关系。从家庭关系出发，基于家—国同构的结构，君臣关系被等同为父子关系，君为国父，臣为臣子，忠孝被归于一。"于是，君因同于父而更加神圣，国因同于家而增强了人们的爱国心。"① 很显然，对于儒家而言，伦理精神的展开是从家庭关系展开，走向国家和社会，在国家和社会的群体结构中获得个体的社会认同，呈现自己的社会德行。

我们可以看到，在追求群体本位的社会结构中，个体伦理总是表现为通过家庭、社会、国家等群体机构认可的公德。公德意味着它并非个体纯然的主观自觉，而是具有某种客观属性，这使得儒家伦理表现出一种追求礼仪教化的精神：一方面，礼仪教化反映在政治生活中，通过制度性的礼仪规定，统治者把日常生活政治化，试图通过强调普遍性的礼法制度以达到治理国家的功能；另一方面，礼仪教化反映在日常生活中，通过制度性的礼仪规定，人们把日常生活中对于内在仁义的追求礼制化，试图通过外在礼仪与内在仁义的合一而实现君子人格。正是在强调个体伦理总是通过群体关系来实现的过程中，儒家强调了伦理主体与其寓于其中的家庭、社会、国家的和谐，凸显了天人合一的思维观念。

综上所述，可以看出，以中华民族作为伦理主体的儒家集体叙事表现为追

---

① 林存阳，刘中建．中国之伦理精神［M］．成都：四川人民出版社，2000：72.

求自觉的伦理主体把自己置于家庭、社会、国家中呈现的一种相依相待的关系，这种关系表现为对群体本位精神的追求，表现为对礼仪教化精神的追求，表现为对相依相待关系和谐状态的追求。

然而，正如我们前面多次谈及的，道家在根本上反对这种坐落在现实人伦关系中的道德观。与儒家试图通过"克己复礼"把人性纳入世俗不同，在道家看来，真正的道德是超越经验世界的，人性应该远离世俗才能顺应"道"之自然而"葆真"。在这个意义上，道家坚决反对儒家基于人伦实践发展起来的关系式伦理，坚决反对基于人为关系实践发展出来的仁义礼制，而表现出一种反经验伦理、非社会的超越道德哲学。然而，道家和儒家一样，毕竟都是在天人合一的模式下整体地思考世俗中的人如何践行天人关系，道家不可能完全脱离开关系，也就无法完全脱离开人伦日常关系去谈论道德。因此，对于道家来说，"绝仁弃义"并不是要完全抛弃仁义，而是要把它纳入一个反映人性本真的天人合一的道德价值序列中重新定位。

毫无疑问，对于道家而言，天人合一的本质在于"道"是包括人在内的万事万物的源头，人虽然因其特殊性而是唯一能够对"道"进行发问的特殊存在者，但这种本真的发问必然指向的是人性对"道"之自然的因循，因此，本真人性只能是顺应"道"之自然而无为，任何对此有违的主动人为都是本真人性的丧失。这也就是我们前面揭示的，为什么在道家这里，从"道""德"到"仁""义"，再到"礼"，反映的是本真道德的不断失落。很显然，对于道家的本真道德而言，它是一种超越的形而上道德，是一种反经验的道德。在这个意义上，儒家那种强调在世俗中积极人为的关系式伦理必然是道家反对的。

正是因为道家的"道""德"首先是形而上的，所以道家明确告诉我们，我们很难从正面表明"道""德"是什么，因为它们根本就不能诉诸具形名言。因此，任何通过世俗经验中的描述来呈现"道""德"的方式及其呈现的东西就不可能是真正的道德，也就必然是道家要拒斥的东西。在这个意义上，仁义礼制对于有志于体悟本真道德的本真人性而言，不啻为人性的枷锁和牢笼。因此，道家必然反对儒家式的仁义以及基于这种仁义而产生的政治礼制。

《庄子·天道》假借老子和孔子的寓言故事明确反映了道家对儒家仁义观念的拒斥：

老聃曰："请问，仁义，人之性邪？"孔子曰："然。君子不仁则不成，不义则不生。仁义，真人之性也，又将奚为矣？"老聃曰："请问，何谓仁义？"孔子曰："中心物恺，兼爱无私，此仁义之情也。"老聃曰："意，几乎后言！夫兼爱，不亦迂乎！无私焉，乃私也。夫子若欲使天下无失其牧乎？则天地固有常矣，日月固有明矣，星辰固有列矣，禽兽固有群矣，树木固有立矣。夫子亦放德而行，循道而趋，已至矣；又何偈偈乎揭仁义，若击鼓而求亡子焉？意，夫子乱人之性也！"

孔子很明确地主张仁义就是本真人性，如果没有仁义，君子就不能成就他的名声和德行，也不能成就他立足社会的生存之道。但是老子认为，天地万物原本就各有各的本性常规，人只要放任己德而逍遥行世，顺着大道去进取，这就是极好的了，急切地标榜仁义不过是扰乱本真人性。

对于道家来说，既然仁义不过是对本真人性的扰乱，这也就意味着，仁义加诸人性，是人为改变了自然本性，是限制、摧残本真人性之多余的东西，它们导致了"道""德"的失落。所以庄子说：

骈拇枝指出乎性哉，而侈于德；……多方乎仁义而用之者，列于五藏哉，而非道德之正也。……多方骈枝于五藏之情者，淫僻于仁义之行，而多方于聪明之用也。……彼正正者，不失其性命之情。……且夫待钩绳规矩而正者，是削其性者也；待绳约胶漆而固者，是侵其德者也；屈折礼乐，呴俞仁义，以慰天下之心者，此失其常然也。天下有常然。常然者，曲者不以钩，直者不以绳，圆者不以规，方者不以矩，附离不以胶漆，约束不以纆索。故天下诱然皆生，而不知其所以生；同焉皆得，而不知其所以得。故古今不二，不可亏也。则仁义又奚连连如胶漆纆索而游乎道德之间为哉！使天下惑也！（《庄子·骈拇》）

庄子用连生脚趾和旁生手指的人类比指出，旁生枝节般地造作仁义并加以应用，把它与五脏相配合，这并不是道德的本然，只是行仁义的邪僻之实，而多余地滥用了聪明。但真正的道德，其实就是不失去其本性之实。用规矩准绳来矫正事物，用绳索、粘胶来加固事物，其实伤害、侵蚀了事物的本性；屈身折体行礼乐，装出和颜悦色假扮仁义，用以安慰天下，这就违背了真常的自然本性。天下事物都有它的自然本性。这种自然本性就是：曲的不用钩，直的不用绳，圆的不用规，方的不用矩，黏合的不用胶漆，捆绑的不用绳索。所以，天下事物任其自然而然地生长却不必知道生的缘故，万物获得各自的本性却不知道怎么得到的。因此，古今的道理并无两样，不可以使其受到损害。那么，仁义为什么不断地如同胶漆黏合、绳索捆绑那样往复于人性道德之间，使天下人感到困惑呢？

　　很明显，仁义礼制从功能上看就像多余的骈拇枝指一样，是多余的、不必要的东西。但从实际上来看，仁义礼制在本真的意义上比不上骈拇枝指。因为骈拇枝指是天生的，是自然而然的，但仁义礼制却是人为的。用人为多余的东西加诸人性，就在根本上扭曲，甚至摧残了本真人性。人为的仁义礼制诉诸世俗中具体的形名礼制，但秉承"道"之自然无为的本真人性其实应该是无所依傍、自然而然的。正是在这个意义上，道家深刻地质疑儒家，反对他们基于积极入世而建构出来的一套仁义礼制道德。在道家看来，留心于世俗变迁的道德观念限于一时一地，不可能在根本上把握"道"永恒的自生自化，终究会成为人性的枷锁和桎梏。因此，也许仁义礼制在某一时某一刻是合理的、符合天道的，但是如果它不在根本上顺应"道"之自然无为，最终还是会损害本真人性。

　　正是基于仁义礼制终究会损害本真人性和"道"之自然无为的观点，道家坚持认为，我们在实践中的道德训诫就是要超越经验世俗的道德观念。为此，我们首先需要"绝仁弃义"，去掉人为；而去掉人为的根本就是要"绝圣弃智"；而"绝圣弃智"就是要去掉基于身心的事功和心知。因此，我们需要无身无心。当然，无身无心并不是放弃自己的身体和心知，放弃人的生命和生活，而是要在根本上改变一种生活态度和精神面貌。基于此，无身无心其实就是一种内在的精神追求，一种人生状态和境界的追求，这也就是老子所说的"致虚极""守静笃""玄览""玄同"，也就是庄子所说的"齐物""坐忘""心斋""虚己"，只有这样，我们最终才能反性复命，在"复归于婴儿"和"吾丧我"的状态中达到"自然无为"与"逍遥游"，从而真正完成天人合一。

# 结　语

　　中华文明作为人类文明的代表之一，在历史发展过程中别具一格地展现出以崇尚人文道德精神的特质。在这一点上，包括儒、释、道三家在内的具体派别概莫能外。在强调人文道德精神特质的过程中，包括三家在内的中华文明都倾向于在道德生活中把哲学的形而上问题和人伦的社会关系问题叠加思考，从而形成了哲学形而上问题伦理道德化和伦理道德问题哲学形而上化的特征。这表现在几千年的中华文化传统中，天人关系始终是核心，天人合一的整体性思维模式始终是中华民族思考人生和世界的主要表现方式。权且不论释家完全超越人世而强调彼岸世界的做法，儒、道二家正是在天人合一的思维模式下分别从身体经验与精神超越的角度构成了一个完美的互补：儒家通过强调积极入世以人道践行天道，道家通过强调离形去体以内在精神超越体证天道。因此，如果说儒家以积极构建人伦关系的伦理为中华文明提供了独特的社会本位伦理思想，那么道家就是以自然无为的自由道德追求为中华文明提供了极具个性的内在超越的道德精神。

　　为了看到道家基于自由道德追求而具有的这种内在超越的道德精神，本书在一开始就对道家道德话语的特点及其体系发展进行了一个历史的梳理和文化建构作用的基本定位。基于此，我们首先从道德话语及其体系发展的角度对老子哲学和庄子哲学进行了一个基本的界定。在这个界定的过程中，我们看到，道家对于道德持有一种形而上的道德观，而这种形而上的道德观只能通过否定的方式进行体认，因此，道德话语最显著的特点首先通过其独特的隐喻表达方式呈现出来，具体表现为象言、寓言、重言和卮言等形式。正是借助这种隐喻的表达方式，道家的"道德"观念表现出其形而上的特质，这种特质既呈现出宇宙生成的客观实在义，又表现出具有最高和整全的价值引导义。这样一种形而上的道德观要求我们摆脱形而下的经验认识论，要求我们摒弃主观人为的造作，摒弃对外物世界的认识，而真正走向内在的虚心明神，主张我们在虚心明神的实践功夫中获得有关"道"的实践真知。而我们之所以可以获得这种真知，在根本上是因为道家对人性论的独特界定。在界定人性论的过程中，我们看到，道家借助"道"之自然和天人合一的思想，凸显了人秉承"道"而具有的自然真性。正是基于自然真性，道家告诉我们，人的实践功夫应该表现为顺应自然而无为，正是在自然无为的过程中，我们才能去掉基于感觉经验与理性认知的"无欲"和"无知"，我们才能控制自己的情感，做到"无情"和"无乐"，我们才能摒弃来自身体和心灵的主观自我意识，做到"无身"和"无心"，最终，我们在精神上离形去体，以虚静的心灵达到天人合一的境界。天人合一的境界就是自然人性本来有的样子。在这个境界里，我们离形去体，仅凭精神而逍遥游，在仅仅有待于"道"的基础上而无待于任何外物。达到这样境界的人就是真正体"道"之人，就是我们的理想人格，我们借助这样的人格真正地实现了与"道"通行。我们也就真正获得了绝对的精神自由。因此，我们人在实践的层面就是要把自己训诫为追求精神自由而可能所是的理想人格。这是我们今天依然可以从道家的思想中获得的最大启发与价值。

# 参考文献

一、中文古籍

1. 许慎．说文解字注［M］．段玉裁，注，许惟贤，整理．南京：凤凰出版社，2015.

2. 憨山．庄子内篇注［M］．梅愚，点校．武汉：崇文书局，2015.

3. 庄子解［M］//王夫之．船山全书：第13册．长沙：岳麓书社，2011.

4. 郭庆藩．庄子校释（新编诸子集成）［M］．王孝鱼，点校．北京：中华书局，1961.

5. 林云铭．庄子因［M］．上海：华东师范大学出版社，2011.

6. 陆树芝．庄子雪［M］．上海：华东师范大学出版社，2011.

7. 王夫之．庄子解［M］．北京：中华书局，1985.

8. 王先谦．荀子集解［M］．北京：中华书局，1988.

9. 王先谦．庄子集解［M］．北京：中华书局，1987.

10. 宣颖．南华经解［M］．曹础基，点校．广州：广东人民出版社，2008.

11. 陈景元．道德真经藏室纂微篇［M］．北京：华夏出版社，2016.

12. 林希逸．庄子鬳斋口义校注［M］．周启成，校释．北京：中华书局，1997.

13. 罗勉道．南华真经循本［M］．李波，点校．北京：中华书局，2016.

14. 王雱．南华真经新传．上海：复旦大学出版社，2016.

15. 朱熹．四书章句集注［M］．北京：中华书局，1983.

16. 刘知几．史通心校注［M］．赵吉甫，校注．重庆：重庆出版社，1990.

17. 陆德明．经典释文汇校［M］．黄焯，汇校．北京：中华书局，2016.

18. 孔颖达．春秋左传正义［M］．北京：中华书局，2009.

19. 王弼．周易注［M］．楼宇烈，校释，工弼集，校释．北京：中华书局，1980.

20. 老子道德经注校释 [M]．王弼，注．楼宇烈，校释．北京：中华书局，2008.

21. 许维遹．吕氏春秋集释 [M]．北京：中华书局，2009.

22. 曹础基．庄子浅注 [M]．北京：中华书局，1982.

23. 陈鼓应．庄子今译今注 [M]．北京：商务印书馆，2015.

24. 方勇．庄子纂要 [M]．北京：学苑出版社，2012.

25. 庄子：2 版 [M]．方勇，译注．北京：中华书局，2015.

26. 顾颉刚，刘起．尚书校释译论：第 1 册 [M]．北京：中华书局，2005.

27. 高僧传·支循传 [M]．汤用彤校注．北京：中华书局，1992.

28. 涂光社．《庄子》心解 [M]．北京：学苑出版社，2013.

29. 王叔岷．庄子校诠 [M]．北京：中华书局，2007.

30. 徐震堮．世说新语校笺 [M]．北京：中华书局，1984.

31. 杨伯峻．春秋左传注 [M]．北京：中华书局，1981.


二、国外译著

32. 康德．纯粹理性批判 [M]．邓晓芒，译．北京：人民出版社，2004.

33. 康德．道德形而上学的奠基 [M]．康德著作全集：第 4 卷．李秋零，译．北京：中国人民大学出版社，2005.

34. 康德．道德形而上学 [M]．康德著作全集：第 6 卷．李秋零，译．北京：中国人民大学出版社，2007.

35. 马丁·海德格尔．存在与时间 [M]．修订译本．陈嘉映，王庆节，译．北京：生活·读书·新知三联书店，2006.

36. 马克思．路易波拿巴雾月十八日 [M] //马克思恩格斯选集：第 1 卷．中共中央马克思恩格斯列宁斯大林著作编译局，编译．北京：人民出版社，2012.

37. 维尔纳·耶格尔．亚里士多德：发展史纲要 [M]．朱清华，译．北京：人民出版社，2013.

38. 奥古斯丁．忏悔录 [M]．周士良，译．北京：商务印书馆，1981.

39. 柏拉图．斐多篇 [M] //柏拉图全集：第一卷．王晓朝，译．北京：人民出版社，2002.

40. 亚里士多德．分析后篇 [M]．北京大学哲学外国哲学史教研室编译．北京：生活·读书·新知三联书店，1957.

41. 亚里士多德．灵魂论及其他 [M]．吴寿彭，译．北京：商务印书馆，

2007.

42. 亚里士多德. 尼各马可伦理学 [M]. 廖申白, 译注. 北京: 商务印书馆, 2003.

43. 亚里士多德. 物理学 [J]. 张竹明, 译. 北京: 商务印书馆, 1982.

44. 亚里士多德. 形而上学 [M]. 苗力田, 译. 北京: 中国人民大学出版社, 2003.

45. 阿拉斯戴尔·麦金太尔. 追寻美德 [M]. 宋继杰, 译. 南京: 译林出版社, 2003.

46. 爱莲心. 向往心灵转化的庄子: 内篇分析 [M]. 周炽成, 译. 南京: 江苏人民出版社, 2004.

47. 本杰明·史华慈. 古代中国的思想世界 [M]. 程纲, 译. 南京: 江苏人民出版社, 2008.

48. 杰拉德·普林斯. 叙事学: 叙事的形式与功能 [M]. 徐强, 译. 北京: 中国人民大学出版社, 2013.

49. 森舸澜. 无为: 早期中国的概念隐喻与精神世界 [M]. 史国强, 译. 北京: 东方出版中心, 2020.

50. 池田知久. 《庄子》: 道的思想及其演变 [M]. 成都: 巴蜀书社, 2001.

51. 池田知久. 道家思想的新研究: 以《庄子》为中心 [M]. 王启发, 曹峰, 译. 郑州: 中州古籍出版社, 2009.

52. 井上哲次郎. 哲学字勤 [M]. 东京: 东京大学三学部印行, 1881.

53. 柯林武德. 自然的观念 [M]. 吴国盛, 译. 北京: 北京大学出版社, 2006.

54. 维特根斯坦. 维特根斯坦论伦理学与哲学 [M]. 江怡, 译. 张敦敏, 校. 杭州: 浙江大学出版社, 2011.

### 三、其他中文文献

55. 古希腊罗马哲学 [M]. 北京大学哲学系编. 北京: 商务印书馆, 1961.

56. 曹峰. 《老子》生成论的两条序列 [J]. 文史哲, 2017 (6).

57. 曹峰. 《老子》的幸福观与"玄德"思想之间的关系 [J]. 中原文化研究, 2014 (4).

58. 陈鼓应, 白奚. 老子评传 [M]. 南京: 南京大学出版社, 2001.

59. 陈鼓应. 老庄新论 (修订版) [M]. 北京: 商务印书馆, 2008.

60. 陈鼓应. 庄子今注今译 [M]. 北京: 中华书局, 1983.

61. 陈来 . 中华文明的核心价值：国学流变与传统价值观［M］. 北京：生活·读书·新知三联书店，2015.

62. 陈立中 . 老庄语言观综述［J］. 湘潭大学学报，1997（5）.

63. 陈启庆 . 互文见义：《庄子》"重言"新释［J］. 莆田学院学报，2009（4）.

64. 陈少明 .《庄子·齐物论》及其影响［M］. 北京：商务印书馆，2019.

65. 陈霞 . 孔德之容，唯道是从：论道家道德哲学的根基及其特征［J］. 哲学研究，2016（3）.

66. 陈霞 . 论道家道德哲学的几个特点［J］. 宗教学研究，2010（S1）.

67. 陈赟 . 自由之思：《庄子·逍遥游》的阐释［M］. 杭州：浙江大学出版社，2020.

68. 储昭华 . 何以安身与逍遥：庄子"虚己"之道的政治哲学解析［M］. 北京：商务印书馆，2020.

69. 邓晓芒 . 道家实践形而上学的深化：向秀《庄子注》探微［J］. 中州学刊，2022（3）.

70. 邓晓芒 . 论庄子的修辞哲学：从庄子的"三言"说开去［J］. 四川大学学报（哲学社会科学版），2021（2）.

71. 冯友兰 . 中国哲学简史［M］. 北京：北京大学出版，1985.

72. 冯友兰 . 中国哲学史新编［M］. 北京：商务印书馆，2020.

73. 韩林合 . 虚己以游世：《庄子》哲学研究（修订版）［M］. 北京：商务印书馆，2014.

74. 何光辉 . 存在与朴真：先秦道家人文观研究［D］. 南京：南京大学，2011.

75. 胡海宝 . 说"天倪"［J］. 宁夏大学学报，2013（5）.

76. 匡钊，王中江 . 道家"心"观念的初期形态：《老子》中的"心"发微［J］. 天津社会科学，2012（4）.

77. 劳思光 . 虚境与希望：论当代哲学与文化［M］. 香港：香港中文大学出版社，2003.

78. 李大华 . 自然与自由：庄子哲学研究［M］. 北京：商务印书馆，2013.

79. 李婧 . 道德话语观探析［J］. 山东社会科学，2010（7）：138-139.

80. 李义天 . 美德之心［M］. 北京：商务印书馆，2021.

81. 梁漱溟 . 东西文化及其哲学［M］. 上海：上海人民出版社，2006.

82. 林存阳，刘中建 . 中国之伦理精神［M］. 成都：四川人民出版社，

2000.

83. 刘畅.《庄子》"卮言"辨析［J］. 南开学报（哲学社会科学版），2017（1）.

84. 刘畅.《庄子》"重言"辨析［J］. 淮阴师范学院学报（哲学社会科学版），2017（4）.

85. 刘武. 庄子集解内篇补正［M］. 北京：中华书局，1987.

86. 刘小枫. 沉重的肉身：现代性伦理的叙事纬语［M］. 北京：华夏出版社，2004.

87. 刘笑敢. "自然"的蜕变：从《老子》到《论衡》［J］. 哲学研究，2020（10）.

88. 刘笑敢.《老子》之自然的独特性：多元视角的思考与发现［J］. 哲学研究，2022（1）.

89. 刘笑敢. 老子古今：五种对勘与析评引论［M］. 北京：中国社会科学出版社. 2006.

90. 刘笑敢. 老子之自然与无为概念新诠［J］. 中国社会科学，1996（6）.

91. 刘笑敢. 试论"有待""无待"不是庄子的哲学范畴［J］. 哲学研究，1981（5）.

92. 刘笑敢. 庄子哲学及其演变［M］. 北京：中国人民大学出版社，2010.

93. 罗安宪. 论老子哲学中的"自然"［J］. 学术月刊，2016（10）.

94. 罗祥相. 庄子"有待""无待"思想新诠［J］. 哲学研究，2021（12）.

95. 马德邻. 道何以言：兼论中国古代道家哲学的语言学问题［M］. 上海：上海三联书店，2014.

96. 蒙文通. 古学甄微［M］. 成都：巴蜀书社，1987.

97. 蒙文通. 杨朱学派考［M］//刘梦溪. 廖平：蒙文通卷. 石家庄：河北教育出版社，1996.

98. 牟宗三. 中国哲学十九讲［M］. 台北：台湾学生书局，1983.

99. 倪梁康. 何谓本质直观：意识现象学方法谈之一［J］. 学术研究，2020（7）.

100. 钱穆. 庄老通辨［M］. 北京：生活·读书·新知三联书店，2002.

101. 钱穆. 庄子纂笺［M］. 北京：生活·读书·新知三联书店，2010.

102. 王邦雄. 老子《道德经》的现代解读［M］. 长春：吉林出版集团有限责任公司，2011.

103. 王博. 老子哲学中"道"和"有"、"无"的关系试探［J］. 哲学研究，1991（8）．

104. 王博．权力的自我节制：对老子哲学的一种解读［J］．哲学研究，2010（8）．

105. 王博．庄子哲学［M］．北京：北京大学出版社，2004.

106. 王泽应．自然与道德：道家伦理道德精粹［M］．长沙：湖南大学出版社，1999.

107. 王志楣．从有身道无身：论《老子》的身体观［J］．彰化师大国文学志，2007（15）．

108. 王中江．道与事物的自然：老子"道法自然"实义考论［J］．哲学研究，2010（10）．

109. 温少峰．殷周奴隶主阶级"德"的观念［M］//中国哲学：第八辑．生活·读书·新知北京三联书店，1982.

110. 闻一多．庄子［M］．费振刚．先秦两汉文学研究．北京：北京出版社，2001.

111. 吴国盛．自然的发现［J］．北京大学学报（哲学社会科学版），2008（2）．

112. 吴汝钧．老庄哲学的现代析论［M］．台北：文津出版社，1998.

113. 吴怡．逍遥的庄子［M］．桂林：广西师范大学出版社，2006.

114. 伍晓明．"道"何以"法自然"［J］．中国学术，2010（27）．

115. 西方哲学原著选读：上卷［M］．北京大学哲学系外国哲学史教研室编译．北京：商务印书馆，1981.

116. 习近平关于社会主义文化建设论述摘编［M］．中共中央文献研究室编．北京：中央文献出版社，2017.

117. 向玉乔．汉语道德语言的构成要素及其伦理表意功能［J］．道德与文明，2022（3）．

118. 向玉乔．中国道德话语的民族特色及其解析维度［J］．河北学刊，2020（3）．

119. 萧无陂．"道"不可道吗？：从"名""实"之辨重新审视《老子》第一章［J］．中国哲学史，2014（3）．

120. 徐复观．中国人性论史：先秦篇［M］．上海：上海三联书店，2001.

121. 徐复观．中国艺术精神［M］．沈阳：春风文艺出版社，1987.

122. 徐克谦．论先秦道家的道德哲学［J］．江苏行政学院学报，2010（6）．

123. 杨立华．庄子哲学研究［M］．北京：北京大学出版社，2020.

124. 杨国荣. 庄子内篇释义 [M]. 北京：中华书局，2021.

125. 叶树勋. 老子对"德"观念的改造与重建 [J]. 哲学研究，2014 (9).

126. 叶树勋. 早期道家"自然"观念的两种形态 [J]. 哲学研究，2017 (8).

127. 叶秀山. 中西关于"形而上"问题方面的沟通：场与有（第 1 辑）[M]. 北京：东方出版社，1994.

128. 张达玮. 无为的悖论：对道家"正确行动"的反驳与辩护 [J]. 哲学动态，2021 (7).

129. 张岱年. 中国古典哲学概念范畴要论 [M]. 北京：中国社会科学出版社，1987.

130. 张岱年. 中国哲学大纲：中国哲学问题史 [M]. 北京：中国社会科学出版社，1982.

131. 张海.《庄子》"重言"初探 [J]. 成都师专学报，2000 (3).

132. 张洪兴.《庄子》"三言"研究综述 [J]. 天中学刊，2007 (3).

133. 张松辉. 庄子疑义考辨 [M]. 北京：中华书局，2007.

134. 章启群. 渊默而雷声：《庄子》的哲学论证 [M]. 北京：商务印书馆，2019.

135. 赵敦华. 西方哲学简史 [M]. 北京：北京大学出版社，2001.

136. 郑开. 道家形而上学的理论特质：以"道德之意"为中心的讨论 [J]. 中国社会科学，2017 (11).

137. 郑开. 道家形而上学研究 [M]. 北京：宗教文化出版社，2003.

138. 钟泰. 庄子发微 [M]. 上海：上海古籍出版社，2002.

139. 朱晓鹏. 老子哲学研究 [M]. 北京：商务印书馆，2009.

140. 朱喆. 道家哲学研究 [M]. 北京：商务印书馆，2020.

## 四、外文文献

141. ATKINS K. Narrative Identity, Practical Identity and Ethical Subjectivity [J]. Continental Philosophy Review, 2008 (37): 341-366.

142. CHRISTMAN J. The Politics of Persons: Individual Autonomy and Socio-historical Selves [M]. New York: Cambridge University Press, 2009.

143. DENNETT D. The Self as the Center of Narrative Gravity [G]. in P. M. C. Frank and S. Kessel, and D. L. Johnson, eds., Self and Consciousness: Multiple Perspectives, Hillsdale: Lawrence Erlbaum, 1992.

144. DENNETT D. Why Everyone is a Novelist [ J ] . Times Literary Supplement, 1988 (Sept. 15-22): 1016-1022.

145. FLANAGAN O. Self Expressions [ M ] . New York: Oxford University Press, 1996; Schechtman, M. The Constitution of Selves [ M ] . New York: Cornell Univerisity Press, 1996.

146. GERARD G. Narrative Discourse: An Essay in Method [ M ] . New York: Cornell University Press, 1966.

147. HADOT P. What is Ancient Philosophy [ M ] . Translated by Michael Chase. Massachusetts: Harvard University Press, 2004.

148. https://plato. stanford. edu/entries/ethics-virtue/.

149. IVANHOE P J. The Paradox of Wuwei? [ J ] . Journal of Chinese Philosophy, 2007, 34 (2) .

150. STRAWSON G. Against Narrativity. Ratio. 2004, 17 (4) .

151. TAYLOR C. The Ethics of Authenticity [ M ] . Cambridge: Harvard University Press, 1991.

152. VELLEMAN D. The Self as Narrator [ G ] . in J. Christman and J. Anderson, ed. , Autonomy and the Challenges to Liberalism, 2005.

153. VELLEMAN D. WhatHappens When Somebody Acts? [ J ] . Mind, 1992 (101): 461-481.